◆智能财务研究系列丛书 ◆影响中国会计行业的十大信息技术

Acctech会计科技与新质生产力
数智化转型助推会计行业高质量发展

刘勤 杨寅 吕晓雷 等 著

立信会计出版社
LIXIN ACCOUNTING PUBLISHING HOUSE

图书在版编目(CIP)数据

Acctech 会计科技与新质生产力:数智化转型助推会计行业高质量发展 / 刘勤等著. -- 上海:立信会计出版社,2025.5. -- ISBN 978-7-5429-7847-9

Ⅰ.F232

中国国家版本馆 CIP 数据核字第 2025UM0287 号

策划编辑　胡　越
责任编辑　张翠芳
助理编辑　石瑾如
封面设计　吴博闻

Acctech 会计科技与新质生产力:数智化转型助推会计行业高质量发展

Acctech KUAIJI KEJI YU XINZHI SHENGCHANLI SHUZHIHUA ZHUANXING ZHUTUI KUAIJI HANGYE GAOZHILIANG FAZHAN

出版发行	立信会计出版社		
地　　址	上海市中山西路 2230 号	邮政编码	200235
电　　话	(021)64411389	传　真	(021)64411325
网　　址	www.lixinaph.com	电子邮箱	lixinaph2019@126.com
网上书店	http://lixin.jd.com		http://lxkjcbs.tmall.com
经　　销	各地新华书店		
印　　刷	上海盛通时代印刷有限公司		
开　　本	787 毫米×1092 毫米	1/16	
印　　张	15.5		
字　　数	277 千字		
版　　次	2025 年 5 月第 1 版		
印　　次	2025 年 5 月第 1 次		
书　　号	ISBN 978-7-5429-7847-9/F		
定　　价	88.00 元		

如有印订差错,请与本社联系调换

编辑委员会

主任 刘　勤

委员 （按姓氏拼音排序）

　　　　陈　虎　程　平　费　晔　付建华　郭　瀛
　　　　何连峰　胡仁昱　孔　冰　廖运发　刘　峰
　　　　刘　薇　吕晓雷　漆颖斌　施伟忠　宋永豪
　　　　孙　亮　汪广盛　王得利　吴忠生　徐　龙
　　　　徐晓剑　杨　寅　尹成彦　张鄂豫　赵　健

序　言

　　财政部会计司于2024年8月在《健全完善新时代会计工作组织方式　更好服务经济社会高质量发展——新会计法系列解读之四》中指出："习近平总书记强调,发展新质生产力是推动高质量发展的内在要求和重要着力点。新质生产力的关键是创新驱动。当前,在新一轮科技革命和产业变革的推动下,新质生产力正迎来突破性发展时期,新的创新组织模式和科技创新范式加速变革。""会计工作在职能范围、处理流程、工具手段等方面发生重大变化,会计工作组织方式需要相应拓展创新。""加快推动单位会计工作数字化转型。各单位要根据发展目标和实际需要,充分运用各类信息技术开展会计信息化建设,提升会计工作自动化、数字化、智能化水平,推动会计信息系统与业务信息系统的一体化,强化业财深度融合,形成可拓展、可聚合、可比对的会计数据,实现数据资源共享与分析利用,有效发挥会计数据对提升管理效能和服务价值创造的作用,以数字赋能会计工作组织方式的优化完善和转型升级。"毫无疑问,在国家政策的指引下,会计信息化和数智化正在成为会计界普遍关注的内容。

　　经过数十年的持续探索,会计界在数字化转型、专业人才培养、业财融合、会计科技应用、复杂信息系统建设等与信息技术高度相关的领域凝聚了共识,取得了很多有益的成果。

　　信息技术对会计行业的影响是持续和长期的,随着技术的不断迭代,会计行业会不断面临新的发展机遇和挑战。为此,上海国家会计学院坚持从"信息技术+会计"的视角,通过举办一系列活动,持续帮助会计人员解读当下由新技术引发的热点问题。从2017年起,上海国家会计学院联合业内多家机构,开展"影响中国会计从业人员的十大信息技术"年度评选活动(2023年更名为"影响中国会计行业的十大信息技术"评选活动),期望通过这一活动凝聚业界广泛共识,不断跟踪信息技术的发展,借助专家的分析和解读全方位揭示信息技术对会计行业和从业人员的影响,展示新时代会计发展的新活力。

在7年来积累的评选活动经验的基础上,2024年,上海国家会计学院联合金蝶软件(中国)有限公司、上海汉得信息技术股份有限公司、中兴新云服务有限公司、北京元年科技股份有限公司、浪潮通用软件有限公司、用友网络科技股份有限公司等多家知名机构,共同组织了"2024年影响中国会计行业的十大信息技术"评选活动。评选组委会邀请了来自高校、企业、会计师事务所和软件厂商等的200多位会计领域专家或学者,并特别邀请了10余位首席信息官参与,经过广泛提名和充分讨论,推选出35项正式候选技术,结合来自全国各省市高端会计人才、总会计师、财务负责人等的4 664份公众投票,最终形成评选结果。

2024年6月22日,在各方的共同支持下,在众多来自学术界、企业界(含中介机构)专家的参与下,"数智化助推会计行业高质量发展"主题论坛暨"2024年影响会计行业的十大信息技术"评选结果发布论坛在上海国家会计学院成功举办。与会专家对入选的十大信息技术进行了多维度解读,并就"在全国、行业、单位范围内建好和用好信息技术,促进和支撑Acctech的深入高效运用,实现会计行业的重要价值"进行了深入的探讨和总结。该论坛在会计行业引发广泛的影响。为了让更多人从本次评选和论坛中受益,评选组委会组建了写作团队,在论坛专家演讲稿的基础上进一步完善相关内容,征询多方意见,尽可能全面涵盖信息技术对会计行业影响的观点,从原理、特性、场景、发展趋势等方面对影响会计行业的信息技术进行多维度解读,并结集成本书出版。评选组委会希望本书的内容能够有利于推动会计行业的高质量发展,对会计人员的职业发展、信息技术在会计工作中的应用、会计人才培养和相关软件产品开发、信息系统建设等工作起到积极的推动作用。

本书适合所有对会计信息化感兴趣的读者阅读，包括政府和企事业单位的会计从业人员、监管机构、会计中介机构、软件厂商、高校和研究机构的相关人员以及会计专业的学生等。

由于作者水平有限，本书内容难免存在不足和局限，敬请读者在阅读时给予批评与指正，并及时反馈给我们。

"影响中国会计行业的十大信息技术"评选活动自开展以来，已经积累了一定的成果，我们相信经过持续的努力，它还将发挥更重要的作用。信息技术在不断发展，需要会计界对此做出更积极的探索。我们期待与各界朋友一起，积极探索信息技术对会计行业的多方面影响与应对，致力于引导会计人员更好地进行职业规划，助力会计行业高质量发展。

特别感谢

金蝶软件（中国）有限公司赵燕锡执行副总裁、上海汉得信息技术股份有限公司沈雁冰高级副总裁、中兴新云服务有限公司陈虎总裁、北京元年科技股份有限公司韩向东总裁、浪潮集团有限公司魏代森副总裁、用友网络科技股份有限公司付建华副总裁对评选活动的大力推动和积极参与。

新华社、人民日报、中央人民广播电台、中新社、光明日报、中国青年报、新华日报、解放日报、经济日报、证券日报、第一财经、澎湃新闻、财务与会计、财会通讯、新理财、中国会计报等百余家媒体多年来对评选活动的持续关注和深入报道。

操礼庆、曾超、柴寅初、车桂娟、陈传亮、陈淡敏、陈耿、陈虎、陈剑、陈静、陈可、陈琳、陈璘、陈灵国、陈宋生、陈文龙、陈旭、陈绪龙、陈志斌、成进、程鹏、程平、崔志嘉、邓先柏、邓文佶、邸慧清、董皓、董军、杜美杰、范松林、冯兴登、付建华、付铁铮、甘卓霞、高一红、葛雷、葛巍、谷峰、桂友泉、郭金鹏、郭军、郭晓梅、韩海晏、韩利兵、韩敏、韩向东、韩晓园、郝雪梅、何贤杰、胡尔纲、胡刚、胡嘉、胡靖、胡列类、胡咏华、胡志刚、黄国敏、黄铁柱、黄长胤、季丰、金磊、金源、靳庆鲁、荆宝森、孔冰、李丹、李德宏、李国范、李纪建、李建维、李静、李婧丹、李美平、李强、李彤、李闻一、李霞、李秀丽、李雪辉、李翌辉、李滢、李远、李志刚、李卓洋、梁浩东、刘斌、刘东进、刘国华、刘红建、刘宏伟、刘军、刘猛、刘勤、刘庆华、刘全喜、刘雅娟、柳卫宾、卢闯、陆军、罗芳、吕晓梅、马鸿瀚、马晓辉、马莹、马永强、玛天梅、孟高栋、潘莉莉、彭美玲、漆颖斌、钱剑虹、钱毓益、曲洪坤、饶艳超、任永平、沈雁冰、施伟忠、石磊、石林、宋永豪、苏狄、苏南、孙磊、孙磊、孙岩、孙彦丛、孙彦永、孙玉甫、唐芳、唐琦松、田高良、田佳、涂军、王彬、王博文、王朝子、王春焱、王得利、王海林、王宏星、王纪平、王健、王军、王立彦、王天平、王文章、王亦东、王玥、魏代森、吴龙、吴忠生、谢峰、谢昆蓉、谢美贞、谢维青、徐蔚、徐晓剑、徐兴周、续慧泓、薛贵、严励、颜凡清、颜杰、杨渤珺、杨川、杨梅瑾、杨珊华、杨寅、杨钰、叶向阳、殷成龙、殷国炜、袁磊、袁炜、张鄂豫、张锋、张海亮、张剑虹、张静、张克慧、张立纲、张敏、张苏、张万萍、张言国、张永刚、章帆、赵保辉、赵东升、赵燕锡、赵昱锋、郑萍、郑耀祥、郑永强、钟胥易、周晨君、周崇沂、周海平、周吉申、周建军、周亚栋、朱保成、朱晟玥、朱灏、朱江、朱庆锋、朱书红、朱伟、朱轩、诸凡等 200 多位来自各界的专家学者参与本次的评选活动。

  尹成彦、赵健、刘莉、贾晓蕊、付博、谢美媛、张磊、李春影等评选工作团队做了大量细致而卓有成效的工作。

刘勤

2025 年 4 月 30 日

目　　录

上篇　**影响中国会计行业的十大信息技术评选活动介绍**

影响中国会计行业的十大信息技术评选活动 …………………………… 003

下篇　**2024年影响中国会计行业的信息技术发展与应用解读**

大数据处理类信息技术在会计行业的发展与应用 ……………………… 035
中台技术赋能会计行业创新 ………………………………………………… 055
财务云类信息技术在会计行业的发展与应用 …………………………… 083
数据资产及数据治理类信息技术在会计行业的发展与应用 ……… 108
新一代ERP类信息技术在会计行业的发展与应用 …………………… 123
生成式AI和大模型类信息技术在会计行业的发展与应用 ……… 140
AI风险和信息系统风险类信息技术在会计行业的发展与应用 …… 169
基于财务共享模式的数字化员工应用与探索 …………………………… 199
信息技术与新质生产力：机遇与挑战 ……………………………………… 222

主要参考文献 ……………………………………………………………………… 235

上篇

影响中国会计行业的十大信息技术评选活动介绍

影响中国会计行业的十大信息技术评选活动

刘勤、吕晓雷、赵健、尹成彦、杨寅、吴忠生,上海国家会计学院

一、Acctech 会计科技与新质生产力

新质生产力是对传统生产力的继承和创新,适应新一代信息技术、新要素、新模式、新产业,以科技创新引领的高质量发展为目标。新质生产力是习近平总书记基于马克思主义政治经济学原理、全球经济发展脉络、立足我国经济发展现实状况提出的一种创新的发展理念。2023年9月,习近平总书记在黑龙江考察期间首次提到"新质生产力"这个令人耳目一新的词汇,并在哈尔滨主持召开新时代推动东北全面振兴座谈会时要求"积极培育新能源、新材料、先进制造、电子信息等战略性新兴产业,积极培育未来产业,加快形成新质生产力,增强发展新动能",并站在党和国家发展的重要历史高度上指出"整合科技创新资源,引领发展战略性新兴产业和未来产业,加快形成新质生产力"。这是我国经济领域的一次重大理论创新,同时也具有重要的实践意义和时代价值。

新质生产力的"新"不仅包含新商业、新业态,更需要数字化、网络化、智能化的新技术支撑,强调生产要素的创新。新质生产力的"质"不仅需要考虑量的扩张,更要在意质的飞跃,强调以科技创新为核心驱动力的高质量经济发展。数字经济时代,人类社会产生了大量数据,移动互联使原本孤立的数据互联互通,人工智能将海量数据转化为各种应用场景,实现了数据到资产的转变。生产资料优先增长理论和迂回生产理论强调数据要素与其他生产要素共同促进了产业优化升级和经济颠覆性变革,数据在发挥生产要素潜能的同时,促进人工智能等数字技术的创新应用,与新

技术的发展应用共同推动我国经济的高质量发展。

人工智能、大数据、区块链、云计算等新一代信息技术是新质生产力的核心要素,财务数智化转型同样需要信息技术强有力的支撑。新质生产力以新一代信息技术变革为动力,将数字技术引入财务会计、管理会计、决策支持等会计工作场景中,提升会计基础工作的效率、保障会计决策工作的实时准确、有助于会计风险的预测预判。当前,技术生产力正在加速发展,支持着企业全方面做大做强,加快了数字经济时代会计数字化转型力度,也使会计成为参与企业竞争格局的关键力量。为使广大会计人员准确了解和掌握这些信息技术,上海国家会计学院携手部分主流软件厂商,自2017年起持续数年开展"影响中国会计行业的信息技术"评选活动,并将其冠以会计科技(Acctech)这个名词,其核心内容如图1-1-1所示。

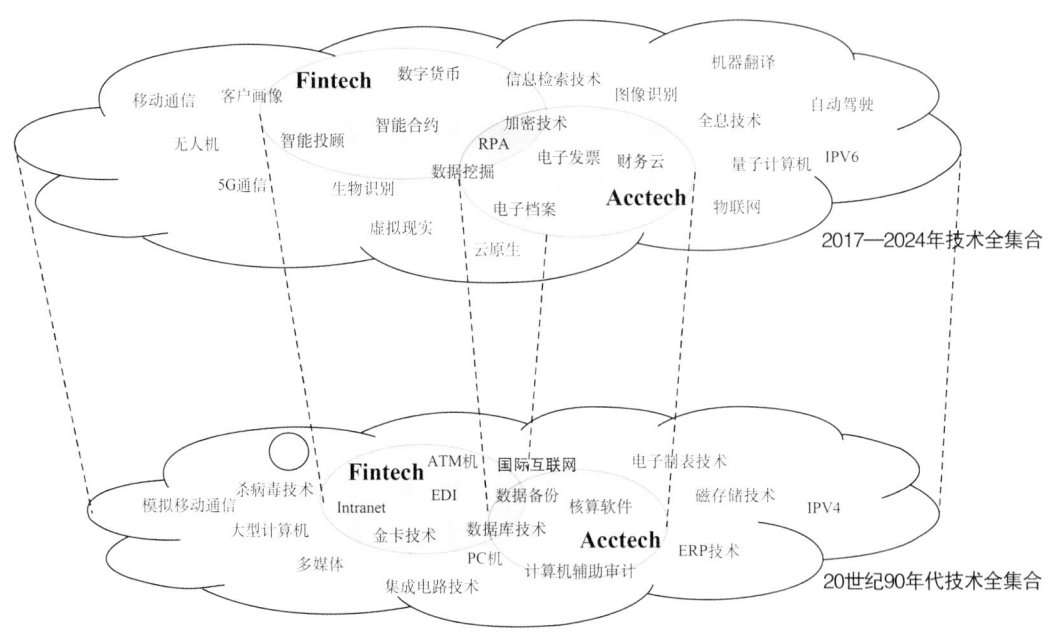

图1-1-1 Acctech核心内容示意图

作为人类生产过程中的经济管理活动,会计由来已久,从简牍上的文书到位于云端的字节,这种基于各种载体的数字计量活动已持续发展了三千多年。几千年来,影响会计行业变革的因素很多,有自然因素、经济因素、法律因素、科技因素、政治因素、文化因素和教育因素等,其中科技因素尤其是当代信息技术的发展对会计行业的影响最为显著。自1946年电子计算机诞生以来，以计算机技术为核心的信息技术就不断地改变着传统会计的业务边界、管理流程、组织和方法。新一代信息技术利用高速、准确、智能等特点，帮助会计人员实时、精准、安全地采集经济数据，快速、精细、高效地对会计信息进行存储和处理，便捷、智能、可视化地向管理者展示其所需要的财务信息，帮助组织降低会计工作成本、提高效率、提升质量、加强风险管控，支撑财务转型和支持组织的快速发展。

按照普遍的理解，信息技术是用于管理和处理信息所采用的各种技术的总称，具体包括传感技术、计算机技术、通信技术、控制技术、智能技术等。具体到管理领域，目前备受关注的信息技术主要有计算机硬件技术、软件技术、存储技术、网络与通信技术等，当然，这些是对所有行业管理都适用的、颗粒度比较大的技术种类。为了识别出对特定行业最具影响力的核心技术，金融行业率先垂范，提出了金融科技（Fintech）的概念，并成功地将行业关注的技术重点引导和聚焦到颗粒度更小的大数据、区块链、云计算、人工智能等技术之中。这种做法不仅促进了相关技术的深入发展，而且为行业从业人员快速地学习和掌握行业相关技术提供了帮助。

上海国家会计学院从2017年开始，连续八年评选出当年对中国会计行业最有影响的十项信息技术和五项有潜在影响的信息技术，该评选活动在会计行业引起了强烈反响。为提高评选结果的科学性和可信度，评选组委会特别邀请了包括高校教授、企业高管、中介机构合伙人、会计管理部门领导以及IT公司技术专家等中国会计业界各个领域的专家，采用专家提名，公众和专家共同投票的方式，并经严谨的统计学分析，最终得出评选结果。为了更好地在广大的会计人员群体中推广普及这些信息技术，评选组委会还特别举办了年度高端论坛，通过技术解读、应用场景分析、案例介绍、趋势分析等形式，帮助听众深度剖析技术的本质，介绍技术应用的成功规律。

总之，我们理解的Acctech是影响会计行业信息技术的集合，这一集合中的技术会随着时间的变化而变化。Acctech对会计行业的变革具有一定的推动作用，在会计发展的不同阶段，发挥作用的主流信息技术会有所不同。通过一定的甄选手段，可以科学、有效地筛选出这些技术，会计人员可以从技术的原理、特点、功能、相关产品、应用范围、应用场景、技术成熟度以及局限性等方面对 Acctech 进行深入的学习和探索，其中最有效的切入点是关注技术的适用范围、业务价值以及在会计领域的典型应用场景等。

二、历年影响中国会计行业的十大信息技术评选介绍

科学技术是第一生产力，同时也是生产力核心特征中最为活跃、变化最快的要素。《中国制造 2025》战略的实施，酝酿了新一轮的科技创新，数字技术已经成为生产力的核心，并通过大数据、人工智能、移动互联、云计算、区块链、量子计算等新一代数字技术构成的组合体，不断推动着科技创新能力发展。新质生产力的快速形成，推动了数字技术的创新迭代和应用落地，增强了会计行业高质量发展的新动能，是一流财务管理体系建设的必由之路。

会计的高质量发展离不开信息技术强有力的支撑，随着新一轮科技革命和产业变革的深入发展，经济转型升级和创新发展中新的商业模式层出不穷，这将深刻影响会计行业的发展与走向。鉴于此，影响中国会计行业十大信息技术评选委员会借助各类行业专家的智囊作用，并在广大会计从业人员积极参与下，2017—2024 年连续八年的评选工作都在科学、严谨、标准、有序的条件下进行。

（一）2002 年首次举办

2002 年，上海国家会计学院发起并主办了中国首届"影响会计从业人员的十大 IT 技术"评选活动，由 IBM 公司独家赞助。

这次评选活动采取了专家提名候选技术、专家投票、大众投票、数据统计分析等几个阶段，共有 22 名专家和 5 538 名公众通过网络、传真、电子邮件、传统邮递等方式参与了投票，最终的评选结果按照专家权重占 65%、公众权重占 35% 的汇总方法计算。获选 2002 年度影响中国会计从业人员的十大 IT 技术是：会计核算与财务管理软件、企业资源计划

（ERP）、数据/信息安全与控制、数据库技术、网络与计算机安全、计算机辅助审计、计算机病毒与防治、数据备份与恢复、企业网技术、制表软件与电子表格。同样由专家和公众投票，获选2002年度潜在影响中国会计从业人员的五大技术是：数据仓库与数据挖掘、财务数据接口与转换技术、B2B电子商务、灾难恢复、电子签名与电子签章。

投票结果总体表明了2002年中国会计从业人员对IT知识的认识和需求概貌。有关专家表示，IT知识对会计行业的影响是巨大的，但在会计行业普遍存在对IT知识了解度不高或掌握不够全面的现象，这种现象并不是中国独有，在发达国家也同样存在。

在评选结果新闻发布会上，财政部科研所杨周南教授、中国人民大学张瑞君教授、毕博咨询公司董事总经理施能自先生分别结合评选进行了主题演讲。中国财经报、计算机世界、财务与会计等18家媒体进行了相关报道。

（二）2017年评选重启

2017年，信息技术及其应用有了很大的发展，信息技术已经开始渗透到会计研究、会计管理、会计实务、会计教育等会计工作的方方面面。会计人员正在受到来自大数据、人工智能、移动互联网、云计算、物联网等新兴技术的巨大挑战。在技术变革的时代背景下，会计人员需要转型已成为普遍共识，而转型的主要内容之一就是要充分掌握相关的工具和技术。因此，有哪些信息技术是当下对会计最有影响的技术，在可预见的未来影响会计行业的信息技术又会发生哪些变化，这些问题开始成为需要会计从业人员持续地思考和关注的重要问题。

在此背景下，上海国家会计学院在中国会计学会会计信息化专业委员会的学术支持下，在元年科技、浪潮通用软件等机构的技术支持下，组织上海国家会计学院中国会计信息调查中心、上海财经大学会计信息化研究中心暨XBRL中国地区组织应用研究中心，再次发起了"影响中国会计从业人员的十大信息技术评选"活动。

2017年的评选活动流程与2002年类似，通过社会广泛动员、专家个人报名、会计信息化专业委员会组织筛选等程序，从中国会计信息化相关领域中遴选出了38名有一定造诣、资历或影响力的专家；由38名专家每人独立提名5项影响中国会计人员的信息技术候选名单，经过专家组组长的梳理，最后形成24项候选技术；中国会计信息调查中心将候选技术设计成调查问卷，通过网络公开投票方式接受专家和公众两个群体的投票，最终按照专家评分占60%、公众评分占40%的权重，对投票结果进行汇总。最终获选"2017年影响中国会计从业人员的十大信息技术"的是大数据、电子发票、云计算、数据挖掘、移动支付、机器学习、移动互联、图像识别、区块链和数据安全技术。获选"2017年潜在影响中国会计从业人员的五大信息技术"的是区块链、大数据、机器学习、图像识别和云计算。

评选结果由时任上海国家会计学院党委副书记、副院长、中国会计学会会计信息化专业委员会主任委员，也是本次评选专家组组长的刘勤教授在中国会计学会第十六届全国会计信息化学术年会上公布。

（三）2017—2024年持续评选

2017—2024年，"影响中国会计从业人员的十大信息技术"每年均由上海国家会计学院牵头联合相关单位进行评选，由上海国家会计学院会计信息调查中心具体承办，在保持总体流程稳定的基础上，出现了如下变化：一是随着评选影响力和范围的增大，2023年起将"影响中国会计从业人员的十大信息技术"评选改为"影响中国会计行业的十大信息技术"评选；二是参与评选的专家每年均在增加、调整，从2018年的38位专家增长到2024年的211位专家，专家的行业代表性明显提升；三是2018年与2019年未进行"潜在影响中国会计从业人员的五大信息技术"评选；四是2019年起每年均在上海国家会计学院举办专项论坛，发布评选结果，并围绕调查结果开展专家观点和实践案例分享；五是2019年起专家投票与公众投票的权重固定在50%：50%；六是2021年刘勤教授提出Acctech概念，认为Acctech是影响会计行业的信息技术的集合，这一集合中的技术会随着时间的变化而变化；七是2021年起由上海国家会计学院智能财务研究院智能财务关键技术与系统平台研究室（中心）具体牵头组织；八是开始增加多个维度的评选标准，如学术研究、媒体关注等，提供更丰富的参考。2017—2024年影响中国会计行业的十大信息技术如表1-2-1所示。

表 1-2-1 2017—2024 年影响中国会计行业的十大信息技术

排序	2024年 技术名称	2024年 得票率	2023年 技术名称	2023年 得票率	2022年 技术名称	2022年 得票率	2021年 技术名称	2021年 得票率	2020年 技术名称	2020年 得票率	2019年 技术名称	2019年 得票率	2018年 技术名称	2018年 得票率	2017年 技术名称	2017年 得票率
1	会计大数据分析与处理	52.93%	数电发票（包括电子发票/区块链电子发票）	49.80%	财务云	52.59%	财务云	56.02%	财务云	73.14%	财务云	72.10%	财务云	90.22%	大数据	88.68%
2	数电票	49.78%	会计大数据分析与处理技术	47.92%	会计大数据分析与处理技术	51.28%	电子发票	55.46%	电子发票	66.33%	电子发票	69.51%	电子发票	81.15%	电子发票	81.12%
3	流程自动化（RPA和IPA）	47.02%	财务云	47.13%	流程自动化（RPA和IPA）	48.10%	会计大数据分析与处理技术	52.19%	会计大数据技术	62.44%	移动支付	50.70%	移动支付	66.49%	云计算	71.26%
4	财务云	45.93%	流程自动化（RPA和IPA）	41.92%	中台技术（数据中台、业务中台、财务中台等）	47.12%	电子会计档案	47.69%	电子档案	50.56%	数据挖掘	46.91%	电子档案	62.25%	数据挖掘	58.26%
5	中台技术（数据中台、业务中台、财务中台）	42.53%	电子会计档案	39.97%	电子会计档案	46.96%	RPA（机器人流程自动化）	41.58%	RPA（机器人流程自动化）	48.41%	数字签名	44.50%	在线审计	62.19%	移动支付	54.69%
6	电子会计档案	38.13%	中台技术（数据&业务&财务中台）	36.07%	电子发票	45.42%	新一代ERP	33.66%	新一代ERP	47.91%	电子档案	43.10%	数据挖掘	54.77%	机器学习	50.27%

（续表）

排序	2024年 技术名称	得票率	2023年 技术名称	得票率	2022年 技术名称	得票率	2021年 技术名称	得票率	2020年 技术名称	得票率	2019年 技术名称	得票率	2018年 技术名称	得票率	2017年 技术名称	得票率
7	数据治理	31.24%	新一代ERP	31.62%	在线审计与远程审计	38.97%	移动支付	33.38%	区块链技术	45.73%	在线审计	41.40%	数字签名	54.06%	移动互联	49.28%
8	新一代ERP	29.96%	数据治理技术	30.59%	新一代ERP	35.16%	数据中台	31.77%	移动支付	43.00%	区块链发票	41.10%	财务专家系统	53.30%	图像识别	47.48%
9	数据挖掘	28.98%	商业智能（BI）	28.70%	在线与远程办公	31.73%	数据挖掘	31.03%	数据挖掘	42.77%	移动互联网	39.60%	移动互联网	48.41%	区块链	46.22%
10	商业智能（BI）	28.67%	数据挖掘	26.27%	商业智能（BI）	27.64%	智能流程自动化（IPA）	29.32%	在线审计	42.74%	财务专家系统	37.70%	身份认证	47.70%	数据安全技术	45.01%

从2017—2024年影响中国会计行业的十大信息技术评选结果可以看出如下趋势。

（1）信息技术的名称和内涵在不断发生变化。随着信息技术的不断迭代发展，会计信息技术有的进行了细分，如电子档案细分为电子会计档案，会计大数据技术细分为会计大数据分析与处理技术；有的进行了合并，如机器人流程自动化（RPA）和智能流程自动化（IPA）合并为流程自动化（RPA和IPA）；有的进行了升级，如电子发票升级为数电票。这些变化一方面体现了会计场景中信息技术的应用，另一方面也体现了信息技术的快速迭代更新特征。

（2）新增入选技术逐年减少。如果不考虑信息技术名称变更因素，8年一共有22项信息技术入选。以2017年获选上榜的10项信息技术为基础，2018年新入选的有5项信息技术，2020年、2021年和2022年新入选的各有2项信息技术，2023年新入选的有1项信息技术，2024年没有新入选的信息技术。从新入选的信息技术数量走势看，信息技术对会计行业的影响是循序渐进的，这也给会计人员学习信息技术提供了范围。

（3）会计行业信息技术范围不断扩大。从入选信息技术所获得的得票率来看，以第一名为例，从最高的90.22%到最低的49.80%，呈现出逐渐下降的趋势，同时也出现多项信息技术的得票率差异不大的情况。这种现象意味着会计行业中应用的信息技术的数量越来越多，从每年专家提名的信息技术达到近千项也得到体现。这说明会计人员对信息技术的理解也得到了极大的扩展。

结合每年入选的信息技术看，有的信息技术连续入选，成为会计行业持续关注的焦点，如财务云，体现了会计工作从本地到云端的发展趋势；有的信息技术已经趋于成熟并成为习惯，如移动互联、图像识别等，已经普遍应用到包括会计工作在内的各行各业中。从同一种类的信息技术的排名中可以看出社会对其关注度的变化，如财务云连续多年位居第一后开始排名下滑，意味着其技术不断成熟，应用趋于广泛；会计大数据分析与处理技术排名逐年上升，也代表着会计行业对数据的重视度逐渐增强。需要关注的是，会计行业对信息技术的关注度受到多方面因素的影响，一是国家相关政策驱动，如国家税务总局对数电票的推动；二是其本身的应用场景即技术驱动,如移动支付已经在全社会普及;三是企业自身业务发展的需要即内部驱动,如数据治理技术对于拥有多种信息系统的企业来说是发展到一定阶段后面临的必然选择;四是相关软件厂商、媒体等的推动作用,如 RPA(机器人流程自动化)曾因对会计人员产生替代而引起广泛关注。

(四) 2020—2024 年潜在信息技术评选

表 1-2-2 展示了 2020—2024 年历年获选的五大信息技术。不难看出,连续五年潜在影响中国会计行业的信息技术评选结果持续性和稳定性相对较差,这说明评选专家们对未来可能影响会计行业的信息技术缺乏相对一致的判断,对潜在技术的提名更多基于技术的理论视角,并融入对新技术在未来可能应用于会计行业的预判。少部分潜在影响中国会计行业的信息技术在经过演化后部分或全部后续入选影响会计行业的十大信息技术,如机器人任务挖掘与智能超级自动化、区块链电子发票等,大部分潜在影响的信息技术在会计行业中的应用还在探索过程中,还未出现成熟的应用场景,但一些有远见的单位已经开始关注这些信息技术并进行提前布局。

表 1-2-2 2020—2024 年潜在影响中国会计行业的五大信息技术

排名	2024 年 技术	百分比	2023 年 技术	百分比	2022 年 技术	百分比	2021 年 技术	百分比	2020 年 技术	百分比
1	生成式人工智能(AIGC)	48.47%	生成式人工智能(AIGC)	64.25%	金税四期与大数据税收征管	47.47%	深度学习与智能决策	38.83%	区块链电子发票	53.55%
2	数据资产及其管理的自动化与智能化	41.84%	大数据多维引擎与增强分析	58.45%	业财税融合与数据编织	42.93%	基于法定数字货币的智能支付与结算	34.04%	数字货币	47.74%
3	AI 信任、风险和安全管理	41.84%	AI 信任、风险和安全管理	46.38%	大数据多维引擎与增强分析	41.92%	数据中台、业务中台与管理中台	34.04%	物联网与自动化物件	43.23%
4	财务多模态垂直大模型	40.82%	多模态预训练大模型	39.13%	机器人任务挖掘与智能超级自动化	36.36%	分布式记账与区块链审计	30.32%	第五代移动通信技术(5G)	37.42%
5	财务数字员工及其智能调度与管理	39.80%	自适应人工智能	37.68%	分布式记账与区块链审计	35.86%	数据治理和数据资产的管理与应用	28.72%	分布式账本	34.19%

(五)评选的意义

影响中国会计行业的十大信息技术评选得到了广泛的社会关注。

财政部会计司有关负责人曾表示,当前我国已经全面开启数字化转型之路,数字时代对会计数字化转型提出了必然要求。评选工作对推动会计职能对内对外拓展,提升我国会计信息化水平有着十分重要的意义。着眼"十四五"会计信息化转型升级的首要任务是建立实施健全覆盖会计信息系统输入、处理、输出等各环节的会计数据标准体系,促进信息技术与会计工作的深度融合,充分释放会计数字化改革与发展红利。

上海国家会计学院党委副书记、院长卢文彬教授认为,当前,信息技术在各行各业的应用已达到一定深度和广度。在会计方面,许多信息技术已经应用到会计核算、财务报告、管理会计、内部控制等工作中。信息技术的快速发展和应用落地,以及财务机器人和智能财务的成熟应用,拓展了会计人员工作职能,提升了会计数据的获取和处理能力,会计工作开始逐步向数字化、智能化迈进。深入推动单位业财融合和会计职能拓展,加快推进单位会计工作数字化转型是《会计信息化发展规划(2021—2025年)》的主要任务之一,通过会计信息的标准化和数字化建设,推动组织深入开展业财融合,充分运用各类信息技术,探索形成可扩展、可聚合、可比对的会计数据要素,提升数据治理水平,并进一步夯实单位应用管理会计的数据基础,助推单位开展个性化、有针对性的管理会计活动,加强绩效管理,增强价值创造能力。

信息技术不仅推动了会计实务的变革,而且在会计管理、会计教育、会计理论研究等领域产生了重大影响。从会计管理角度看,信息技术的发展不仅提供了动态监管、移动办公、远程咨询、人员数据库管理、联机考试等管理工具和方法,同时给会计政策和法规的制定等带来了巨大挑战。从会计教育角度看,信息技术的发展,特别是智能财务、大数据等技术的快速演变,传统会计教学中所设计的知识框架、教材体系、师资结构、教学设施,以及更高层面上的教学理念和教学模式等都在发生着深刻的变化。可以说,信息技术正在深度重塑现代会计人才的培养体系。从会计理论研究角度看,信息技术的发展,特别是电子商务、移动支付等业态的发展,使会计的环境发生了重大的变化,对会计主体、持续经营、会计分期、货币计量等会计假设产生了冲击，同时对权责发生制、历史成本计价等会计原则以及现行的财务报告内容和披露方式等提出了挑战。当然，单纯的技术突破和创新并不一定会直接引发会计行业的巨变，只有在技术的突破和创新导致了社会对会计管理需求发生显著变化的情况下，才会推动会计行业的实质性变革。

如何识别出对会计行业和会计人员影响最大、颗粒度够小的信息技术？软硬件厂商的宣传、会计行业内的系统培训、行业主流媒体和自媒体的活动宣传，以及专业论文、专著的阅读等均起到一定的推动作用。这种传统信息获取渠道的针对性、系统性、实时性、前瞻性和指导性并不完全令人满意。上海国家会计学院携手国内部分软件服务商，遍邀行业知名专家和会计人员，用科学的方式识别出当前和未来影响会计行业的信息技术。对于企业而言，需要不断利用新一代信息技术对业务、财务及其管理活动做出调整、改变甚至变革，也要审慎选择，避免资源浪费，让信息技术真正为价值创造赋能，助力企业的高质量发展。可以说连续多年的评选活动，为会计行业健康发展提供了可供参考的风向标，推动会计服务于中国经济高质量发展。

从连续八年的评选结果来看，一是评选出的信息技术和国家相关政策的要求密切相关，在许多信息技术进入排名的前几年或者是当年，都曾出现在国家或相关部门的政策要求中，一定程度上显示了政策导向；二是评选结果反映了信息技术在会计中的应用实践和会计人员感知到的技术影响，会计人员可以将此作为标杆来衡量自身的能力短板并针对性弥补；三是从不同群体的选择来看，学术界、实务界对技术影响的判断基本一致。

针对某项具体的会计技术，会计人员需要学习和掌握什么内容？如何去学习？要全面掌握某项具有高度复杂性的技术，一般的会计人员通常需要从技术的原理、特点、功能、相关产品、应用范围、应用场景、技术成熟度以及局限性等方面进行研究和学习。以 RPA 技术为例，我们需要明确 RPA 的基本概念和类别，认识它的主要特征，掌握它的技术构成，研究它的业务价值，熟悉它的应用领域和应用场景，知晓当前主流的 RPA 厂商及产品，识别它的技术成熟度，了解未来的发展趋势和局限性等。

信息技术对会计行业的影响及变化将会受到政策制度、市场需求、技术变革等多种因素的作用，并且这种变化的趋势是相对稳定和缓慢的，我们在坚持信息技术定义归纳、发展趋势判断、综合应用总结等基础上，通过长久的调查结果，才能体现出信息技术对会计行业影响的真正价值，我们将持之以恒。

三、2024年影响中国会计行业十大信息技术评选过程与结果

（一）评选环节介绍

为保障评选结果的可比性，2024年影响中国会计行业的十大信息技术评选的思路与往届基本一致，但在诸多环节进行了创新。

1. 专家邀约

通过社会广泛动员、专家推荐、专家自荐、支持机构推荐、行业协会推荐、特别邀请等渠道，并经过参与体验互选环节，评选组委会最终从中国会计信息化相关领域中遴选出了211名有一定专业造诣、资历或影响力的专家，专家人数比2023年净增加了4人，总人数又创新高；专家活力发生变化，22名专家为首次担任2024年的评选专家，占总体的10%，为本年的评选增添了新的活力；专家结构发生变化，在以往的学术界、实务界、软件厂商、专业机构四类专家基础上，2024年新增加了10名信息技术专业人士，以知名企业的首席信息官（CIO）为主，以期从信息技术视角为评选提供新的维度。

2. 候选技术提名

候选技术初步提名由评选专家进行、十大信息技术的候选项由每位专家在组委会提供的2023年的45项候选信息技术中选择3项，并在此之外自由提名至少2项信息技术（包括定义），由此得到412条候选信息技术。五大潜在信息技术投票的候选项由每位专家自由提名至少3项信息技术产生，共收到候选信息技术618条。在211名专家中共有206名专家参加了提名，覆盖面极为广泛。

在提名过程中，针对相关信息技术的原理、类别、发展趋势、实践应用等，以及信息技术、产品、应用三者的边界等，专家们展开了讨论，交换了共识和分歧，对候选信息技术的形成思路提供了丰富的建议。

初步梳理工作由上海国家会计学院杨寅教授、吴忠生副教授进一步完善，最终由刘勤教授定稿。在多轮讨论基础上，最终得到了十大信息技术评选的35项候选技术和五大潜在信息技术评选的20项候选技术。

候选信息技术的说明由杨寅教授、吴忠生副教授、智能财务研究院联席主任王得利在往年定义基础上根据各界反馈进一步完善，最终由刘勤教授定稿。

3. 投票评选

"2024年影响中国会计行业的十大信息技术"评选投票规则与往届保持一致，即公众和专家分别在35项候选信息技术中选择5～10项近两年内对会计从业人员影响程度最高的技术；上海国家会计学院会计信息调查中心根据候选信息技术设计调查问卷，通过网络传播渠道接受公众投票，并单设专家投票。2024年的专家投票选项中增加了候选信息技术所在生命周期的选项，分为萌芽期、导入期、扩散期、成熟期、衰退期，196名专家参与了投票。

"潜在影响中国会计行业的五大信息技术"不设公众投票，由评选专家在20项候选信息技术中选择5项预期3～5年内会出现会计应用场景且对会计从业人员影响程度高的信息技术，196名专家参与了评选。

4. 结果计算

评选时间从2024年5月15日开始到5月24日共10天，收到评选问卷5 008份，样本在地域、行业分布等方面均具有代表性。为保证评选数据的有效性，评选组委会过滤了评选数据中重复投票或投票时间异常的情况，最后筛选出参加评选的有效问卷4 464份。公众投票和专家投票结果各占50%权重，形成"2024年影响中国会计行业的十大信息技术"。评选报告由赵健、吕晓雷进行初稿撰写，尹成彦、杨寅进行审核，刘勤进行终审，经过多次讨论完善后定稿。

5. 德勤鉴证

为提升评选结果的权威性和公信力,2024年评选委员会首次邀请了德勤中国对评选全程进行鉴证。以德勤亚太区审计及鉴证创新数据分析人工智能领导合伙人金科为负责人,德勤中国项目组对包含准备阶段、遴选提名阶段、专家问卷调查阶段、公众问卷调查阶段、评选结果准备及发布阶段在内的评选全过程开展检查和评估工作,以此确保此次评选的客观和公正。

在准备阶段及遴选提名阶段,德勤中国项目团队复核了评选目标和要求的可执行性及可评估性,确认了各专家小组和提名专家人员资质的真实性和有效性,确认各工作小组职责分工合理且适当,并检查了提名问卷的有效性及提名结果。专家和公众问卷调查阶段,德勤中国项目团队监督专家委员会检查了问卷的有效性,并全程参与了专家和公众投票问卷的设计和投放过程,检查了问卷结果的无效样本过滤程序的有效性。评选结果准备及发布阶段,德勤中国项目团队检查了评选结果是否符合评估标准,以及是否经过专家委员会主任的审核,并对评选结果进行了重新计算,以保证此次评选的结果客观公正。

(二)评选结果介绍

1. 综合结果

从结果来看,2024年影响中国会计行业的十大信息技术(表1-3-1)首次出现没有新上榜技术的情况,所有技术都曾入选"2023年影响中国会计行业的十大信息技术",并且相较2023年的排序变化很小,基本只有涨或跌一位。这说明技术对行业的影响是有周期性的,会在一段时间内持续发挥作用。

表1-3-1 2024年影响中国会计行业的十大信息技术

技术	综合得票率	排名
会计大数据分析与处理	52.40%	1
数电票	49.25%	2
流程自动化(RPA和IPA)	46.48%	3
财务云	45.48%	4

(续表)

技术	综合得票率	排名
中台技术(数据中台、业务中台、财务中台)	42.08%	5
电子会计档案	37.76%	6
数据治理	30.87%	7
新一代ERP	29.69%	8
数据挖掘	28.67%	9
商业智能(BI)	28.37%	10

从表1-3-2可以看出，2024年潜在影响中国会计行业的五大信息技术的得票率相差不大，会计行业正在朝着更智能、高效、安全的方向发展，新兴技术的应用也将逐步增加；五项入选的信息技术中四项属于人工智能类，表明专家认为生成式人工智能(AIGC)在数据处理、决策支持、自动化等方面具有巨大的潜力，有望对会计行业产生深远的影响和变革。

表1-3-2 2024年潜在影响中国会计行业的五大信息技术

技术	得票率	排名
生成式人工智能(AIGC)	48.47%	1
数据资产及其管理的自动化与智能化	41.84%	2
AI信任、风险和安全管理	41.84%	3
财务多模态垂直大模型	40.82%	4
财务数字员工及其智能调度与管理	39.80%	5

经组委会讨论，确定将信息技术按生命周期中的萌芽期、导入期、扩散期、成熟期、衰退期五个阶段进行区分，分别赋值1—5分，最终结果中1—1.50分属萌芽期、1.51—2.50分属导入期、2.51—3.50分属扩散期、3.51—4.50分属成熟期、4.51—5分属衰退期。评选结果(表1-3-3)显示，入选的十项信息技术都处于生命周期的导入期或扩散期，还没有出现位于成熟期的信息技术。

表1-3-3 2024年影响中国会计行业的十大信息技术所处生命周期

排名	技术	生命周期赋分	生命周期
1	会计大数据分析与处理	2.45	导入期

(续表)

排名	技术	生命周期赋分	生命周期
2	数电票	2.72	扩散期
3	流程自动化（RPA 和 IPA）	3.13	扩散期
4	财务云	3.13	扩散期
5	中台技术（数据中台、业务中台、财务中台）	2.78	扩散期
6	电子会计档案	2.74	扩散期
7	数据治理	2.27	导入期
8	新一代 ERP	2.63	扩散期
9	数据挖掘	2.52	扩散期
10	商业智能（BI）	3.07	扩散期

2. 专家投票结果与公众投票结果

表 1-3-4 展示了公众和专家对影响中国会计行业的十大信息技术排名的区别。从整体看，公众投票与专家投票存在较大的差异，说明两者的关注视角不同。只有位于第一名的会计大数据分析与处理技术一项为双方一致；三项信息技术公众投票位次高于专家投票、位于第二名的数电票（包括电子发票/区块链电子发票）、位于第十名的商业智能（BI）等两项信息技术双方存在 1 位差异；双方对位于第七名的数据治理技术评价的差异最大，排名差距达到了 13 位，位于第五名的中台技术（数据、业务、财务中台），双方排名差距达到了 8 位，两项均是依靠专家投票进入十大信息技术；位于第九名的数据挖掘，专家投票与公众投票均未进入前十，但综合投票则进入前十。

表 1-3-4　2024 年影响中国会计行业的十大信息技术公众和专家排名差别

总排名	技术	投票占比			排名		排名差距
		公众	专家	差异百分点数	公众	专家	
1	会计大数据分析与处理技术	48.97%	46.86%	2.11	3	3	0
2	数电发票（包括电子发票/区块链电子发票）	49.36%	50.24%	-0.88	2	1	1
3	流程自动化（RPA 和 IPA）	35.53%	48.31%	-12.78	5	2	3

(续表)

总排名	技术	投票占比			排名		排名差距
		公众	专家	差异百分点数	公众	专家	
4	财务云	49.81%	44.44%	5.37	1	5	-4
5	中台技术(数据中台、业务中台、财务中台)	25.28%	46.86%	-21.58	11	3	8
6	电子会计档案	43.22%	36.71%	6.51	4	7	-3
7	数据治理技术	20.12%	41.06%	-20.94	19	6	13
8	新一代 ERP	33.29%	29.95%	3.34	6	10	-4
9	数据挖掘	24.05%	28.50%	-4.45	14	11	3
10	商业智能(BI)	25.99%	31.40%	-5.41	9	8	1

3. 网络舆情视角

采用"人民众云"舆情分析工具对"2024年影响中国会计行业的十大信息技术"进行统计,统计区间为2023年5月1日至2024年4月30日,统计领域为财会、审计、税务、资产评估等。结果如表1-3-5所示。

财会、审计相关曝光数与总曝光数的比值越低说明本项信息技术在各领域应用越广泛,而比值越高说明其领域与财会、审计关系越密切,如财务云、电子会计档案为财会、审计等领域专用,比值达到了100%。需要注意的是,比值低的公共技术与比值高的专用技术的演化路线与影响因素存在较大的差异。

表1-3-5 2024年影响中国会计行业十大信息技术网络舆情

排序	技术	财会、审计相关曝光数	总曝光数	占比
1	会计大数据分析与处理	3 017 465	29 195 352	10.34%
2	数电票	127 736	151 041	84.57%
3	流程自动化(RPA 和 IPA)	92 548	486 677	19.02%
4	财务云	11 117	11 117	100.00%
5	中台技术(数据中台、业务中台、财务中台)	92 186	286 528	32.17%
6	电子会计档案	15 852	15 852	100.00%

(续表)

排序	技术	财会、审计相关曝光数	总曝光数	占比
7	数据治理技术	204 755	786 192	26.04%
8	新一代 ERP	1 669	2 379	70.16%
9	数据挖掘	89 220	487 549	18.30%
10	商业智能（BI）	77 997	1 268 049	6.15%

4. 不同领域专家投票结果

各领域专家的投票结果如表1-3-6所示。从软件厂商、实务界、信息技术界、学术界、专业机构等不同领域的专家评选结果看，专家从各自本职工作出发，对各类技术的关注度是不一样的。软件厂商比较关注数据治理；实务界跟公众关注领域基本一致；信息技术界则比较关注技术本身的应用与发展，如专家系统与规则引擎、数据资产评估与管理技术；会计师事务所等专业机构比较关注数据安全和隐私保护、数据资产评估和管理的相关技术。

表1-3-6 不同领域专家评选的2024年影响中国会计行业十大信息技术

排名	软件厂商		实务界		信息技术界		学术界		专业机构	
	技术	得票率	技术	得票率	技术	得票率	技术	得票率	技术	得票率
1	数电票	68.75%	流程自动化（RPA和IPA）	57.72%	数电票	70.00%	数电票	64.29%	数电票	52.63%
2	会计大数据分析与处理	62.50%	会计大数据分析与处理	53.66%	流程自动化（RPA和IPA）	60.00%	会计大数据分析与处理	53.57%	会计大数据分析与处理	47.37%
3	数据治理	56.25%	财务云	48.78%	会计大数据分析与处理	50.00%	流程自动化（RPA和IPA）	53.57%	中台技术（数据中台、业务中台、财务中台）	42.11%
4	中台技术（数据中台、业务中台、财务中台）	56.25%	数电票	47.97%	数据治理	50.00%	财务云	46.43%	数据挖掘	42.11%
5	财务云	50.00%	中台技术（数据中台、业务中台、财务中台）	46.34%	电子会计档案	50.00%	中台技术（数据中台、业务中台、财务中台）	46.43%	数据安全与隐私保护	42.11%

(续表)

排名	软件厂商		实务界		信息技术界		学术界		专业机构	
	技术	得票率	技术	得票率	技术	得票率	技术	得票率	技术	得票率
6	流程自动化（RPA和IPA）	50.00%	电子会计档案	37.40%	专家系统与规则引擎	50.00%	数据治理	42.86%	数据资产评估与管理技术	42.11%
7	机器学习	37.50%	商业智能（BI）	36.59%	数据资产评估与管理技术	40.00%	电子会计档案	42.86%	流程自动化（RPA和IPA）	36.84%
8	微服务与低代码技术	37.50%	数据治理	33.33%	中台技术（数据中台、业务中台、财务中台）	30.00%	机器学习	32.14%	自然语言处理	36.84%
9	专家系统与规则引擎	37.50%	新一代ERP	31.71%	数字孪生	30.00%	数据挖掘	32.14%	银行电子函证	36.84%
10	数据安全与隐私保护	37.50%	机器学习	30.08%	在线审计	30.00%	知识图谱	32.14%	财务云	31.58%

（三）评选广泛影响

刘勤教授强调，从结果看流行的信息技术对会计行业的影响有一定的持续性。与前几年一直在强调会计人员不太关注信息安全相比，在获得提名的 35 项信息技术中，排名上升速度最快的是数据安全和隐私保护，目前排名为第 11 名，说明各界对信息安全的关注度已经有大幅提升。

刘勤分析，曾经较为流行的技术，如可扩展商业报告语言（XBRL），国家推广了很多年，这项技术本身也是非常重要的技术，但是现在排名靠后，其原因可能在于应用场景减少或者技术的隐形化。因为对这些技术的应用方式缺少详细的介绍，导致很多人对部分技术名称比较陌生，进而导致部分信息技术的关注度不够。

刘勤解读了潜在影响中国会计行业的五大信息技术的发展趋势，2022 年影响比较大的是国家税务总局以数治税的相关技术，2023 年普遍关注的是人工智能技术，2024 年还关注数据资产管理的自动化和智能化相关技术以及财务数字员工相关技术。长期来看，部分当年潜在影响中国会计企业的信息技术,现在已经在会计行业投入了应用。

金蝶软件(中国)有限公司执行副总裁赵燕锡认为,AI+财务将给会计行业带来"三个重塑":一是重塑接口,即通过对话机器人找到需要的内容;二是重塑流程,即AI会催生很多数字员工;三是重塑决策,即基于大数据可以更好地帮助企业管理者进行智能决策。金蝶公司将通过做好产品、做好服务、做好共建的方式,通过生态体系构建服务企业。

上海汉得信息技术股份有限公司高级副总裁沈雁冰认为,"会计大数据分析与处理"成为2024年的首要技术,这一现象引人深思,业界应该是普遍认同了会计的最终核心是数据。尽管复式记账法和会计准则等基础原则在过去几年未发生颠覆性变革,但是随着技术的进步,会计结果/过程数据的维度和深度却有了前所未有的扩展。理论上,所有其他信息技术的最终目标都是提升采集/生成这些数据的效率。因此,他建议每个财务部门都应该反思:从结果导向来看,我们的会计大数据模型是什么?同时,还需考虑如何通过信息技术的有效对接,实现更高效的会计流程。

中兴新云服务有限公司总裁陈虎关注到财务云曾五年连续排名第一,从去年开始略有下降,今年继续下降,说明财务云已经从新兴技术逐渐成为大家习以为常的财务技术。他认为需要关注的是2024年评选的十大信息技术中有五项技术跟财务云相关,分别是数电票、流程自动化、财务云、电子会计档案和新一代ERP,这些技术都属于企业财务的基础。陈虎感悟到,在算法模型面前,所有的经验管理和决策犯错的概率都高出一到两个数量级;在大数据面前,一切计算能力都是次要的。

北京元年科技股份有限公司总裁韩向东注意到,会计大数据分析和处理第一次成为十大信息技术的第一名,是标志性、革命性的变化,代表着跟数据相关的信息技术与会计人员的关系越来越密切。韩向东认为会计人员未来在数据驱动的数字化转型里最有机会成为数据科学家,他们离数据最近,掌握的数据最多、最可靠。将来在数据驱动的主线上,在智能化AIGC发挥作用的前景下,会计人员大有可为。

浪潮通用软件有限公司副总裁孔冰对评选结果有三点感受:一是很多企业对数据挖掘的价值分析诉求是非常旺盛的,需要回过头把过去一些数据层面的不规范不规则的地方进行重新规制;二是在财务领域推动数智化面临的非常大的挑战是业财融合,需要借助信息技术来发挥从财务前端和业务拉通以及端到端协同的作用;三是财务数字化的深度越来越深,对经营管理的要求越来越高,对财务人员成本投入要求会非常高,需要财务人员持续学习。

用友网络科技股份有限公司副总裁付建华关注了生成式人工智能技术的发展。她认为,基础人工智能技术和新一代AI技术可广泛、深入地应用于企业的基础财务工作,这些技术目前在企业智能客服、语音交互等管理软件当中进行了应用,未来将应用于开展一系列的报告解读、数据的深度挖掘、数据分析以及经营智能预测未来等方面。

从事教育工作的季金长期关注十大信息技术评选,他建议会计与财务等相关领域的教育工作者要意识到技术赋能产业,考虑趋势影响未来。并且需要综合考量这些技术发展曲线的规律,有些技术可能是昙花一现,有些则是需要漫长的产业变现,寻找技术应用与会计人才培养的匹配度。季金建议会计与财务等相关领域的教育工作者一要深入了解信息技术,最好可以体验并对其难度有所了解;二要研究这些信息技术在不同规模企业的应用场景,考虑学生就业面临的需求;三要在广泛调研基础上不断调整人才培养方案,以适应社会需求。

山西建设投资集团有限公司周雅琴连续三年参加十大信息技术评选,对于会计从业者如何迎接数字化浪潮的洗礼,周雅琴认为:首先,需要具备四项基本能力,即学习、反思、改变和坚持;其次,可以尝试提高自身数据意识、数据思维和数字素养,勇于创新,努力在"不确定性"中把握"确定性";再次,要持续提升专业技能和全要素资源配置的能力,从事后监督主动转向事前事中参与决策;最后,要不断努力向高素质、专业化、复合型、国际化人才转型。

四、2024年影响中国会计行业的十大信息技术候选信息技术及说明

"2024年影响中国会计行业的十大信息技术"35项候选信息技术如表1-4-1所示。

表 1-4-1　2024 年影响中国会计行业的十大信息技术候选信息技术及说明

序号	名称	信息技术说明
1	会计大数据分析与处理	会计大数据分析与处理技术是大数据在大会计概念下的应用技术，主要包括大数据存储、数据采集、数据清洗、数据分析等各类大数据关键技术，可以对数据管理、决策分析、风险管控、审计等进行大会计相关的数据分析和处理
2	财务云	财务云是将集团企业财务共享管理模式与云计算、移动互联网、大数据等计算机技术有效融合，实现财务共享服务、财务管理、资金管理三中心合一，建立集中、统一的企业财务云中心，支持多终端接入模式，实现"核算、报账、资金、决策"在全集团内的协同应用
3	数电票	全面数字化的电子发票简称数电票，是依托可信身份体系和电子发票服务平台，以去介质、去版式、标签化、要素化、授信制、赋码制为基本特征，覆盖全领域、全环节、全要素的全新发票
4	流程自动化（RPA 和 IPA）	RPA 是可以记录人在计算机上的操作，并重复运行的软件。RPA 可以按照事先约定好的规则，对计算机进行鼠标点击、敲击键盘、数据处理等操作。IPA 将 RPA 与 AI 相结合。企业业务流程中需要涉及判断处理，而 RPA 却无法做出灵活判断，IPA 能与 AI 相结合，无需人工干预就能判断处理更加复杂的任务，从而解放更多的员工，让他们从事更有价值、更有创造性的工作
5	数据治理	数据治理是一个组织制定的整体数据管理框架，用于确保组织数据准确、完整、一致和安全，以支持业务目标，提高数据质量，降低风险。财务数据是企业最重要的数据资产，也是数据治理的重点领域
6	机器学习	机器学习是一种人工智能技术，使用算法和数学模型自动从数据中学习，不断优化算法，达到预测或决策目的。该技术涉及多门学科，广泛应用于财务风险识别、信用评估、投资分析、预算预测等领域
7	新一代 ERP	新一代 ERP 是传统 ERP 系统的升级版，可集成机器学习、人工智能、区块链和物联网等先进技术，为企业提供更加灵活、敏捷和可扩展的数字化解决方案，使其能够优化业务流程、改善决策并提高绩效
8	中台技术（数据中台、业务中台、财务中台）	中台技术与前台和后台对应，是在一些信息系统中被共用的中间件的集合。前台是面向客户的市场、销售和服务部门或系统，后台则包括技术支持、研发、财务、人力资源、内部审计等部门，中台则是介于前台和后台之间的一个综合能力平台。常见于网站架构、金融系统。中台包括数据中台、业务中台、财务中台。数据中台重构了企业数据系统的架构，业务中台则是企业的共享平台，集合了标准化和可以复用的功能模块。财务中台将企业的财务共性需求抽象、聚合，打造出平台化、组件化的系统能力和解决方案
9	自然语言处理	自然语言处理是通过构建算法使计算机自动识别、分析、表征人类自然语言的技术。借助自然语言理解的模型训练 AI，在业务规范性检查、财务报表自动化生成以及内容抽取等场景中获得广泛使用

（续表）

序号	名称	信息技术说明
10	商业智能（BI）	商业智能（BI）是对商业信息的搜集、管理和分析过程，目的是使企业的各级决策者获得知识或洞察力，促使决策者做出对企业更有利的决策。商业智能一般由数据仓库、联机分析处理、数据挖掘、数据备份和恢复等部分组成。商业智能的实现涉及软件、硬件、咨询服务及应用，其基本体系结构包括数据仓库、联机分析处理和数据挖掘三个部分
11	电子会计档案	电子会计档案是通过计算机磁盘等设备进行存储，与纸质档案相对应、相互关联的通用电子图像文件集合，通常以案卷为单位。它是记录和反映经济业务的重要历史资料和证据，包括电子凭证、电子账簿、电子报表、其他电子会计核算资料等
12	微服务与低代码技术	微服务将大型的单个应用程序和服务拆分为数个甚至数十个的支持微服务扩展的单个组件，从而使应用程序和服务不需要整个的应用程序堆栈，提升应用开发效率。低代码技术是一种可视化的应用开发能力，具备配置灵活、复用性高的特点，可满足个性化需求的开发。非技术人员通过图形化"拖、拉、拽"，快速自定义报表和分析，贴合快速开发和敏捷迭代的业务创新，促进企业降本增效
13	数据挖掘	数据挖掘是数据库中知识发现的一个步骤，一般是指从大量的数据中通过智能算法搜索隐藏于其中信息的过程。挖掘技术通常与计算机科学有关，并通过统计、在线分析处理、情报检索、机器学习、专家系统（依靠过去的经验法则）和模式识别等诸多方法来实现上述目标
14	知识图谱	知识图谱是一张由知识点相互连接而成的结构化语义知识网络，是显示知识发展进程与结构关系的一系列图形化结构，以图的节点代表实体或概念，以图的边代表实体或概念间关系。其本质是建立在图数据处理系统或传统的关系型数据库之上的知识抽取、知识表现、知识存储、知识检索的过程，能够建立复杂的关系网络，拥有更高的关联查询效率，可在智能搜索、智能推荐、情报分析、反欺诈、风险识别等领域发挥作用
15	数字孪生	数字孪生是以数字化方式再现真实的实体或系统，旨在准确反映物理对象。数字孪生可帮助企业更快创建精准的成本估算。未来可以通过建立数字孪生企业，实现生产经营预测、执行控制、分析决策一体化管理
16	在线审计	在线审计是审计人员基于互联网，借助现代信息技术，运用专门的方法，通过人机结合，对被审计单位的网络会计信息系统的开发过程及其本身的合规性、可靠性和有效性，以及基于网络的会计信息的真实性、合法性进行远程审计
17	湖仓一体化	湖仓一体化可以理解为数据仓库和数据湖的结合。数据仓库是一个大型的、主题导向的、集成的数据集合，用于支持分析性报告编制、决策分析和战略规划。它从各种业务系统和数据源中清洗、转换和集成数据，然后存储在一个统一的、高一致性的数据模型中。数据湖是可扩展的大数据存储、处理、分析的基础设施，全量获取、存储企业多样化、多类型的原始数据，实现多模式处理与全生命周期管理。数据湖中可以使用数据挖掘和机器学习等技术，帮助企业构建运营模型与预测分析等

(续表)

序号	名称	信息技术说明
18	Python及爬虫技术	Python及爬虫技术是使用Python语言开发的网络爬虫,是一种按照一定的规则,自动地抓取万维网信息的Python、程序或者脚本,帮助企业获取客商风险信息、监管信息、市场信息等广义信息
19	专家系统与规则引擎	专家系统是在会计领域中,能够像会计专家一样解决复杂问题的计算机软件系统。它能够有效地运用会计专家多年积累的经验和专业知识,通过模拟会计专家的思维过程,解决相关会计问题。规则引擎由推理引擎发展而来,是一种嵌入在应用程序中的组件,实现了将业务决策从应用程序代码中分离出来,并使用预定义的语义模块编写业务决策的系统。规则引擎接受数据输入,解释业务规则,并由于经常变化的市场,业务规则变化快速,从而能够高效率地根据规则做出业务决策
20	数字货币	数字货币是一种基于区块链技术、不依托于实物货币而存在的加密货币,以电子的形式进行转移、存储或交易,可以用于购买真实的商品和服务,具有较高的安全性和便捷性。经过法律认可的数字货币可以自由流通并替代现金,有潜力成为数字经济时代的重要基础设施
21	管理驾驶舱	管理驾驶舱是一种用于企业管理的仪表盘式分析系统,可将企业各个方面的数据以图表、报表等形式进行可视化展示,并帮助管理层快速了解企业的经营状况、运营效率、风险情况等关键指标
22	数字签名	数字签名是由签名算法产生的、仅信息发送者能生成的、他人无法伪造的一段数字串,可以通过验证算法进行验证,帮助信息获取者确认信息的来源是否可靠,并防止对信息的篡改,在电子商务、电子政务、网络支付等领域应用广泛
23	应用程序接口(API)	应用程序接口是关于软件系统不同组成部分衔接的约定。良好的接口设计可以降低系统各部分的相互依赖,提高组成单元的内聚性,降低组成单元间的耦合程度,从而提高系统的维护性和扩展性。应用程序接口主要目的是让应用程序开发人员得以调用一组例程功能,而无须考虑其底层的源代码或理解其内部工作机制
24	数据安全与隐私保护	隐私保护是用于保护数据隐私、安全的重要技术手段,可以防止未经授权地访问、使用和传递数据,包括数字脱敏、访问控制、隐私增强等具体技术,广泛应用于跨部门、跨机构、跨行业、跨境等数据流通环节,在电子商务、联合风控、工业互联网等数据驱动场景下具有重要作用,为用户隐私数据和企业商业机密等信息提供安全保障
25	可视化技术	可视化技术是利用计算机图形学和图像处理,将数据转换成图形或图像在屏幕上显示出来,再进行交互处理的理论、方法和技术。它能够迅速和有效地简化与提炼数据流,提高财务分析的效率
26	光学字符识别	光学字符识别指运用光学设备(扫描仪或数码相机等)将纸质文档上的文字信息转化为图像,再利用算法将图像信息翻译成可编辑的计算机文字的过程。该技术可用于文档识别、图片过滤、场景理解等方面,简化信息采集和录入工作,有助于财务纸质原始凭证信息的影像化、电子化,提高财务业务处理效率

(续表)

序号	名称	信息技术说明
27	银行电子函证	银行电子函证能集成和调用企业、银行系统应用程序接口,使企业与银行之间函证电子化、自动化,包括对函证内所有数据的交易识别、分类提取、数据清洗、数据比对以及安全删除,可以保障数据的准确性,减少审计风险,强化监管过程
28	可扩展商业报告语言(XBRL)	可扩展商业报告语言(XBRL)是基于互联网、跨平台操作,专门用于财务报告编制、披露和使用的计算机语言,基本实现数据的集成与最大化利用,会计信息数出一门,资料共享。它是国际上将会计准则与计算机语言相结合,用于非结构化数据,尤其是财务信息交换的最新公认标准和技术。通过对数据统一进行特定的识别和分类,可直接为使用者或其他软件所读取及进一步处理,实现一次录入、多次使用
29	RFID与二维码技术	RFID与二维码技术是物联网感知层的重要技术手段,是实现物联的关键因素。从应用上来看,二维码必须要通过扫码设备才能读取数据,如果要处理的商品较多,每个商品的二维码都要通过扫码设备才能读取信息。但是,RFID就表现出很突出的优势,如果每个商品都装有RFID标签的话,只需在办公室里读取读写器上的数据,就能识别商品信息
30	增强现实与虚拟现实技术	虚拟现实(Virtual Reality)技术囊括计算机、电子信息、仿真技术,其基本实现方式是通过计算机模拟虚拟环境从而给人以环境沉浸感。增强现实(Augmented Reality)技术是一种将虚拟信息与真实世界巧妙融合的技术,广泛运用了多媒体、三维建模、实时跟踪及注册、智能交互、传感等多种技术手段,从而实现对真实世界的"增强"。管理驾驶舱是基于ERP的高层决策支持系统,是一组动态的KPI指标。包括虚拟现实和增强现实在内的可视化技术的交互性将促使管理驾驶舱更具智能性
31	移动支付	移动支付是指移动客户端利用手机等电子产品来进行电子货币支付的技术,移动支付将互联网、终端设备、金融机构有效地联合起来,形成了一个新型的支付体系,提供货币支付、缴费等金融业务,提高了交易和账务处理效率
32	移动互联网	移动互联网是一种通过智能移动终端,采用移动无线通信方式获取业务和服务的新兴业务,是指互联网的技术、平台、商业模式和应用与移动通信技术结合并实践的活动的总称,包含终端、软件和应用三个层面
33	多维数据库	多维数据库将数据存放在一个 n 维数组中,而不是像关系数据库那样以记录的形式存放。因此它存在大量稀疏矩阵,人们可以通过多维视图来观察数据。多维数据库增加了一个时间维,与关系数据库相比,它的优势在于可以提高数据处理速度,加快反应时间,提高查询效率
34	数据资产评估与管理技术	数据资产评估与管理技术提供开发数据资产所需的各种信息技术,并以信息技术支持作为商业模式。该技术通过利用信息技术,基于数据资产的信息属性、法律属性、价值属性等,根据数据来源和数据生成特征,关注数据资源持有权、数据加工使用权、数据产品经营权等数据产权,并根据评估目的、权利证明材料等,确定评估对象的权利类型
35	流程挖掘与流程管理	流程挖掘是将挖掘算法作用于事件日志数据的方法,用以确定有关流程过程、模式和详细信息。流程管理是一种规范化的构造端到端的业务流程管理,通过流程分析、流程定义、资源分配、流程质量、效率测评、流程优化等,持续提高组织的业务绩效

五、2024年潜在影响中国会计行业的五大信息技术候选信息技术及说明

2024年潜在影响中国会计行业的信息技术的候选技术与说明如表1-5-1所示。

表1-5-1　2024年潜在影响中国会计行业的五大信息技术候选信息技术及说明

序号	名称	说明
1	元宇宙与虚拟混合现实技术	元宇宙与虚拟混合现实技术是指借助互联网、计算机图形、人工智能、区块链等技术，构建出一个与现实世界平行、交互的虚拟世界，可以进行社交、娱乐、学习、工作、交易等活动，实现虚拟与现实的无缝融合的技术。元宇宙与虚拟混合现实技术不仅是搭建一个虚拟现实平台，更是会形成一个数字原生的生态系统和经济形态，代表了数字技术发展的新阶段，预示着人类社会正在从信息互联走向虚实共生
2	分布式账本与智能合约	分布式账本技术能实现在多个节点之间共享、复制和同步。它通过密码学和共识机制，确保账本的一致性、安全性和不可篡改性，从而实现了分布式（多中心化）的信任基础。智能合约则是运行在分布式账本上的自动化执行程序。它将合约条款以代码形式嵌入区块链，当预定条件满足时，合约自动触发执行，确保了合约执行的客观性和确定性。分布式账本与智能合约奠定了"代码即法律"的基础，有望重塑商业协作和社会治理模式，实现机器信任和价值互联网络
3	可视化仿真预测	可视化仿真预测是指充分利用物联网、可视化及仿真等技术，在数字空间构建物理实体的虚拟映射，并通过实时数据交互，实现对物理实体的全生命周期监测、分析、优化和预测的技术。它不仅是对物理实体的高度逼真建模，还能够模拟其内在机理和动态行为，可以在数字空间观察物理实体的运行状态和效果，并预判其发展趋势。该技术可以推动科学、工程、管理等领域走向更加数字化、精细化和智能化
4	物联网、智联网与自组织网络	物联网、智联网与自组织网络是通信技术将物理世界与数字世界融合演进的三个阶段。物联网技术实现物理实体与数字网络的连接与信息交互；智联网技术通过人工智能赋予物联网以智能化能力，使得物理实体不仅可以被感知，还能够被理解、预测和优化；自组织网络则是网络发展的高级阶段，其中分布式的节点能够基于规则自发地形成动态联盟。物联网、智联网、自组织网络的融合发展，将推动人类社会从信息化走向智能化，最终实现数字世界与物理世界的深度协同与共生

(续表)

序号	名称	说明
5	AI智能视频生成技术	AI智能视频生成技术是指利用深度学习模型等人工智能算法,通过学习大量视频数据,自动生成逼真的视频内容的技术。它可以实现从其他媒体模态到视频模态的自动转换与创作。AI智能视频生成技术不仅可以用于娱乐领域,还可以应用于教育培训、虚拟助理等多个场景,极大地拓展了视频内容生产的范围和效率。未来,AI生成视频的质量和多样性还将得到进一步提高,这可能催生出全新的视频应用形态和商业模式,同时对内容真实性、版权保护、伦理道德等提出了新的挑战
6	基于自适应人工智能的交互式数据分析	基于自适应人工智能的交互式数据分析是指在数据分析过程中,引入自适应人工智能技术,实现人机协同和交互的优化。自适应人工智能可以根据数据的特征和分析目标,自动调整模型结构和参数,形成最优分析决策。它还可以借助交互式可视化界面,实时呈现分析过程和结果,并根据反馈动态对决策分析进行优化。它代表了数据分析技术的未来趋势,提供了一种更加智能、高效、人性化的数据分析方案,可以在商业决策、社会治理等领域得到广泛应用
7	生成式人工智能(AIGC)	生成式人工智能(AIGC)是指利用深度学习算法等,从大规模数据中学习数据的分布特征,并基于学习特征生成与训练数据高度相似的新样本的一类人工智能技术。AIGC能够在文本、图像、音频、视频等多种模态上生成逼真、多样、富有内涵的内容。AIGC代表了人工智能技术的重要突破,使计算机不仅能够感知和理解现有的信息,还能够创作出新的信息。可以说,AIGC是对人类智能中想象力、创造力的初步模拟,标志着人工智能正在向更高层次的智能形态演进
8	财务多模态垂直大模型	财务多模态垂直大模型是指专门针对财务领域,利用大规模多源异构数据,训练得到的特定行业的多模态人工智能模型。这种模型能够处理和理解与财务相关的结构化数据和非结构化数据,并在此基础上完成财务分析、预测、决策等任务。与通用人工智能模型相比,财务垂直大模型融合了财务领域的专业知识、法律法规准则等,具有更强的领域适应性和任务性能。它代表了人工智能技术与财务领域深度融合的趋势,有望在企业管理、财务管理、金融投资、风险管控等方面取得深入应用,进一步推动财务行业的数字化、智能化转型
9	脑机接口与智能人机交互技术	脑机接口与智能人机交互技术是指利用脑机接口设备采集人脑神经活动信号,并通过智能算法解码和分析这些信号,实现人脑与外部设备的直接联系与控制的一类技术。通过脑机接口可以直接与机器交流,使人机交互更加直观、自然、高效。智能人机交互技术借助人工智能对脑机接口采集到的脑信号进行解释和转换,不仅可以识别用户的控制意图,还可以感知用户的认知和情感状态,实现更加智能化、个性化的人机协作。脑机接口与智能人机交互技术的结合,将促进由"人适应机器"向"机器适应人"的转变,进一步优化人机混合智能
10	财务数字员工及其智能调度与管理	财务数字员工及其智能调度与管理是指利用人工智能、机器人流程自动化(RPA)等技术,创建能够执行财务业务工作的虚拟员工,并通过智能算法优化这些数字员工的任务分配和协作的技术。财务数字员工可以像人类员工一样,根据设定的规则和算法完成财务数据的采集、处理、分析、报告等工作,具有24小时不间断工作、快速、高效、高质等优

(续表)

序号	名称	说明
10	财务数字员工及其智能调度与管理	势。同时,智能调度与管理系统可以根据财务任务的特点和数字员工的能力,动态分配和协调工作,并实时监控和反馈执行结果,确保财务流程的顺畅和合规。财务数字员工代表财务职能数字化转型的重要方向,使财务人员可以聚焦于更高价值的决策支持和业务赋能
11	智能体(AI Agent)与智能决策	智能体(AI Agent)与智能决策是指具备感知、决策、行动能力的人工智能系统,以及其所使用的决策优化算法。智能体能够通过传感器获取环境状态信息,并根据内置的知识、规则和目标,采用智能决策算法,在多个可选行动方案中求解最优决策,以实现预设目标。智能体的决策过程通常是连续和动态的,它在获得新的观测数据后要不断更新条件判断,调整决策策略,形成"观察—决策—行动—学习"的闭环反馈。未来,多智能体的协同决策将是智能体技术的重要发展方向
12	数据资产及其管理的自动化与智能化	数据资产及其管理的自动化与智能化是指将数据视为一种关键的企业资产,并利用人工智能等技术,对数据资产的收集、存储、处理、分析、应用等进行自动化和智能化全生命周期管理的技术。数据资产管理的自动化与智能化旨在利用智能算法和自动化工具,代替人工完成数据资产管理的各项任务,智能化的数据资产管理还能够通过数据分析和挖掘,发现数据资产中的模式和价值,为业务决策提供智能支持。它的实现需要建立完善的数据治理体系,包括数据标准、质量控制、安全防护、价值评估等,并与业务流程深度融合,形成数据驱动的组织文化和能力
13	业财税融合与数据编织	业财税融合与数据编织是指打通业务、财务、税务等企业管理环节,并将其产生的多源异构数据进行关联、整合、共享,形成全面、一致、实时的数据视图,以支撑企业决策的一种数字化技术。业财税融合旨在通过流程再造和数据集成,实现业务、财务、税务的一体化运作和实时互联。数据编织则是利用数据仓库、主数据管理、数据挖掘等技术,将业财税各环节产生的结构化、非结构化数据进行抽取、清洗、转换、加载,并建立数据之间的语义关联,使其能够相互解释和映射,最终形成一个全局统一、高度关联的数据资产,为业财税管理提供可信的数据基础
14	超级流程自动化	超级流程自动化是指利用人工智能、机器人流程自动化(RPA)、低代码/无代码开发等新兴技术,对企业端到端业务流程进行全面的自动化改进,实现从数据输入到决策输出的全流程智能化运作。超级流程自动化能够处理更加复杂、动态和认知型的流程,涵盖了数据处理、数据集成、流程编排、智能决策等各个环节。通过对业务场景的智能理解和建模,超级流程自动化可以根据上下文动态调整流程,并利用语义分析等技术,实现跨系统、跨领域的数据关联和流程协同。超级流程自动化代表流程自动化技术的发展新阶段,通过持续优化业务运营的效率,促进组织敏捷性和创新性
15	数据即服务财务云平台	数据即服务财务云平台是指以数据为核心驱动力,通过云计算架构和服务化交付模式,为企业财务管理提供全面、实时、智能的数据服务的新型财务管理平台。数据即服务财务云平台聚焦于财务数据的采集、整合、分析、共享等环节,通过大数据、人工智能等技术,挖掘和激活财务数据的价值,使其成为企业经营决策的关键依据。该平台可以提供数据治理、数据建模、数据可视化等工具,使财务人员能够便捷地访问

(续表)

序号	名称	说明
15	数据即服务财务云平台	和使用数据,还嵌入了财务智能引擎,提供智能化的财务预测、风险预警、绩效分析等服务。通过数据即服务财务云平台,使财务部门从数据的生产者转变为数据的服务提供者和赋能者,推动财务从核算型向价值创造型转变
16	量子计算与超级计算机	量子计算与超级计算机是指面向复杂计算问题的高性能计算技术。量子计算利用量子力学原理,实现并行计算和指数加速,在理论上可以快速求解某些经典计算机难以处理的问题。超级计算机则是通过大规模并行、集群化的系统架构,将大量高性能处理器、内存、存储等资源集成在一起,实现超高的浮点运算速度和存储带宽,可以处理传统计算机无法承载的海量复杂计算。未来,量子计算和超级计算机的融合有望进一步拓展计算边界,实现更高效、更智能的计算模式
17	区块链审计与大数据智能审计技术	区块链审计与大数据智能审计技术是指将区块链和大数据分析技术应用于审计领域,以提高审计的效率、准确性和可靠性。区块链技术以其分布式、不可篡改、可追溯等特性,为审计提供了可信的数据基础,也可使得审计结果更加可信和透明。大数据分析技术则通过机器学习、数据挖掘等手段,从海量数据中智能识别异常模式和风险信号,实现对业务全流程的持续监控和预警。区块链与大数据技术的结合,进一步使得审计从事后检查向事前预防转变,从单点核查向全局分析转变,形成了事前、事中、事后全方位的审计监督体系
18	多方安全计算与联邦学习	多方安全计算与联邦学习是指在保护数据隐私和安全的前提下,实现多个参与方之间的数据分析和机器学习的一类技术。多方安全计算通过密码学技术,如安全多方计算、同态加密等,实现多方数据的加工处理和聚合分析,确保数据在使用过程中的机密性和完整性。联邦学习则是多方安全计算在机器学习领域的重要应用,它通过安全的通信协议交换模型参数,实现模型的联合训练和预测,从而在不直接共享数据的情况下实现协作学习。多方安全计算和联邦学习代表了隐私保护数据分析的重要方向,有望推动多领域的数据要素流通和价值释放
19	AI信任、风险和安全管理	AI信任、风险和安全管理是一种综合性的解决方案,涵盖了模型可解释性、AI隐私、模型运行和对抗性攻击防御的技术和流程。这些方案能够支持AI模型的治理、可信度、公平性、可靠性、稳健性、有效性和隐私。要求来自不同部门(如人工智能、安全、合规和运营)的参与者共同努力实施新措施,以提高人工智能采用率、业务目标实现和用户接受度
20	碳捕捉与可持续发展技术	碳捕捉与可持续发展技术是指通过技术手段实现二氧化碳的捕集、存储、利用,以应对气候变化,推动经济社会可持续发展的一系列技术。碳捕捉技术(CCS)可以减少大气中的碳浓度,还可以促进能源结构转型,推动工业绿色升级。可持续发展技术是利用信息技术,结合一系列的政策与实践,对环境造成最小影响并最大限度发挥长期可持续性发展。未来,碳捕捉与可持续发展技术的突破和规模化应用,需要政策引导、市场驱动、产业协同等多方合力,共同构建新一代现代能源体系

下篇

2024年影响中国会计行业的信息技术发展与应用解读

大数据处理类信息技术在会计行业的发展与应用

郭瀛,中交集团华东财务共享中心
孔冰,浪潮通用软件有限公司

一、大数据处理类信息技术介绍

(一)大数据处理类信息技术的概念

随着企业信息化迅速发展和数字化转型战略的推进,尤其是随着传感器、物联网、工业互联网、手机、平板电脑等设备的广泛普及,智能化应用已经渗透企业生产经营各个环节,导致企业数据量急剧膨胀。在此背景下,为了充分发挥数据价值,利用大数据处理类信息技术高效处理由此产生的海量数据已成为企业在生产经营过程中不可或缺的关键手段。大数据处理类信息技术是指一系列用于处理和分析大规模、高速、多源、多类型、多格式数据的技术集合。这些技术包括但不限于分布式计算框架(如Hadoop、Spark)、分布式文件系统(如HDFS)、分布式数据库(如HBase)、数据仓库(如Hive)、数据流处理系统(如Kafka、Flink)、数据挖掘与机器学习算法等。这些技术共同构成了大数据处理的技术架构,使得企业大规模数据的存储、清洗、整合、分析、挖掘和可视化成为可能。标准化的数据管理体系及大数据处理技术,有效地提升了数据价值,为企业在决策、运营和生产等多种场景下实现管理赋能,促进产业升级,提升核心竞争力提供了支撑。

（二）大数据处理类信息技术的特征

企业大数据处理信息技术的特征主要体现在所处理的数据体量大、类型繁多、价值密度低，数据处理速度快，技术和框架多样可扩展，保护数据安全和隐私等方面。这些特征共同构成了大数据处理类信息技术的核心竞争力，为企业提供了强大的数据处理和分析能力。

数据体量大（Volume）：企业每天产生的各类业务数据、物联数据在不断增长，数据体量由原来的 GB、TB 级别逐步跃升至 PB、EB 乃至 ZB 级别。这要求大数据处理类信息技术能够高效地存储、处理和分析这些海量数据。

数据类型繁多（Variety）：企业需要整合、存储和分析来自复杂的传统和非传统信息源的数据，包括企业内部和外部的数据。数据类型亦是多样，包括结构化、半结构化和非结构化数据。大数据技术处理类信息需要具备快速处理这些复杂多样的数据类型的能力，以便更好地挖掘数据价值。

数据价值密度低（Value）：大数据虽然数据量大，但其中真正有价值的信息往往只占很小的一部分，即单位数据量的价值含量较低。大数据处理类信息技术必须能够高效地筛选有价值的信息，例如，通过数据挖掘、机器学习等技术手段，从海量数据中提取对企业决策有用的信息。

数据处理速度快（Velocity）：大数据的产生和处理速度非常快，随着数据创建的实时性特点增强以及将流数据结合到业务流程和决策过程中的需求增加，数据处理模式已经开始从批处理转向流处理。业界对大数据的处理能力有一个称谓——"1秒定律"，即要求数据处理具备高速处理分析能力，能够在极短的时间内对海量数据进行处理和分析。

技术和框架多样可扩展：大数据处理类信息技术涉及多种技术和框架，如 Hadoop、Spark、Flink 等。这些技术和框架提供了分布式存储、并行计算、实时处理等能力，能够满足企业数据处理的不同需求。并且这些技术具备良好的可扩展性，以支持更大规模的数据处理。

保护数据安全和隐私：随着数据量的增加和数据类型的多样化，数据安全和隐私保护成为企业大数据处理类信息技术不可忽视的重要方面。大数据技术提供加密技术、访问控制、数据脱敏等手段来保护数据安全和用户隐私。

(三) 大数据处理类信息技术应用现状

国家和地方政府出台了一系列政策支持大数据产业的发展,如《中华人民共和国国民经济和社会发展第十四个五年规划(以下简称"十四五"规划)和2035年远景目标纲要》明确了数据开发利用、隐私保护和公共安全等方面的要求,以及《数字中国建设整体布局规划》的发布,为大数据应用提供了政策保障。

近年来,大数据已经广泛应用于金融、医疗、零售、制造、能源、城市管理等各个行业领域。大数据处理类信息技术取得了显著进展,新的技术和框架不断涌现,极大地提高了大数据处理的性能和效率。大数据处理类信息技术在帮助组织和企业从大量数据中提取价值、优化决策和创新服务方面发挥着越来越重要的作用。

企业级数据管理平台目前也在不断完善创新,在传统的数据采集、数据存储、数据治理、数据分析展现的基础上,逐步扩展数据挖掘、机器学习、人工智能等技术的应用,从而适配更多的智能应用场景,为企业提供更强大更精准的数据服务,实现数据赋能企业管理,助力企业提升整体运营管理效率。

大数据处理类信息技术作为大数据时代的重要支撑力量,正在不断发展和完善,并将在未来的数字化转型和智能化发展中发挥更加重要的作用。

二、大数据处理类信息技术在会计行业应用的背景

(一) 国家政策层面

在国家政策层面,数智融合与数据资产价值的深度激活,已成为推动数字经济高质量发展的核心驱动力。从《中华人民共和国国民经济和社会发展第十四个五年规划(以下简称"十四五"规划)和2035年远景目标纲要》,到国务院国资委关于企业数字化转型的强力号召,再到2023年2月中共中央、国务院发布的《数字中国建设整体布局规划》,均高屋建瓴地指出:需强化数据治理体系,精细管理数据资产,深度挖掘数据内在价值,全面释放数据要素潜能。"十四五"国资监管信息化规划更是将大数据置

于关键建设议程,针对国资委、中央企业及各级监管企业,明确提出了涵盖四个发展方向、五种核心能力提升及九大关键任务的战略部署。规划特别强调构建统一的国资央企大数据平台,深化大数据技术创新与应用,旨在逐步达成国资央企数据资源的全面共享与智能化升级,为数据经济的高质量发展奠定坚实基础。

在财务会计领域,国资委发布了《关于中央企业加快建设世界一流财务管理体系的指导意见》(国资发财评规〔2022〕23号),要求企业推动财务管理理念变革、组织变革、机制变革和手段变革,强化财务管理的核算报告、资金管理、成本管控、税务管理、资本运作五大主要职能,完善全面预算、合规风控、财务数智、财务管理能力评价和财务人才队伍建设五大体系。其中在"完善智能前瞻的财务数智体系"部分明确提出了要统一底层架构、流程体系、数据规范,推动业财信息全面对接融合,保证纵向横线贯通,避免数据孤岛,构建因果关系的数据结构,实现全集团"一张网、一个库、一朵云"。建立健全数据产生、采集、清洗、整合、分析和应用的全生命周期治理体系,完善数据标准、规则、组织、技术、模型,加强数据源端治理,提升数据质量,维护数据资产,激活数据价值。积极探索依托财务共享实现财务数字化转型的有效路径,推进共享模式、流程和技术创新,从核算共享向多领域共享延伸,从账务集中处理中心向企业数据中心演进,不断提高共享效率、拓展共享边界。

(二)财务会计管理模式变革转型

伴随着国家政策的要求和企业数字化转型的需要,在财务会计领域,很多大型央企、国企也在不断实践财务管理模式创新,通过财务共享服务中心的建设,将原有的分散的财务资源进行集中,通过共享中心为企业各级单位提供统一、高效的财务会计服务,提高财务基础工作处理效率和质量,同时促进企业财务人员深入业务,逐步由原来的财务会计向管理会计转型,用数看数不再局限于财务数据,而是将财务数据深入融合并贯穿于企业整体的生产经营活动中进行整体分析。这就要求企业建立完善的财务中台、数据中台系统,以此为基础,通过财务中台统一基础的会计核算标准规则;通过数据中台统筹企业的数据标准,拉通全域数据,提升数据共享性;通过数智应用为企业财务在风险管理、数据精准分析、企业经营预测、辅助决策等方面提供保障,促进财务工作从"价值守护型"向"价值创造型"转变。

（三）数据成为企业核心资产

2023 年 8 月 1 日，财政部发布了《关于印发〈企业数据资源相关会计处理暂行规定〉的通知》（财会〔2023〕11 号），该暂行规定自 2024 年 1 月 1 日起开始实施。该暂行规定是一项将党中央、国务院有关数字经济发展的决策部署落地的具体措施，为数据资源入表提供了制度支持。该暂行规定根据现行企业会计准则的规定，结合数据资源的特点，对数据资源入表的确认条件、资产类别、初始确认、后续计量、列报与披露等进行了详细规定。数据资产作为企业一项可计量的资产要在财务报表中显性化。数据资源"入表"价值变现，能够帮助企业以更合理的方式，将企业资产反映到资产负债表中，提升报表质量，帮助企业吸引投资、优化财务结构、提升公司估值等。并且在数据资源入表的过程中，企业也能提升数据的全生命周期管理能力，最大化地挖掘所拥有的和潜在的数据资产的需求，倒逼企业推动数据治理进程与数据质量的提升，建设统一、规范的数据管理体系，进一步发挥数据资产经济价值，助力数字经济高质量发展。

三、大数据处理类信息技术在会计行业应用的建设方案

（一）大数据处理类信息技术在企业会计领域的建设思路

在企业信息化建设的初期阶段，大多数企业聚焦于迅速响应业务需求，倾向于独立构建针对各业务领域的系统，随着业务系统的不断扩充与异构性的增加，数据孤岛现象日益严重，导致数据分散、信息共享受阻、数据分析困难、数据价值难以发挥。针对此类情况，企业想要运用大数据处理类信息技术，就需要构建企业数据标准化管理体系，整合分散于各业务单元与财务部门的海量数据，通过标准化处理与统一管理，确保数据的准确性、一致性和时效性，实现企业数据集中化、标准化、共享化，从而进一步提升企业数据治理能力、业务运营效率和决策水平。

企业大数据处理类信息技术的应用涉及众多方面，需要依照企业的需求进行统筹规划和考虑，筛选出可以让数据产生价值的业务场景，依托数

据中台分阶段逐步完成各项能力建设，在各阶段的建设中通过标准化、规范化的建设实施流程，不断满足企业利用数据的各项需求，实现面向全业务的数据赋能，其中涉及数据采集、数据加工、数据治理、数据服务、数据分析、数据安全等大量内容。对这些建设过程中的要点需要进行整体上的把控，确保大数据处理类信息技术在企业中的应用稳步推进。

总体来说，大致可以分为三个阶段：第一阶段是打造企业"黄金数据"，驱动业财融合；第二阶段是建设数据中台，拉通全域数据，发挥数据价值；第三阶段是深化数智应用，由数据驱动决策，赋能企业高效运营。

第一阶段：铸就企业"黄金数据"基石，强化财务标准化与主数据管理，驱动业财深度融合。这一阶段的核心目标在于构建企业内部的"黄金数据"体系，形成业财融合的"数据底座"。通常来说，很多企业会首先围绕着企业财务共享中心的建立与完善开展工作，致力于形成一套全面而精准的财务域标准体系，这一体系涵盖从集团层级的会计科目整合到财务会计体系财务核算统一标准，确保财务处理、服务、监督及考核各环节均有据可依、有标可循。与此同时，这一体系将围绕业务财务深度融合，对业务与财务单据流转过程中的核心要素实施标准化的主数据管理，包括但不限于行政管理组织、财务核算组织、人员信息、客商、项目、合同及会计科目等关键数据的统一管理，对这类核心数据进行全面治理，形成标准化数据体系及明晰的映射关系，为业务系统和财务系统提供统一准确的数据源，确保业务前台与财务中台的无缝对接与高效协同。

第二阶段：构建集中的数据中台，实现跨领域、跨存储、跨平台的数据整合利用，全面整合与激活企业数据资产，充分发挥数据价值。这一阶段主要构建企业集中统一的数据中台体系，将其作为企业数据生态的核心枢纽。通过这一平台，全方位高效汇聚与拉通企业在市场、生产、营销、运营、人力、财务等各业务领域的数据，构建湖仓一体的数据仓库存储，实现企业数据的"采、存、管、算、用"，为数据要素建立多模态的存储算力，通过大数据治理管理、数据交换服务和精准的数据服务，解决跨业务部门数据共享问题。通过灵活可配置的数据可视化、报表生成等工具，可以直观快速地展现数据分析结果，满足各层级领导及业务人员看数用数需求，为企业的管理层提供清晰的决策依据，充分发挥数据价值，提升企业运营效率。

数据中台作为大数据技术在企业应用的关键载体，其建设是一个系统而有序的过程，可总结为五大核心步骤：摸底调研、体系构建、数据接入、精细运营、价值变现。

（1）摸底调研。此步骤旨在深入洞察企业的数据资产现状，通过全面盘点数据资源，编制详尽的数据资产现状报告。这一过程不仅帮助企业清晰掌握自身数据家底，还为后续的数据治理与利用奠定坚实基础。

（2）体系构建。在摸底调研的基础上，本步骤着手建立三大核心体系——数据标准体系、管理组织体系及数据制度体系。数据标准体系确保数据的一致性与规范性，管理组织体系明确数据管理的责任与权限，数据制度体系则为数据治理提供制度保障，三者共同支撑起数据中台的高效运作。

（3）数据接入。本步骤采用灵活多样的数据采集策略与工具，针对企业全域数据进行精准采集。根据数据类型，如经营数据、物联数据、视频数据、外部及互联网数据的不同，实施差异化的采集策略，确保数据的全面性与时效性。同时，本步骤将构建分业务、分层的存储架构，实现数据的科学存储与快速处理，形成易于共享、分析的数据集市。

（4）精细运营。通过元数据管理、主数据管理、数据标准执行、数据质量监控及数据安全保障等全方位手段，对数据实施精细化的治理。本步骤不仅提升了数据的质量与可用性，还构建了企业信息资源目录，为数据的深度挖掘与利用提供有力支持。

（5）价值变现。数据中台的价值最终通过数据门户的共享机制体现。数据中台利用直观易用的数据分析工具，如万能查询、管理驾驶舱、智能报告、数据推演、移动展现等，实现数据的快速分析与展现，为企业的决策提供强有力的数据支持。本步骤提升了决策效率与准确性，促进了数据资产的直接或间接变现，能为企业创造更大的商业价值。

第三阶段：深化数智化应用，实现数据与 AI 的深度融合，全面革新企业财务管理模式。这一阶段，企业可以通过 AI 技术重构和优化数据价值链的每一个环节，提高数据处理和分析的速度和准确性，优化重构企业管理模式。具体而言，企业可以依托 AI 模型的深度学习能力、智能算法的精准计算能力，以及自动化工具的全面覆盖能力，构建起一套集风险智能识别、流程自动化执行、精准预测未来趋势以及辅助高效决策于一体的综合管理体系，实现业务运营的高度自动化与智能化，大幅降低人力成本，提升决策质量与执行效率，在降低运营成本的同时有效推动企业业务管理模式创新，提升企业整体竞争力。在财务会计领域，通过数据与AI的融合应用，可以重点解决多个方面的难点，在关键领域提升企业的应对能力。以下是一些关键领域和相应的提升点。

（1）财务处理自动化。通过自动化技术，实现财务报表编制、账目核对、交易处理、单据审核、发票认证等日常财务工作的自动化处理，能够提升工作效率，减少人为错误，让财务人员有更多时间专注于战略分析与决策支持。

（2）智能化数据分析。通过商业智能结合大模型的数据资源智能检索与交互式分析等数智融合新应用，企业能够极大地提升数据处理的效率与深度，能基于自然语言理解为不同层级的业务人员提供更加便捷、高效且智能的数据查询与分析服务。业务人员无须依赖IT部门，即可自主完成大部分数据查询与分析工作。这种融合应用不仅打破了传统BI工具在数据分析上的局限性，还通过自然语言处理和深度学习能力，实现了更加人性化、动态化的数据交互与分析体验，加快企业决策过程。

（3）数据洞察预测。通过数据分析技术和人工智能算法，设置智能预测模型，深入分析企业过去和现在的财务数据，能够对企业未来的收入利润、现金流、成本与效益、市场趋势等数据进行洞察预测，提前识别企业生产经营过程中的潜在风险和机遇，为管理层提供科学的决策依据，助力企业制定更加科学的战略规划和经营决策。

（4）智能风险管控与合规检查。在财务领域，财务合规和财务风险管控至关重要。企业可以构建全面的风险管理框架，通过智能算法建立财务风险识别模型，全面覆盖银行账户监控、资金流动追踪、票据管理、网银交易安全、客户信用评估及税务合规等关键数据，通过数据的实时分析与智能预警机制，迅速捕捉财务风险信号，及时触发应对措施与风险控制流程。在合规层面，可以利用先进的算法技术自动比对国内外法律法规、行业标准及企业内部政策，实现对财务活动的全方位合规性审查，确保每一笔交易、每一项决策均符合最新法律框架要求。这不仅减轻了人工审核负担，还极大提升了合规管理的准确性与时效性。通过智能化手段，协助企业构建完善的风险防控体系，保障企业的稳健运营。

综上，大数据处理类信息技术在财务的变革与发展中发挥着不可替代的作用。通过对数据平台与智能化的深化应用，财务部门可以更加高效地处理财务数据、挖掘数据价值、优化财务决策并加强风险管理，从而推动企业的持续健康发展。

（二）大数据处理类信息技术在会计行业的应用场景

1. 在企业财务监控中的应用

在财务共享背景下，企业的经营范围与子公司的分布变得更加广泛，产品类型也变得更加丰富，这对企业的财务核算工作提出了新的挑战。虽然一部分大型企业为了提高核算工作的标准性与统一性，要求各子公司与母公司之间采用统一的财务核算规范，但由于子公司与母公司距离较远，各子公司对财务核算标准的执行情况无法得到准确的数据分析。而大数据分析模型构建成功后，企业管理层可以对企业各项费用支出、收入情况的信息数据进行汇总，并做出合理分析，实现对企业各子公司财务核算工作规范性与标准性的监督，提升企业财务核算工作的质量。

2. 在企业内部管理中的应用

由于企业的产业链条较长，业务流程较为复杂，为了实现对各业务流程的精细化管理，企业可以通过大数据分析模型，将业务流程的整体数据分解为若干个数据节点，对其进行逐一分析，从而实现对企业未来生产情况与经营状况的预测模拟，并以此制定针对性的资源配置方案，实现财务共享视域下的精准预算。

3. 在企业树标对标中的应用

财务共享模式最大的特点在于其可以帮助企业减少冗余的业务流程与数据操作环节，提升企业的财务管理效率。财务共享模式作为一种新兴的管理模式，给企业创造了更多的成本控制机会，提升了企业的风险防范水平。通过大数据分析模型的应用，企业可以结合市场需求数据，树立符合自身企业发展规律的价值目标，并快速掌握各项生产业务最高水平与平均水平数据，通过大数据技术分析，找到能够实现企业价值目标的核心业务，在规模效应下实现精准发展，将财务共享服务的优势充分体现出来。

4. 在企业核算中的应用

在传统的企业财务核算工作中,需要对各生产系统、各生产部门的财务数据进行统计,并依靠人工的方式进行财务数据的分析与核算,这种方式不仅效率低下,而且无法保证财务核算工作的质量。而通过大数据分析模型的应用,可以快速将各类静态、动态数据进行汇总,并利用大数据技术对其进行分析,最后通过可视化技术将财务核算结果以图片、报表等形式展示给企业管理者,从而提升财务共享模式下企业财务核算工作的效率与质量。

四、中交集团财务共享中心建设运营与大数据类技术应用实践

中国交通建设集团有限公司(以下简称"中交集团")是全球领先的特大型基础设施综合服务商,主要从事交通基础设施的投资建设运营、装备制造、城市综合开发等,为客户提供投资融资、咨询规划、设计建造、管理运营一揽子解决方案和综合一体化服务。中交集团是世界最大的港口设计建设公司、世界最大的公路与桥梁设计建设公司、世界最大的疏浚公司、世界最大的集装箱起重机制造公司、世界最大的海上石油钻井平台设计公司、亚洲最大的国际工程承包公司、中国最大的高速公路投资商。中交集团产品服务遍及全球150多个国家,建设了当代一大批代表世界、代表时代水平的交通基础设施,目前位居世界500强第63位,是建筑行业连续18年获得国资委A级的中央企业。

(一) 跨二级法人单位财务共享中心建设方案

1. 建设背景

随着数字经济和数字社会的发展,数据已经成为五大生产要素之一。近年来,《关于加快推进国有企业数字化转型工作的通知》、《关于中央企业加快建设世界一流财务管理体系的指导意见》(国资发财评规〔2022〕23号)等重量级文件陆续被发布,助推中央企业在新一轮技术革命和产业变

革浪潮中发挥引领作用,促进国有企业数字化、网络化、智能化发展。

《关于中央企业加快建设世界一流财务管理体系的指导意见》明确提出,以数字技术与财务管理深度融合为抓手,推动财务运行机制从金字塔模式向前中后台模式进行转变,从以流程驱动为主向流程与数据双驱动并行转变,提供建设世界一流企业必备的创新力、控制力、影响力、抗风险能力。

中交集团作为全球领先的特大型基础设施综合服务商,企业经营以项目为主体。中交集团在经营中,一方面,存在项目地点分散,机构分布零散,区域内集中度低,具有流动性、地域性、周期长和生产方式多样性、不均衡性等特点,管理精细颗粒度需要进一步提升;另一方面,随着BIM、大数据、物联网、智能建造等技术在工程建设中的大力推广、集成应用,建筑行业施工项目数字化集成管理水平日益提升,倒逼了财务数字化转型升级。

2. 财务数字化现状

中交集团在2008年启动了财务共享探索,是中国最早进行财务共享建设的企业之一。2009—2020年,中交集团陆续形成了三种财务共享服务模式:一是企业统一的财务共享中心模式,如中交二航局、中交一公局等;二是区域财务共享中心模式,如中交一航局、中交三航局等;三是项目建设的财务共享中心模式,如港珠澳大桥项目。

从集团的管理视角来看,中交集团虽然经过多种财务共享模式的建设和探索,但整体上仍处于财务集约化统筹管理和传统财务并行的阶段,管理水平、管理成效不均衡,数据效率与价值转换相对较慢。同时,在已建立财务共享中心的二级单位中,会计核算标准、操作流程、规章制度等领域的标准化、规范化程度仍存在差异,业财集成程度、集成标准与集成方式不统一,数据治理水平与数据穿透能力参差不齐,信息化与智能化应用、合规与风险控制等方面还有较大提升空间。

3. 财务数字化转型目标

基于上述国家政策和企业的内在需求,中交集团打造"三核五商"新中交的战略,通过两项措施进一步推动整个集团的财务数字化转型:一方面,通过建设财务共享中心实现高质量的跨二级法人单位统管;另一方面,建设以集团为单位的财务云平台,并且将这两项工作列入集团"十四五"的重点攻坚任务,将其定位为中交集团建设全球一流智慧运营体系的头号工程。

中交集团通过全球统一的"财务云"平台建设,借助一朵云、一个平台、一本账、一套表,建立跨二级法人单位的"管控服务型"区域财务共享中心,进一步整合企业财务数据和管理资源,提升数据处理的独立性、安全性、快捷性和经济业务的合规性,加快业财融合,推动管理穿透,强化会计监督,提高风险控制,提升数据价值,培养卓越团队。在此基础上,集团通过打造财务大数据中心、财务分析中心、辅助决策支持中心,促进集团数字化转型升级和高质量发展。

4. 财务数字化转型的历程

中交财务共享中心于2021年启动试点,定位是中交集团跨二级法人单位"管控服务型"组织,由集团财务资金部直管,是首批实现集团级跨二级法人单位财务共享的国内建筑央企。在整个建设过程中,为了确保按照统一的要求标准进行建设,中交集团实行了"八个统一"的要求,即统一职能定位、统一制度体系、统一组织机构、统一内部流程、统一处理标准、统一服务标准、统一考核标准、统一职责划分。

基于"八个统一",中交集团在2022年3月发布了集团级共享中心建设实施方案,通过一年的时间,到2023年3月实现了将全集团所有业务单位全面纳入共享中心运营管理的目标。同年9月,中交集团建成了六大区域财务共享中心:北京共享中心(北京)、华北共享中心(天津)、华中共享中心(武汉)、华东共享中心(上海)、华南共享中心(广州)、西北共享中心(西安),财务共享中心完成集体揭牌仪式。

(二)"一湖四中心"数据能力支撑平台建设方案

1. 顶层规划与蓝图设计

企业大数据体系的规划是在对企业现状充分了解的基础上,结合自身战略目标有针对性地进行企业级数据能力支撑平台建设蓝图的过程,旨在为企业数据综合能力的提升提供宏观指导性框架。其中,夯实基础是重中之重,基于这个前提,中交集团将顶层规划设计分为两个部分。

一是打造数字化体系。通过构建财务云支撑中交集团国有资本运营平台的"世界一流"的财务管理体系,完成三个目标:①建设统一的标准化数据体系平台;②建设业财融合的一体化平台;③建立财务应用统一云平台。通过财务管理体系构建提升集团穿透管理能力、集团战略支撑能力、集团智能运营能力、业财协同能力和全球管控能力。

二是强化支撑能力。集团通过构建数据湖并配套具有治理能力、资产能力、应用能力、数据开发能力的"一湖四中心"能力支撑平台,实现覆盖公司全域数据"采、存、管、用",为公司数据要素建设提供多模态的数据存储与算力、大数据管理与治理及数据共享交换等服务,以统一、灵活、高效的平台底座全面支持公司数字化转型。

2. 建立健全集团统一数据管理体系

中交集团从2021年正式开始投入大数据平台建设,数据管理体系的搭建过程分为五个关键步骤。

一是建设制度体系,制定数据标准。在数据标准方面,集团制定包括人员、机构、物资设备、项目、合同、资产、往来单位、金融机构等10类数据的主数据标准和9类主数据管理细则,梳理完成合同、分包、供应链、机构、投资和生产经营6类业务的数据标准并有序发布实施。从技术的角度来讲,可以分成三个维度:第一是通过数据的接入获取完成标准化处理;第二是通过资源层构建,实现资源整体归集;第三是对主题进行汇总,完成构建,形成最后分析和可视化。从业务的角度来讲,在分析一个数据的时候,首先是通过工具完成从源头数据的采集抽取;其次是对抽取的数据进行加工清洗,尤其是格式标准规范不一致的时候,就要进行去重完善;再次是完成这些工作后,将它装到数据仓库,并且形成表格和明细,按照企业需求开展活动;接着是进行数据字段建模和归集,并且根据企业的管理需求进行加工,最后是开展数据分析。

二是建设主数据管理系统。主数据是数据治理的切入点之一,集团通过建立统一的主数据管理平台,实现数据的标准化管理,在实现数据新增、校核、审批、发布等全生命周期的数据管理功能基础上,开展了适应集团各业态需求的适应性改造、新功能建设和优化升级,完成了15类主数据模型,170余项功能开发。数据标准体系在编制时需要遵循实用、前瞻和开放的原则。实用原则要求数据标准体系须满足业务发展和业务应用的实际需求,体现特色,突出重点,能够指导数据标准的定义及数据标准在业务层面及技术层面的落地工作。前瞻原则要求数据标准体系积极借鉴国际经验,充分参考国内外业界的先进实践经验,使数据标准体系充分体现业务的发展方向。开放原则要求数据标准体系所包含的各项标准应可修订、可执行;整个标准体系应可扩充,能够随着的业务发展和数据标准的深入应用不断充实和更新。

三是搭建数据平台,建设数据湖。在搭建数据平台过程中,首先是通过明确数据源,获取数据并完成标准化处理和资源构建,实现资源整体归集,经过加工处理后,以更规范、更易于使用的形式完成数据存储、共享及数据治理功能开发,为数据标准、质量、安全管理和共享应用提供支撑。

数据湖作为数据汇总集合的载体,提供对标准化数据的存储能力,实现工程局多种类、多类型数据的融合存储,通过运用分布式数据仓库、分布式文件系统、关系型数据库、非关系型数据库等技术和工具,形成融合数据仓库,实现对数据资产的统一存储,为数据分析、数据挖掘提供统一、高效的数据服务。数据仓库软件要求采用以国产为主,并且配套了治理能力、资产能力、应用能力、数据开发能力的"一湖四中心"能力支撑平台,在公司全域数据治理中实现采、存、管、用,为公司数据要素建立多模态的存储算力、大数据治理管理以及数据交换的服务。通过两个顶层设计规划,中交集团数据平台和数据湖在2021年开始陆续投入建设过程,涵盖机制体制、标准数据建设,包含10大类主数据、6类业务标准,尤其关注主数据系统、数据平台和数据湖,基于上述内容开展了大量数据治理工作。梳理生产经营重点指标数据及管理要求,通过采集项目生产经营过程中的关键数据,统一数据标准,将数据汇聚到数据湖,搭建项目业务分析模型,在项目运营过程中实现对重点领域的动态监控和业务走势预测,并内嵌必要的风险阈值,及时针对不可控或未预期的外部环境与内部经营变化进行风险示警,形成数据驱动管理的决策闭环。

四是开展全量的数据治理工作。数据治理是确保数据质量、安全和合规性的关键环节。中交集团组织所属单位按数据类别开展全量数据治理专项活动,累计推动460余万条各类主数据入库。以二级单位数据治理为例,该过程累计发动超1 500人,开展了15轮数据治理,同时对10大类主数据进行全面整理,可以理解为通过40余万项数据治理工作确保"书同文、车同轨",解决数据语言不统一导致的业财数据的痛点和堵点,为后续实现数据的数字化采集、分析奠定了良好的基础。

五是系统切换迁移财务数据。完成前期标准规则梳理和系统开发等准备工作后,中交集团才开始对财务数据进行迁移,在迁移过程中按照新的标准增加多维度数据清洗,为彻底解决临时决策靠"层层上报"的困境打好基础。

3. 建立统一的财务标准体系

在中交集团财务标准体系梳理过程中,实现数据的"可比穿透"主要针对三个方面。

一是统一财务核算标准。建立健全统一的财务核算体系,统一会计政策、统一会计科目、统一核算流程和统一数据标准,形成"一本账";财务核算体系坚持"主干统一、末端灵活"的原则,从集团管控需求出发,囊括集团共性标准,同时充分考虑各单位因业务类型、管理侧重点不同等因素产生的个性化需求,形成全集团统一的标准化核算方案;财务核算科目从原有的1 000多项细化到4 000多项,便于对项目、合同、往来方等级次的核算和穿透管理,助力财务信息穿透层级、穿透板块、穿透内外。

二是统一财务监督标准。中交集团为搭建统一的经济业务会计标准化监督体系,以公司各类经济业务为基础,聚焦财务共享中心合同合规性管理、财务共享核算和资金结算三大主要职能要求,紧紧围绕将经济业务信息转化为会计信息这条主线,按照收入、成本结算、物资、人力资源、费用、资产、税金、投资、融资、资金核算、国际、结账、合同合规、资金结算14类共1 014项经济业务分类编写财务监督标准,梳理形成了共计约34万字的《财务共享中心会计标准化监督业务规范指导手册》。

三是统一财务报告标准。整合各类报表需求,形成集团统一的200余张基础报表表样和表间规则,梳理43类抵销规则、4 000多条取数规则和5 500多项表内及表间公式,实现会计报告"一套表"。

4. 大数据技术在财务共享中心初见成效

中交集团通过前期的建设规划,为整个财务共享中心运营提供良好的基础,基于财务云与集团级的业财标准化体系,形成了共享运营数据可视化展板,实现对集团业务总量、业务效率、质量及合规等维度的实时取数分析,为掌握中心整体运行情况与服务质效提供了抓手。中交集团在共享运营过程中,通过大数据分析,找到业务办理过程中的堵点和痛点,并且开展了一系列效率攻坚行动,取得了一系列成绩。

1) 业务效率显著提升

财务共享服务中心的业务处理周期通过流程再造与数字化升级,已从原先的多个工作日大幅压缩至一个工作日内,处理效率实现跨越式提升。在资金管理领域,依托云端司库系统的全面部署,财务共享中心实现了对集团所有银行结算密钥的集中管控,有力推动了集团范围内财务信息归集、资金流动效率的提升。特别在银企直联建设方面,系统对接覆盖率已突破八成,较系统建设初期取得突破性进展。

2) 自动化技术赋能运行效率

财务共享中心为了解决大量的重复性工作,广泛应用自动化技术赋能运营管理,截至目前共享中心已经投入了 330 余台 RPA 机器人,覆盖核算、结算等 48 类业务场景,平均每个月制证 93 万张,成功率 96% 以上,自动结算率 54 万笔,自动结算比例达到 43%,经测算通过使用 RPA 每个月节约了 2.92 万工时。现在中交集团正在进一步开展 U 盾柜集成建设,所有的银行密钥纳入 U 盾柜管理,下一步将实现银企直联网银自动化处理。

总的来说,中交集团通过本项目的建设,在战略转型层面,实现了由共享平台引领的智能化技术的深度整合,依托财务共享生态与云端协同,全面重塑核算体系的统一性与规范性,革新传统运营模式,显著优化集团化管控架构。在风控方面,智能共享机制推动合规管理由被动响应转向主动防御,实现法务与业务风险的一体化动态管控,这一转变将关键控制节点深度嵌入业务链前端,而非止步于后续稽核环节。此外,通过智能化数据中台的构建,企业决策彻底告别经验主义依赖,形成基于实时洞察的精准治理能力。

(三) 大数据技术在中交集团项目建设中的成效

中交集团在项目建设过程中,以大数据应用规划及体系为核心内容,通过对组织运行、经济业务活动中大量数据的集中反映和系统分析,形成面向全集团的全方位、全层级、多维度的智能分析模型,打造可穿透、可联查、多角度、全方位的分析体系,实现数据有效利用,加快数据价值转换,助力提高决策质量,推动中交集团"数字中交"的建设进程。

中交集团的大数据建设充分利用集团已有投资,避免资源浪费,例如,要发挥集团和下属企业已经统建的信息系统的作用,将这些数据的分析结果传送到集团数据中心,便于集团综合分析。大数据中心满足兼容、共享、深化应用等需求。数据中台作为数据中枢,统筹兼顾和项目管理系统、主数据系统、财务系统、人力资源系统及相关待建系统的兼容性,在不影响业务应用的前提下,从数据层面进行整合共享,实现集团横向和纵向业务协同及数据资源共享,面向全员构建数据中台,在数据领域帮助中交集团不断沉淀数据能力,最终实现业务数据化、数据资产化、资产服务化、服务业务化、持续赋能业务数据闭环,实现数据的深化应用。

中交集团大数据建设实用、专业、可扩展。数据中台建设以需求为导向,紧密围绕集团需求,解决业务活动中的实际用数痛点,并提供专业可靠的数据服务,符合集团日常应用要求,易于操作、易于使用、界面友好。同时,数据中台具备良好的扩展性,支持各业务板块的数据量弹性伸缩,支持以 Web 图形界面实现分布式平台的节点批量自动集群部署、监控和管理;参数可配置管理,且易于升级,升级过程不影响业务的性能与运行,全面支持场景应用式定制化开发。

中交集团大数据建设重点突出、分步建设、循序渐进。数据中台应以战略为导向,重点突出数据中台场景应用,以解决实际问题为切入点,统筹规划与分步建设相结合,先基础后深化,以点带面,通过数据治理进行顶层设计,数据中台提供数据资产和开放数据服务,大数据赋能业务进行创新,逐步形成中交集团数据治理、采集、存储、管理、分析与应用的智能化生态。

中交集团在数智化建设中取得的成就有三个方面:一是构建共享的数字业务规则库,把规则全部进库,并且在日常审核和管理过程中进行事中干预、事中提醒;二是积极探索新兴技术,利用 AI、NLP 等新技术与财务云深度融合,加速在审核过程中提升审核质量、审核效率;三是加快数据生态建设能力的工作,现在财务云和业财统一的系统,已经在集团层面形成了一整套体系,这套体系通过共享中心加工的数据形成标准化大数据,利用大数据挖掘数据金山,助力集团新发展。

中交集团在共享运营过程中,通过数据分析,找到了业务办理过程中的堵点和痛点,并且开展了一系列效率攻坚行动,比如在业务处理环节,从2022年业务总时效三天左右下降到目前一天以内,效率同比提升73%。在银企直联环节通过建设财务云的司库体系,对银行账户结算量进行盘点,尤其是共享中心掌控全集团所有结算密钥情况下,进一步通过这项工作推动了集团财务资金部对银企直联的开通率,较2022年可以同比提升264%,目前银企直联率达到81%。

共享中心为了解决大量的重复性工作,广泛应用自动化技术,赋能运营管理,目前中交集团在AI大模型方面进行了立项,通过合同智能化审核模型、合同履约审核模型、海外发票查验模型这三个模型,能够清晰地看到在审核过程中节约了大量的人力,进而改革整个共享人员梯队,对财务人员提出更多的挑战。现在共享中心正在进一步开展U盾柜集成建设,现有的情况是所有的银行密钥全部纳入U盾柜管理,目前正在开发为银企直联网银自动化处理。

共享中心建设产生了重要的管理价值。第一方面,财务共享中心和财务云的建设大幅提升会计质量和标准化的核算水平,在集团级层面成效尤其明显。第二方面,大幅提升财务数字化向智能化转型升级的作用,尤其是共享中心,在应用新型技术、主流技术领域上一直走在前沿,这对提升财务管理效率做了助推作用。第三方面,提升合规管理与风险防范能力,通过共享的合规职能,进一步推动了集团的法务、商务在风险把关前移,并且将这项工作前置到业务前端,而不是在共享后端。第四方面,大幅提升精细化管理和决策支持作用,实现从传统管理向用数据说话的科学决策模式转变。

信息技术推动财务管理人员在组织改革上产生巨大的变动,从目前来看,整个信息技术对财务的组织有67%的助推作用。借助信息化,中交集团对于人员的改革目前按照"5221"的模式进行课题研究,而现有数字化人才仅占整个财务共享中心3%,还有17%的提升空间,这就是技术对人才梯队改革的重大影响。

最后,财务共享未来发展路径在财务数据标准化和交易处理自动化的基础上，不断提升共享中心数智化水平，通过新兴技术、主流技术，助推了财务共享中心作为数据中心的天然优势，对于共享的服务边界逐一进行扩展，不仅仅是负责主营职能，还承接了财务资金部相关职能，未来职能会更加扩大。

展望未来，在数字中交引领下，中交财务共享中心勇担财务组织机构改革和财务智能化建设的先锋角色，全力拥抱大数据、人工智能等主流技术，以数据价值为驱动力，以数字化为引擎，以智能化为导向，通过转变财务思维模式，将科学的数据理念、数字化平台和智能工具引入到财务领域，加快提升企业的整体运营效率和风险管理能力，助力公司加快建设世界一流管理体系。将来，中交集团财务共享可能会不再局限于财务领域，进一步拓展共享的边界，例如，将数据共享范围扩展到 IT、法务等。这样可以使得集团支撑性职能进一步发挥集约化作用，更好地服务集团的战略和企业的发展。

五、大数据在会计行业应用的发展趋势

目前来看，大数据在会计行业应用的发展趋势主要有以下几个方面。

（一）探索新技术的融合应用

在大数据与会计行业的融合中，可以研究人工智能等新技术与大数据技术的深度融合应用，如基于 AI 赋能的数据治理，自动探寻问题数据，自动学习问题处理规律，在数据产生的过程中进行数据质量的把控和处理；基于 OCR、NLP 等技术将发票等非结构化数据转化为能够被挖掘利用的结构化数据，降低大数据治理的难度，提升大数据治理的效率；基于大模型技术，探索在智能报销、资金预测、合同智能化审核等场景的应用，全面提升报账、全电税票、电子凭证、银企业务、自动对账、合规、风险预警提示、会计核算等方面的管理效率。

（二）基于指标库和模型库的多维应用

在财务大数据分析中，需要将企业的各项战略目标分解转化为若干个明确的价值实现主题，并通过大数据分析技术来分析各项数据与企业价

值目标之间的因果关系,分析各项数据如何为企业产生价值。这就需要建立数据模型和分析框架,通过数据挖掘,将数据整理形成统一可复用的数据指标、模型、场景等数据产品,在有效管理业财大数据形成的数据资产的同时,通过规则管理及规则触发,使风险管理从事后监督转向事中预警干涉、事前预警提醒。以数据为生产资料,从业务入手识别风险,从制度出发梳理规则,形成风险防控规则中心。

(三)数据开放与生态构建

数据共享和开放性是将企业内部的数据对外开放,为外部用户和企业合作伙伴提供数据服务。未来,大数据技术将需要更注重数据共享和开放性,建立开放的数据管理机制,为外部用户提供更加便捷的数据服务,推动企业与外部合作伙伴的共同发展,促进企业之间的数据共享和交换,从而实现更高效的数据管理和应用。

中台技术赋能会计行业创新

杨寅,上海国家会计学院
付建华,用友网络科技股份有限公司

中台技术是企业架构中的关键体系,旨在将业务、数据和技术等能力汇聚成综合平台,实现资源整合与能力沉淀。其核心目标是提升研发效率、降低创新成本,并快速响应业务需求。一般而言,企业常见的中台可分为业务中台、数据中台、技术中台和智能中台等。

其中,大家常提到的数据中台是一个技术的概念,更是一个企业管理的概念,是企业级的数据共享、能力复用平台,是数字化转型的基础和中枢系统。数据中台将企业全域海量、多源、异构的数据整合资产化,为业务前台提供数据资源和能力的支撑,以实现数据驱动的精细化运营。

数据中台不是简单的一套软件系统或者一个标准化产品,而更多的是一种强调资源整合、集中配置、能力沉淀、分步执行的运作机制,是一系列数据组件或模块的集合,指向企业的业务场景。企业基于自身的信息化建设基础和业务特点对数据中台的能力进行定义,基于能力定义选择和利用数据组件搭建中台。各类数据技术是构建数据中台的基础,能够高效地对数据进行统一收集、处理、储存、计算、分析和可视化呈现,使数据最终与业务链条结合,真正转化为企业核心资产。

而从更广泛的视角来看,数据中台更是一种企业组织管理模式和理念,集公司战略决心、组织架构、技术架构于一体,企业从战略上构建统一的协同基座即中台化组织,以协调和支持各业务部门,用技术拓展商业边界,为新业务、新部门提供成长空间。

一、各类中台的功能与价值

（一）业务中台

业务中台作为统一且关键的平台，支撑着企业各个业务线。它通过抽象概括和封装不同业务线的核心问题，提供适用于多业务场景的统一解决方案，促进业务的高效运作和协同发展。

（二）数据中台

数据中台通过数据采集、计算、存储和加工，实现数据的集中管理与共享，极大地提高了数据利用效率，为企业决策提供有力的数据支持。

（三）技术中台

技术中台集成企业技术能力，提供标准化、规范化的技术服务，有力地支持了企业技术的快速迭代和创新，确保企业技术架构的稳定与高效。

（四）智能中台

智能中台集中管理和提供人工智能能力，推动企业智能化水平的提升。通过智能算法和模型，实现 AI 技术在企业中的广泛应用，为企业带来更高效的决策和更优质的服务。

二、中台技术的发展与分类

中台技术自阿里巴巴提出后迅速崛起，Gartner 等机构的认定进一步巩固了其在企业架构中的核心地位。中台技术不仅连接技术架构和数据源，还涵盖从底层技术到顶层设计的全面整合。在企业的 IT 架构中，中台技术可分为技术驱动类和业务驱动类。

技术驱动类包含技术中台、数据中台、智能中台。技术中台提供的底层技术服务（如云计算、大数据处理）、数据中台的数据整合和分析能力、智能中台的人工智能算法和模型，共同为业务中台的有效运作奠定基础。

此类中台的核心价值在于实现企业IT资源的优化配置,提高数据利用率和业务智能化水平,加速企业数字化转型进程。

业务驱动类中台则包括业务中台和财务中台。这类中台侧重于直接支撑企业核心业务的运行,通过标准化服务和流程,实现业务的快速迭代和对市场变化的灵活响应,将企业业务能力模块化和服务化,提升企业在市场竞争中的敏捷性和效率。例如,用友的智能会计产品,就是为大会计业财融合提供统一数据接入、集中规则配置、多目的核算处理(法人核算、管理核算、税务核算等)、全面数据服务的业务中台。

三、中台技术的实际应用与关键要点

(一)实际应用中的相互依赖

在实际应用中,技术驱动类中台与业务驱动类中台并非孤立存在,而是相互依赖,共同构成企业IT架构的完整体系。业务中台的业务创新和流程优化需求,驱动技术中台在技术和产品上的持续革新。业务中台运行过程中沉淀的数据,经数据中台治理形成可用的数据资产,为企业决策提供支持。智能中台则通过提供智能算法模型,充分发挥数据资产的作用,如在具体财务场景中可以促进企业与供应商的合作交流,提高库存管理效率。

(二)制定中台战略的关键要点

1. 精细化需求分析

构建中台之前,企业需进行详尽的需求分析,识别各业务线的共通问题和痛点,预见未来业务发展需求,设计出灵活适应变化的中台系统,确保中台架构设计与企业长远战略和即时需求相匹配。

2. 明确中台角色和功能

为每一个中台明确设定角色和功能至关重要。技术中台应聚焦提供稳定且可扩展的技术服务,如API管理、数据安全、基础设施等;数据中台专注于数据的整合、清洗和分析,提供可信赖的数据支持;智能中台集中在利用人工智能为企业提供智能决策支持;业务中台确保业务流程的标准化和自动化，提高业务效率和响应速度。

3. 推动组织文化和团队协作

中台技术的实施不仅是技术更新的过程，更是组织变革的过程。企业应推动以数据为核心的决策文化，加强不同部门间的沟通与协作。建立跨部门的项目团队并定期召开战略回顾会议，确保中台架构得到各方支持和有效实施。

4. 连续的技术投入和更新

中台技术建设是持续过程，随着技术发展和业务需求的变化，中台系统需不断进行技术升级和功能扩展。企业应为中台技术预留足够的技术投入，包括采用新技术、升级现有系统和进行系统维护等。

5. 实施有效的数据治理

数据中台作为企业数据集成和分析的核心，需实施有效的数据治理策略，建立统一的数据标准，实施严格的数据访问控制，监测数据使用情况等，确保数据的质量、安全和合规性。

四、各中台在财务各领域的应用

在传统会计工作中，数据的收集、整理和分析往往耗费大量时间和人力。而数据中台能够整合企业内外部的各种数据源，包括财务系统、业务系统、税务系统等，实现数据的自动采集和清洗。这样一来，会计人员无需再手动从多个系统中提取数据，大大提高了数据处理的效率。例如，在进行财务报表编制时，数据中台可以快速汇总各个部门的数据，减少数据核对和录入的工作量，使报表生成更加及时准确。

数据中台为会计人员提供了强大的数据分析工具和技术。通过数据挖掘、机器学习等手段，可以深入分析财务数据背后的业务逻辑和趋势，为企业决策提供更有价值的信息。例如，利用数据分析可以发现成本控制的关键点、预测销售收入的变化趋势、评估投资项目的风险等。同时，数据中台还可以实现多维度的数据分析，帮助会计人员从不同角度审视企业的财务状况和经营成果，更好地支持管理层的决策。

数据中台可以实时监控企业的财务数据,及时发现异常情况并发出预警。例如,当出现大额资金流出、应收账款逾期、库存积压等情况时,数据中台能够迅速通知会计人员和管理层,以便采取相应的措施进行风险防范和控制。此外,通过对历史数据的分析,数据中台还可以帮助企业建立风险评估模型,预测潜在的财务风险,为企业制定风险管理策略提供依据。

数据中台打破了业务部门和财务部门之间的数据壁垒,实现了数据的共享和流通。这使得会计人员能够更好地了解企业的业务流程和运营情况,将财务数据与业务数据相结合,为业务部门提供更有针对性的财务支持和决策建议。同时,业务部门也可以通过数据中台获取财务数据,更好地理解自身业务活动对财务状况的影响,从而实现业财深度融合,共同推动企业的发展。

随着数据中台的应用,会计工作的重心将逐渐从传统的记账、算账、报账向数据分析、决策支持和价值创造转变。会计人员需要具备更强的数据分析能力、业务理解能力和沟通协调能力,成为企业的战略合作伙伴。数据中台为会计人员提供了转型的契机和平台,促使他们不断提升自身素质,适应新时代会计工作的要求。

中台技术在财务领域有诸多应用,主要包括以下几个方面。

(一)数据中台

1. 数据整合与治理

(1)多源数据集成。企业财务数据往往来源众多,包括财务系统、ERP系统、CRM系统等。数据中台能够将这些分散的数据进行整合,实现数据的统一存储和管理。例如,一家大型制造企业通过数据中台,将生产、销售、采购等各个环节的数据与财务数据进行集成,使得财务人员可以全面了解企业的运营情况,为财务分析和决策提供更准确的数据支持。

(2)数据清洗与标准化。不同系统的数据格式和标准可能不一致,数据中台可以对这些数据进行清洗和标准化处理,确保数据的质量和一致性。比如,将不同部门提交的报销数据进行格式统一,去除重复数据和错误数据,提高数据的准确性。

(3)主数据管理。建立统一的客户、供应商、产品等主数据,确保财务数据与业务数据的关联准确性。例如,在财务核算中,准确的客户主数据可以确保应收账款的明细核算准确无误。

2. 财务分析与决策支持

(1) 实时数据分析。数据中台可以实时采集和处理财务数据,为管理层提供实时的财务分析报表。例如,企业领导可以通过数据中台实时了解企业的收入、成本、利润等关键指标,及时调整经营策略。

(2) 多维度分析。支持从不同维度进行财务分析,如按产品线、地区、客户群体等进行收入和利润分析。以一家零售企业为例,可以通过数据中台分析不同门店、不同商品类别的销售业绩和利润贡献,为门店布局和商品采购决策提供依据。

(3) 预测分析。利用历史财务数据和机器学习算法进行预测分析,如销售预测、成本预测等。例如,财务部门可以通过数据中台预测未来几个月的资金需求,为企业的资金筹集和调配提供参考。

3. 风险管控

(1) 财务风险预警。通过设置关键财务指标的预警阈值,及时发现潜在的财务风险。例如,当企业的应收账款周转率下降到一定程度时,数据中台自动发出预警,提醒财务人员关注并采取措施。

(2) 内部控制与审计。数据中台可以记录财务数据的变更历史和操作日志,为内部控制和审计提供依据。例如,审计人员可以通过数据中台追溯财务数据的来源和变更过程,确保财务数据的真实性和合法性。

(二) 业务中台

业务中台整合了企业的核心业务流程和数据,确保了业务数据的一致性和准确性。会计部门可以直接从业务中台获取可靠的业务数据,避免数据被重复录入和错误传递,从而大大提高会计信息的质量。例如,销售业务在业务中台完成后,相关的销售订单、发货记录、收款信息等可以直接传递给会计系统,减少了人为干预和数据差错的可能性。

业务中台提供了丰富的业务数据和分析工具,为会计部门进行财务决策分析提供了有力支持。会计人员可以利用业务中台的数据进行多维度的分析,如成本分析、利润分析、绩效分析等,为企业管理层提供更有价值的决策依据。例如,通过分析不同产品线的盈利能力和成本结构,为企业的产品战略调整提供建议;通过分析客户的财务贡献度和信用状况,为企业的客户关系管理提供支持。

业务中台的出现促使会计职能从传统的核算型向管理型和战略型转变。会计人员不再仅仅局限于账务处理和报表编制,而是更多地参与到企业的业务决策和战略规划中。他们需要利用业务中台的数据和分析结果,为企业提供全面的财务分析和风险评估,为企业的可持续发展提供有力保障。

企业中和业务中台交互最多的是业务财务(如财务 BP),业务财务是企业财务职能的重要组成部分,其主要职责是确保企业的日常财务管理与业务运营顺利进行,为企业的经营决策提供支持和保障。业务财务向经营单位的研发、生产、供应、销售等业务前端纵向延伸,整合并优化上、中、下游供应链效率,控制经营风险,服务业务,辅助管理,支持经营决策,促进业财融合。其基本职能定位是分散、控制和支持,目标是推动业务与财务的深度融合,辅助经营决策。

区别于传统的"业财分离"财务核算模式,财务共享平台为业务端提供了业务数据"手工采集"和"自动采集"的统一入口,是业财融合、中台建设的关键。一方面,业务人员可以手工填写业务信息以实现按需采集,如在线填制各类报账单;另一方面,通过业财系统的集成,财务能够自动获取业务系统数据。财务共享平台有效规避了传统模式下业务信息线下传递的弊端,成为促进业财融合的重要"桥梁"。

与传统核算模式相比,财务共享平台承载的是完整的业财流程,而不仅仅是财务凭证处理流程。从业务数据的获取、业务审批,到财务共享服务中心专业小组的审核、资金结算组的支付,直至最后自动生成财务凭证,财务共享平台完整记录了业务数据转化为财务凭证的全过程。通过财务共享平台的流转,企业实现了业务全流程的线上化、透明化、规范化与标准统一,使财务信息"有据可查、有法可依"。

全业财流程的线上化使得财务能够获取比传统核算模式下更多、更丰富、更细化的业务数据,这为业财综合数据分析提供了坚实的数据,财务中台项目建设目前也是很多家企业选择财务共享建设的初衷与设想的关键。

在财务共享服务中心的建设过程中,企业需深入探索财务共享模式下的深度业财融合路径。企业不仅要从赋能业务的角度出发推动业务和财务的流程与数据融合,还需充分考虑如何从业务系统中获取多维度、多口径的业务数据,以及如何构建科学有效的后续经营分析模型,同时确保管理"颗粒度"达到合适的水平。业务中台在财务领域的应用价值可分为以下三个方面。

1. 财务流程优化

(1) 自动化流程设计。将财务流程进行梳理和优化,利用业务中台实现部分流程的自动化。例如,报销流程可以通过业务中台实现线上提交、审批和支付,减少人工操作,提高流程效率。

(2) 流程集成与协同。业务中台可以将财务流程与其他业务流程进行集成,实现跨部门的协同工作。例如,采购流程与财务付款流程的集成,可以确保采购订单、入库单和发票的匹配无误后自动触发付款流程。

2. 业财融合

(1) 业务数据与财务数据的联动。业务中台可以实现业务数据与财务数据的实时同步,使财务人员能够及时了解业务动态,为财务核算和决策提供更准确的依据。例如,销售部门完成一笔销售订单后,业务中台立即将销售数据同步到财务系统,财务人员可以实时进行收入确认和应收账款核算。

(2) 支持业务决策的财务分析。财务人员可以通过业务中台深入了解业务流程和业务数据,为业务部门提供更有针对性的财务分析和建议。例如,在新产品研发项目中,财务人员可以结合业务中台提供的研发进度、成本投入等数据,进行项目的经济效益分析,为项目决策提供支持。

3. 财务管理创新

(1) 共享财务服务。业务中台可以支持建立共享财务服务中心,将重复性的财务工作集中处理,提高工作效率和服务质量。例如,多家子公司的财务核算工作可以由共享财务服务中心统一完成,通过业务中台实现标准化的财务流程和数据处理。

(2) 财务数字化转型。推动财务领域的数字化转型,通过业务中台引入新的技术和工具,如电子发票、移动支付、区块链等,提升财务管理的效率和安全性。例如,利用区块链技术实现财务数据的不可篡改和可追溯,提高财务数据的可信度。

(三) 技术中台

具体而言,技术中台在财务领域的应用体现在以下3个方面。

1. 技术架构支持

(1) 微服务架构。技术中台采用微服务架构,将财务系统拆分为多个独立的服务模块,提高系统的可扩展性和灵活性。例如,财务报表模块、预算管理模块、资金管理模块等可以独立开发、部署和升级,互不影响。

(2) 容器化部署。利用容器技术实现财务系统的快速部署和弹性扩展。例如,在业务高峰期,可以通过增加容器数量来提高系统的处理能力,满足业务需求。

2. 数据安全与隐私保护

(1) 数据加密。技术中台可以对财务数据进行加密存储和传输,确保数据的安全性。例如,采用对称加密和非对称加密相结合的方式,对敏感财务数据进行加密保护。

(2) 访问控制。建立严格的访问控制机制,确保只有授权人员可以访问财务数据。例如,通过用户身份认证、权限管理等手段,控制用户对财务系统的访问权限。

3. 技术创新应用

(1) 人工智能与机器学习。在财务领域应用人工智能和机器学习技术,如智能财务机器人、智能风险预警等。例如,财务机器人可以自动完成发票识别、报销审核等重复性工作,提高工作效率;智能风险预警模型可以通过分析历史数据,预测潜在的财务风险。

(2) 大数据技术。利用大数据技术进行财务数据分析和处理,提高分析的深度和广度。例如,通过大数据分析挖掘客户的消费行为和支付习惯,为企业的信用评估和风险管理提供依据。

技术中台可以实现诸如财务数据的自动采集、录入和分类等基础工作,减少烦琐和重复的人工操作,降低错误率。例如,通过与企业的业务系统集成,自动获取销售、采购等业务数据,并根据预设规则自动生成会计凭证。对于重复性高、规则明确的财务流程，如费用报销的审批、账务处理等，可以利用工作流引擎实现自动化流转，加快处理速度。

技术中台能够快速处理大规模的财务数据，包括实时数据分析和历史数据的挖掘。例如，在进行财务报表分析时，可以快速整合多个数据源的数据，并进行多维度的分析和比较，为管理层提供及时、准确的决策支持。大数据技术的支持，使得会计人员能够处理和分析海量的非结构化数据，如文本、图像等。例如，通过对合同文本的分析，自动提取关键财务信息，提高合同管理的效率和准确性。

技术中台作为连接业务系统和财务系统的桥梁，打破了业务部门和财务部门之间的信息壁垒，实现了数据的实时共享和流通。例如，销售部门的订单数据可以实时传递到财务系统，财务人员能够及时了解业务动态，为业务决策提供财务支持；同时，财务数据也可以反馈给业务部门，帮助业务人员了解业务活动的财务影响，促进业务与财务的协同合作。

技术中台提供了丰富的数据分析工具和模型，会计人员可以利用这些工具深入分析业务数据，为业务决策提供有价值的建议。例如，通过对客户购买行为和财务数据的分析，为市场营销策略的制定提供依据；在投资决策方面，提供项目的财务评估和风险分析等。

技术中台通过数据治理和标准化流程，确保财务数据的准确性和一致性。例如，对数据进行清洗和验证，去除重复数据和错误数据；制定统一的数据标准和规范，保证不同系统和部门之间数据的一致性，避免因数据不一致导致的决策失误。

技术中台实时监控财务数据的变化和异常情况，并及时发出预警。例如，当发现某项费用支出超出预算或某个财务指标出现异常波动时，能够及时通知相关人员进行调查和处理，降低财务风险。

技术中台提供的强大数据分析和决策支持能力，使会计人员能够从烦琐的日常核算工作中解脱出来，更多地参与到企业的管理和战略规划中。例如，参与制定企业的预算计划、成本控制策略、绩效评估体系等，为企业的战略决策提供财务分析和预测。

技术中台在财务领域的应用促使会计人员不断提升自身的数据分析

和技术应用能力,以适应数字化时代的要求。会计人员不仅需要掌握传统的会计知识,还需要了解数据分析技术、数据库管理、人工智能等相关知识,成为既懂会计又懂技术的复合型人才。

五、中台技术在会计行业的创新

(一)数据层面的变革

1. 数据整合与共享

(1)打破数据孤岛。中台技术将企业内分散在各个业务系统(如销售系统、采购系统、人力资源系统等)中的会计相关数据进行整合,实现数据的互联互通。例如,以前财务部门需要从多个系统中收集数据来进行账务处理,现在通过中台可以直接获取统一、规范的数据,提高数据收集效率和准确性。

(2)实时数据共享。中台技术的应用使得会计核算能够实时获取业务数据,实现财务与业务的同步。例如,销售业务发生后,相关的收入、成本等数据可以立即传输到中台并同步到会计核算系统,以便及时进行账务处理,减少数据滞后带来的问题。

2. 数据质量提升

(1)数据清洗与验证。中台可以对采集到的数据进行清洗和验证,去除重复、错误或不完整的数据,确保进入会计核算系统的数据质量。例如,对发票金额、日期等信息进行校验,避免因数据错误导致的会计核算偏差。

(2)数据标准化。制定统一的数据标准和规范,包括数据格式、编码规则、计量单位等,使得不同来源的数据能够在会计核算中进行统一处理和分析。例如,统一不同部门对客户名称、产品分类的编码,避免因口径不一致造成的统计和核算错误。

(二)流程层面的变革

1. 自动化与智能化流程

(1)自动凭证生成。通过与业务系统的集成,中台可以根据预设的规则和算法，自动将业务数据转换为会计凭证。例如，当采购订单完成、货物验收后，中台自动根据相关信息生成采购入库凭证，减少人工录入凭证的工作量和错误率。

（2）智能财务审核。利用人工智能和机器学习技术，对会计核算流程中的数据进行智能审核，识别异常交易和风险。例如，检测出金额异常的费用报销申请或不符合合同约定的付款请求，并及时提醒财务人员进行进一步调查。

（3）流程优化与再造。对传统的会计核算流程进行分析和优化，去除烦琐的手工操作和不必要的环节。例如，简化费用报销流程，实现线上审批和自动付款，提高流程效率。

2. 业财融合流程优化

（1）业务财务一体化。中台作为连接业务和财务的桥梁，促进了业财融合的深度和广度。业务部门和财务部门可以基于中台共享的数据和流程，共同参与决策和管理。例如，在制定预算时，业务部门可以根据实时的财务数据和市场情况制定更合理的业务计划，财务部门也可以更好地理解业务需求，提供更有针对性的财务支持。

（2）成本核算精细化。帮助企业实现更精细化的成本核算，将成本追溯到具体的业务活动和产品上。例如，通过分析生产过程中的原材料成本、人工成本、设备折旧等各项成本因素，为产品定价和成本控制提供更准确的依据。

（三）技术架构层面的变革

1. 微服务架构

（1）灵活扩展与定制。中台采用微服务架构，将各个功能模块拆分为独立的微服务，每个微服务可以独立开发、部署和扩展。这使得会计核算系统能够根据企业的业务发展和变化，灵活地添加新的功能模块或调整现有模块，满足企业不断变化的需求。例如，当企业新增一种业务类型时，可以快速开发相应的会计核算微服务并集成到中台。

（2）提高系统可靠性。微服务架构中的每个微服务相对独立，一个微服务的故障不会影响整个系统的运行。如果某个会计核算微服务出现故障，其他微服务可以继续正常工作，从而提高了系统的可靠性和稳定性。

保障会计核算工作的连续性。

2. 云计算与分布式存储

（1）降低成本与提高效率。企业可以利用云计算平台提供的计算资源和存储资源，按需付费，降低了硬件设备的投资和维护成本。同时，云计算的弹性扩展能力可以根据会计核算工作的负载动态调整资源，提高资源利用效率，加快会计核算的处理速度。

（2）分布式存储保障数据安全。分布式存储技术将数据分散存储在多个节点上，即使部分节点出现故障，其中的数据也可以通过其他节点恢复，确保会计数据的安全性和可用性。在遇到硬件故障、自然灾害等情况时，能够快速恢复数据，保障会计核算工作的正常进行。

（四）管理决策层面的变革

1. 实时数据分析与决策支持

（1）实时报表生成。中台能够实时采集和处理会计数据，快速生成各种财务报表和分析报告，如资产负债表、利润表、现金流量表等。管理层可以随时获取最新的财务信息，及时了解企业的经营状况和财务状况，为决策提供实时数据支持。

（2）多维度分析。中台支持从多个维度对会计数据进行分析，如按部门、项目、产品线等进行成本和利润分析。这有助于管理层深入了解企业的经营情况，发现潜在的问题和机会，制定更科学的决策。例如，通过分析不同产品线的盈利能力，决定资源的投入方向。

2. 战略规划与预测

（1）大数据分析与预测。中台利用积累的大量历史会计数据和业务数据，结合大数据分析技术和预测模型，可以对企业未来的财务状况和经营趋势进行预测。例如，预测未来的销售收入、成本支出、利润水平等，为企业的战略规划和长期发展提供参考依据。

（2）风险预警与管控。中台通过实时监控会计数据和关键指标，建立风险预警机制，及时发现潜在的财务风险和经营风险。例如，当资产负债率过高或现金流出现异常时，系统自动发出预警，提醒管理层采取措施进行风险管控，保障企业的稳健运营。

六、领先实践：中台技术引领会计核算创新

每一次商业变革，信息技术都是重要的驱动力量。当前新的技术不断涌现，包括移动互联网、云计算、大数据、人工智能、物联网、5G、区块链等，新技术与新业务、新模式共同发展、互动融合，不断推动产业的转型、升级和变革。

（一）新技术对会计核算的影响

1. 移动互联网与5G技术

随着移动技术飞速发展，各类智能设备快速普及和终端能力持续增强，移动互联网将移动设备、移动通信技术和互联网结合为一体，让用户能够随时随地使用各种应用和服务。5G技术的成熟，推动移动互联网裂变式发展，为企业移动化建设带来新机会与挑战。

2. 云计算

云计算通过将计算资源集中化和标准化，实现对资源便捷的、可配置的按需获取。其价值体现在提高商业生态环境中各方的协作效率，提供互通互联的便利，实现资源的高效聚合、共享和重新分配，以及提供标准化、可扩展的服务，帮助企业快速实现商业创新。

3. 大数据

研究机构 Gartner 给出了大数据（big data）的定义：大数据是需要新处理模式才能具有更强的决策力、洞察发现力和流程优化能力来适应海量、高增长率和多样化的信息资产。大数据需要特殊的技术，以有效地处理大量的延迟容忍型数据。适用于大数据的技术，包括大规模并行处理（MPP）数据库、数据挖掘、分布式文件系统、分布式数据库、云计算平台、互联网和可扩展的存储系统等。大数据技术以内存计算、分布式并行处理、数据挖掘为代表，在应对海量、高增长和多样化的信息化资产方面具有优势，为企业提供更智能、更科学高效的决策分析、洞察和流程优化能力，为企业的数智化转型提供大数据支撑。

4. 人工智能

人工智能进入快速发展时代，深度学习、机器学习、强化学习等新一代

人工智能的训练和学习方法超越人类技能。数据、算法、算力三要素的加速升级，以及多方人机协同的新技术，为AI服务进入企业内外部价值链提供可能，人工智能成为企业数智化变革的新驱动力。

5. 物联网与区块链

以物联网为代表的新技术成为发展工业基础性行业竞争优势的主要推动力量，区块链、边缘计算、AI、5G等新技术不断注入物联网，推动传统产品、设备、流程、服务向数字化、网络化、智能化发展，加速重构产业发展新体系。区块链利用加密技术和共识机制，具有数据不可篡改、公开透明、可追溯等特征，赋能我国新经济建设，构造可信任的企业合作伙伴关系和社会化商业价值网络。

目前，国内外经济环境紧张，企业面对的商业环境的不确定性日益增加，大型企业财务部门一方面承担着对外满足监管机构以及社会要求，及时、真实、公允地披露会计信息的责任；另一方面也担负着对内通过精细化核算，提升企业经营管理效率的职责。因此，大型企业需要借助财务数智化技术，对企业资源投入、经营产出成果等进行更细粒度、更多维度、更加及时的记录与分析，提升企业的会计核算服务水平。

（二）会计核算已经进入智能会计时代

1. 会计核算发展的阶段

会计核算发展历经了多个历史阶段，各阶段的核算方法、技术应用及功能侧重等方面的特征均呈现出显著的不同，以下是对其发展历程的详细阐述。

1）古代会计核算阶段（15世纪前）

（1）单式簿记时期。这一时期是会计核算的早期阶段，主要以单式簿记为特征。人们开始使用简单的记录方法来追踪经济活动，通常仅记录一笔交易的一个方面，如现金收支或债权债务的增减，缺乏系统性和全面性，尚未形成规范化的会计体系，如中国秦汉时期发明的三柱记账法。

（2）早期复式簿记萌芽。随着商业活动的逐渐繁荣，部分地区开始出现复式簿记的雏形。人们意识到仅记录单一方面无法准确反映经济业务的全貌，开始尝试对交易的双方进行记录，以更全面地反映经济活动的因果关系。虽然尚未形成完善的复式簿记理论和方法，但这种尝试为后来复式簿记的发展奠定了基础,是会计核算思想的重要进步。

2) 近代会计核算阶段(15世纪至20世纪40年代)

(1) 复式簿记的确立与发展。15世纪,意大利数学家卢卡·帕乔利(Luca Pacioli)在其著作《算术、几何、比及比例概要》中系统阐述了复式簿记的原理和方法,标志着现代会计核算的开端。复式簿记强调对每一笔经济业务都要在两个或两个以上相互联系的账户中进行等额记录,全面反映经济业务的来龙去脉,这一方法大大提高了会计信息的准确性和完整性。随着商业贸易的不断扩大,复式簿记在欧洲各国得到广泛传播和应用,成为商业活动中不可或缺的财务管理工具,促进了企业经济管理水平的提升。

(2) 成本会计的兴起。工业革命的兴起推动了企业生产规模的扩大和生产方式的变革,成本会计应运而生。企业开始关注生产过程中的成本核算,以提高生产效率和经济效益。成本会计方法不断发展,从最初的简单成本计算逐渐发展到标准成本法、变动成本法等多种方法,为企业进行成本控制、定价决策和利润规划提供了重要依据。成本会计的应用使企业能够更精确地计算产品成本,优化资源配置,增强市场竞争力,成为企业管理的重要组成部分。

3) 现代会计核算阶段(20世纪40年代至今)

(1) 会计电算化的普及。20世纪中叶以后,电子计算机技术的飞速发展为会计核算带来了革命性的变化。会计电算化逐渐兴起,计算机开始取代传统的手工记账方式,实现了会计数据处理的自动化和信息化。会计软件的广泛应用使会计核算效率大幅提高,数据准确性得到进一步保障,同时能够更快速地生成各类财务报表和分析报告,为企业决策提供及时、准确的信息支持。随着互联网技术的普及,会计电算化进一步发展为网络会计,实现了远程数据处理、实时财务监控和在线财务管理等功能,大大拓展了会计核算的时空范围。

(2) 管理会计与财务会计分离。为满足企业内部管理需求,管理会计逐渐从传统财务会计中分离出来,形成了独立的学科体系。管理会计侧重于为企业内部管理层提供决策支持,运用多种分析方法和工具,如预算管理、成本效益分析、绩效评价等，帮助企业制订战略规划、优化资源配置、控制经营风险。财务会计则主要负责对外提供企业的财务状况、经营成果和现金流量等信息，遵循统一的会计准则和规范，确保信息的真实性、可靠性和可比性，以满足投资者、债权人、政府监管部门等外部利益相关者的需求。两者相互补充，共同构成了现代企业会计核算体系，为企业的内部管理和外部决策提供了全面、有效的信息支持。

（3）会计核算向国际化、标准化发展。经济全球化进程加速了企业跨国经营和资本流动，推动了会计核算的国际化和标准化进程。国际会计准则理事会（IASB）等国际组织致力于制定全球通用的会计准则，以提高国际间财务信息的可比性和透明度。各国会计准则逐渐趋同，企业在跨国经营和国际融资过程中，需要遵循国际会计准则进行会计核算和财务报告披露，这有助于降低企业的国际交易成本，促进全球资本市场的发展。同时，会计核算的国际化也促使企业加强内部控制和风险管理，提高会计信息质量，以适应国际市场竞争的需要。

4）智能会计阶段（未来）

（1）智能化与自动化深度融合。随着人工智能、大数据、区块链等新兴技术的不断发展，会计核算将朝着智能化和自动化的方向进一步深化。人工智能技术将广泛应用于财务数据的分析、预测和决策支持，实现更加精准的财务分析和风险预警。自动化流程将涵盖更多复杂的会计业务，如财务报表编制、税务申报、审计等，提高工作效率和准确性的同时，减少人为错误和舞弊风险。智能合约等区块链技术的应用有望改变会计交易的记录和验证方式，有利于提高交易的安全性和透明度，实现会计信息的实时共享和不可篡改。

（2）业财融合更加紧密。未来会计核算将更加紧密地与企业业务流程相结合，实现业财一体化管理。会计系统将深度嵌入企业的业务运营过程，实时采集和处理业务数据，为企业提供更加全面、实时的财务信息。财务人员将更多地参与企业的业务决策，通过对业务数据的财务分析，为企业提供战略规划、投资决策、成本控制等方面的专业建议，助力企业实现价值创造和可持续发展。业财融合将打破部门间的信息壁垒，促进企业内部各部门之间的协同合作，提高企业整体运营效率和管理水平。

（3）绿色会计与社会责任会计兴起。随着全球对环境保护和社会责任的关注度不断提高，绿色会计和社会责任会计将逐渐兴起并成为会计核算的重要领域。企业将需要对其环境成本、资源消耗、碳排放等进行核算和披露，以反映其对环境的影响和可持续发展的贡献。社会责任会计将要求企业对其在员工福利、社区发展、公益事业等方面的投入和影响进行量化和报告，满足利益相关者对企业社会责任履行情况的关注。这将促使企业更加注重可持续发展战略，将环境和社会因素纳入企业的决策过程，实现经济、环境和社会的协调发展。

2. 智能会计时代核心特点

智能会计核算时代，技术创新、业务融合、理念拓展等多个方面都将有显著的发展，这些方面的发展将深刻重塑会计行业的格局，为企业和经济发展提供更有力的支持。

1）智能化与自动化的深度演进

（1）人工智能全面应用。人工智能技术将在会计核算中得到更广泛深入的应用。智能算法能够自动处理复杂的财务数据，如财务报表分析、成本预测、风险评估等。通过机器学习模型，系统可以根据历史数据自动学习和识别财务模式，提前发现潜在的财务风险，为企业提供精准的决策建议。例如，利用深度学习算法对大量财务数据进行分析，预测企业未来的现金流状况，帮助企业合理安排资金。

（2）自动化流程优化。自动化技术将进一步优化会计核算流程，实现更高程度的自动化操作。从原始凭证的自动识别与录入、账务处理到财务报表的自动生成，整个流程将更加高效、准确。例如，流程自动化（RPA和IPA）可以模拟人类操作，自动执行重复性的会计任务，如发票验证、费用报销审核等，不仅提高工作效率，还能减少人为错误。同时，自动化流程将与企业的业务系统深度融合，实现数据的实时同步和无缝对接，确保财务信息的及时性和准确性。

2）业财融合的高度协同

（1）深度嵌入业务流程。会计核算将深度融入企业的业务运营流程，实现与业务的无缝对接。会计系统将实时获取业务数据，在业务发生的同时进行财务处理，使财务信息能够及时反映业务活动的实际情况。例如,在销售业务中,当销售人员签订订单时,会计系统自动根据订单信息生成应收账款、收入确认等相关财务数据,实现财务与业务的一体化运作。

(2)数据驱动决策支持。业财融合将使会计人员能够更好地利用业务数据进行财务分析,为企业决策提供更具价值的支持。通过整合业务和财务数据,建立数据分析模型,会计人员可以深入挖掘数据背后的业务逻辑,为企业的战略规划、产品定价、成本控制等决策提供量化依据。例如,根据市场需求和成本数据,运用数据分析模型确定产品的最优定价策略,以实现企业利润最大化。同时,财务部门能够与业务部门密切合作,共同参与企业的决策过程,推动企业整体运营效率的提升。

3)绿色会计与社会责任会计的兴起

(1)环境与可持续发展考量。随着全球对环境保护和可持续发展的关注度不断提高,绿色会计将成为未来会计核算的重要领域。企业将需要对其环境成本、资源消耗、碳排放等科目进行全面核算和披露,以衡量企业经营活动对环境的影响。例如,企业将核算生产过程中的能源消耗成本、污染物排放治理成本等,并在财务报告中予以披露,向利益相关者展示企业在环境保护方面的努力和成效。

(2)社会责任量化与报告。社会责任会计将促使企业对其在员工福利、社区发展、公益事业等方面的投入和影响进行量化评估和报告。企业不仅要关注经济利益,还要承担社会责任,通过会计核算反映其社会贡献。例如,企业将核算在员工培训、职业健康与安全方面的投入,以及对社区教育、扶贫等公益项目的捐赠支出,并将这些内容在社会责任报告中进行详细披露,增强企业的社会公信力。

4)大数据技术的广泛应用

大数据助力精准分析。大数据技术将为会计核算提供海量的数据资源,通过对这些数据的挖掘和分析,企业可以获取更深入的市场洞察和客户行为分析。会计人员可以利用大数据分析消费者偏好、市场趋势等信息,为企业的产品研发、市场营销策略制定提供依据。例如,分析消费者购买行为数据,预测市场需求变化,帮助企业调整生产计划和库存管理策略。同时,大数据技术还可以用于优化企业内部资源配置,提高运营效率。

5）会计人才能力结构的重塑

（1）技术能力要求提升。未来会计人员需要具备扎实的信息技术能力，熟练掌握人工智能、大数据分析、区块链、云计算等新兴技术在会计领域的应用，做到能够运用这些技术工具进行财务数据处理、分析和决策支持，同时具备一定的系统开发和维护能力，以适应会计核算智能化和自动化的发展趋势。

（2）综合素养与跨学科知识。除了专业会计知识外，会计人员还需要具备广泛的综合素养和跨学科知识，包括对企业业务流程的深入理解、风险管理能力、战略规划意识、数据分析能力以及对环境、社会和治理（ESG）等非财务领域的认知。会计人员将从传统的财务数据记录者转变为企业战略决策的参与者和价值创造者，需要具备跨部门协作能力和良好的沟通能力，与企业内外部利益相关者进行有效的沟通和合作。

6）国际化与全球化的持续推进

（1）会计准则进一步趋同。随着经济全球化的深入发展，会计准则的国际化趋同进程将继续加速。各国会计准则将更加接近国际会计准则（IFRS），以促进全球资本市场的统一和企业跨国经营的便利化。企业在国际财务报告编制和披露方面将面临更高的要求，需要不断提升自身的会计核算水平，以适应国际会计准则的变化和国际市场的竞争。

（2）全球化会计服务需求增长。跨国企业的增多和国际贸易的繁荣将推动跨境会计服务市场的发展。会计机构将需要提供全球化的会计服务，包括国际税务筹划、跨国企业合并财务报表编制、跨境审计等。同时，会计人员将需要具备国际视野和跨文化沟通能力，能够处理不同国家和地区的会计法规和税收政策差异，为企业的跨国经营提供专业支持。

3. 智能会计领先实践

在当今信息时代，业务数据和财务数据的融合成为企业管理中的重要课题。企业在经营过程中产生的大量业务数据和财务数据已经成为企业决策的重要依据，企业发展对于数据的需求不断增加，这是业财数据融合的背景。但企业的业务数据和财务数据通常保存在不同的系统中，并且这些系统之间往往无法实现数据的无缝连接，难以深入挖掘数据的价值。

这就导致企业在决策过程中不能全面考虑各方面因素，影响决策的准确性和效果。因此，将业务数据和财务数据进行融合成为解决这一问题的有效途径。

1）为什么要实现业财数据融合？

实践者的经验告诉我们，业财数据融合是企业发展的必然趋势。一方面，业务数据和财务数据融合可以实现数据的统一管理和共享，使得信息能够在不同部门之间流动，提高了信息的效率和准确性。另一方面，通过业财数据的融合，可以实现对数据的深度挖掘和分析，发现潜在的商机和趋势，为企业的发展提供更有力的支持。

此外，业财数据融合还可以提升企业内部的合作与沟通，促进不同部门之间的协作和信息共享。例如，食品企业通过 ERP、MES、财务等系统和统一的数据中心，实现数据共享；通过中间数据库和 LIMS 系统，实现产品全生命周期管理和质量追溯；通过 OPC UA 协议实现运营技术与信息技术的结合。建立数字化模型，对销售、供应链和财务等数据进行分析和预测，为企业生产提供决策依据。通过自动化技术与信息技术的融合，实现管理业务横向互联、制造业务纵向集成，打造流程精益化、数字化、透明化的智能工厂，实现解决方案的复制和全面推广。

实际上，业财数据融合是将企业的业务数据和财务数据进行整合，通过有效的技术手段实现数据的统一管理和分析。通过业财数据融合，企业可以全面了解业务和财务的状况，为决策提供更准确的依据。同时，业财数据融合可以帮助企业发现业务和财务之间的关联性，从而提高企业的绩效和竞争力。

2）要实现哪些业务和财务数据融合？

业财数据融合的特征主要体现在多样性、准确性和实时性上。多样性是指融合后的数据能够包含企业所有的业务数据和财务数据，从不同的业务源头获取。准确性是指融合后的数据能够真实地反映企业的经营状况和财务状况，不会出现数据错误或者失真的情况。实时性是指融合后的数据能够及时更新，企业决策者可以随时了解到最新的数据情况，以便做出正确的决策。

通过对业务数据和财务数据的整合和分析，企业能够准确预测未来财务状况,制订合理的发展策略和财务计划。同时,通过对业务数据和财务数据的深度分析,企业可以发现业务中存在的问题和机会,为改进经营状况提出建议和方案。

业务和财务数据融合包括以下三种类型。

(1)销售和财务数据的融合。将销售数据和财务数据进行整合,可以帮助企业了解销售和财务之间的关联性,从而提高销售和财务的绩效。通过打通数据中台和 ERP 之间的联系,实现对销售数据的成本管控,从而在阿米巴核算体系中做到有迹可循。

(2)客户和财务数据的融合。将客户数据和财务数据进行整合,可以帮助企业了解客户的价值和财务的状况,从而制定更有效的客户管理和财务策略。部分客户通过数据融合可以有效地反馈客户的购买趋势以及门店的销售量。

(3)产品和财务数据的融合。通过对产品数据和财务数据进行整合,企业可以更深入地了解产品销售和财务状况,从而优化产品供应链和财务管理。同时,产品的成功落地也是业财管控的关键环节,如果缺乏使产品成功落地的有效方式,可能会导致融合不准确,影响管控效果。

3)业财数据融合有哪些典型应用场景?

第一,阿米巴经营模式应用场景。

该场景主要通过数据中台以及业务中台进行整体的阿米巴体系的搭建、数据的获取与分析,以及基于 PDCA 管理循环模式,持续提升企业阿米巴经营组织的活力,突破经营瓶颈。

阿米巴经营模式的整体实现核心可以分为以下七个关键点。

(1)阿米巴组织体系的搭建。通过外部系统导入阿米巴组织体系,并且记录其版本号,与后续的业务组织进行关系映射。如果发生组织变更,则重新导入最新版本的组织结构信息。

(2)阿米巴指标体系。在数据中台建立不同的维度以及数据指标,与后续的业务中台、财务系统中获取的数据,以"维度+指标"的形式进行映射。比如,针对不同层级的产品分类、渠道分类、客户分类、区域等,指标有内部收入、外部收入、固定费用、变动费用等。

（3）阿米巴计划体系的 PDCA 管理循环。

P(plan)阶段：阿米巴计划体系的制定阶段。一是企业经营目标测算。通过对外部社会化数据的获取，包括区域 GDP、人均消费指数、细分产品领域的交易份额、竞品的市场占有率、食品消费趋势等数据，结合企业未来 3—5 年的发展目标，以及具体的举措和要求，测算出企业的经营目标。二是阿米巴组织目标分解，对企业经营目标按照阿米巴的层级进行分解，同时结合阿米巴的经营模型，对整个计划的可执行性进行评估和测算。三是根据企业的经营目标，结合阿米巴的考核规则，重新梳理对应的收入、成本、费用、增长等指标体系，同时考虑公司未来必须完成的整体任务目标，可能需要结合各个阿米巴的历史经营情况，适当地放大经营目标，得到每个阿米巴组织的经营计划报表。

D(do)阶段：阿米巴计划的执行阶段。根据前端阿米巴报表与计划报表的对应，自动反馈计划的实际执行数。同时，可以根据计划检查的数据对需要改善的关键指标进行执行跟进和反馈。

C(check)阶段：阿米巴计划的检查阶段。在数据中台，构建自有的经营能力模型，结合模型以及当前的计划数，系统能够按照某个定制的指标进行其他相关指标的预测。例如，如果要完成一定的销量，系统可以预测相应的成本、费用以及可能产生的毛差。此外，系统还可以将预测值与当前的计划值进行比对，对当前的计划值进行检查。

A(action)阶段：阿米巴计划的处理阶段。在阿米巴计划的执行过程中，可以随时进行模拟测算，并且提出最新需要提升和改善的关键指标对应的数据，以供前端业务系统调用并进行业务的监督与改进。

（4）数据获取。通过适配不同的数据库格式和驱动程序，从不同类型的数据库中提取数据。

（5）数据清洗与匹配。将获取的源数据存储后，结合维度、指标、组织进行数据的匹配，形成阿米巴体系的数据。

（6）数据分摊。在实际的业务过程中，会存在一些公共费用的分摊，以及在多组织之间存在多重计提的异常业务，因此需要对匹配和清洗完成后的数据，在系统中设置对应的分摊规则，包括需要分摊哪些数据（分摊的取数规则）、按照什么规则来分摊（分摊的规则，以及规则变量对应的数据来源)、是否需要再次分摊等,实现固定费用、变动费用以及成本类相关数据在阿米巴多级组织之间进行分摊。同时,针对多重计提等异常情况,支持手工进行阿米巴数据的调整。

(7) 阿米巴数据过滤。支持在数据中台设置不同数据消费角色的报表功能节点权限、数据权限、功能按钮操作权限,从而有效保护数据安全与私密性。

第二,销售绩效管理应用场景。

该场景中,业财数据融合主要通过采集业务中台、HR、财务等相关数据,结合社会化数据,实现以下目标。

(1) 全流程销售绩效管理实时过程分析。通过业务中台的数据,与数据中台的维度、指标等匹配,从而对经营数据分产品、分区域、分渠道的排名、达成率进行分析,在PC端、移动端针对不同的角色和场景进行展现。

(2) 高效的分析及佣金管理。在佣金管理中,业财数据融合主要是进行数据治理,根据未来需要统计的数据对应的要素,对业务中台提出改善意见,并且在数据中台中确定统计规则。在数据抽取后,还须在数据中台进行二次加工与匹配,以获得最终的阿米巴组织佣金数据。

(3) 多维度拉通企业销售目标与个人销售目标。主要是根据阿米巴计划中"P"的形成逻辑,结合阿米巴组织体系与实际业务过程中公司、部门、人员等建立对应的映射规则,将阿米巴计划根据组织层层分解,推送到最终的经营最小单元中,跟踪实施的效果。同时,结合阿米巴计划体系中的"C"与"A"的执行与跟进,确保整个公司经营目标与利益的一致性。

(4) 降低内控风险。数据中台的数据定义是企业内部经营数据,不直接与对外报告的财务核算产生关联,因此不涉及第三方监察的风险。此外,数据中台提供了分表的处理逻辑和人为数据镜像等多种处理方式,可以规避数据的检查风险。

4) 怎样实现业财数据融合?

第一,打通业财数据。

从财务中台会计事项出发,实现财务与业务中台、SRM系统、BPM系统等的快速对接、核销处理、快速对账、内部交易处理等,在每笔业务发生时自动采集原始数据,实现最小颗粒度精细核算,真正实现管理会计与财务会计"同源分流"的会计模式,实现实时分析,实时提供财务报表与多角度分析报告,支持经营决策,实时将报告反馈给业务系统进行调整控制。

(1)多核算目的、财管同源分流:基于同源业务事项,实现财务多目的核算与管理的同源。同一业务事项,按财务报告目的、管理报告目的、税务报告目的进行平行多套核算。

(2)财务与业务、财务账簿与管理账簿智能对账:将同源业务单据按核算目的分发至法人核算账簿和管理核算账簿(根据核算规则可能存在多类情形)。通过智能对账,协助财务人员从人工核对转为智能核对,确保两边数据的准确性和权威性。

(3)实时、精细、多维的核算与报告系统:可以在多业务系统与各核算系统之间进行数据采集与核算。该系统可以整合财务和业务数据,提供利益相关方所需的数据。

第二,遵循三大设计原则。

数据融合是将多个数据源的信息整合在一起,以提供更全面和准确的数据分析结果的过程。为了实现可持续的数据融合,需要遵守核心原则,包括开放性、易用性和统一性。

(1)开放性原则。开放性是指数据融合应该具有开放的特性,能够接收和整合来自各种不同类型和格式的数据源。这有助于提高数据的覆盖范围和多样性,从而增强数据融合的效果。

(2)易用性原则。易用性是指数据融合应该简单易用,使用户能够快速有效地使用数据融合技术。为了实现这一目标,建议使用直观的用户界面和友好的操作方式,使用户在进行数据融合时能够轻松地选择和处理数据。

(3)统一性原则。统一性是指数据融合应该符合一致的标准和规范,以确保数据的一致性和可比性。这需要在数据整合过程中进行数据清洗和标准化处理,以消除不一致和冲突,并确保数据的一致性和可靠性。

第三,实施四大设计步骤。

步骤一:厘清现有业务事项状况,明确前端如何开展作业、哪些交易会最终形成财务记账结果。

步骤二：定义会计事项相关概念。区分会计事项、会计事务等概念，有效地定义数据融合需要的维度。

步骤三：对业务场景事项层级梳理，规范形成各级业财管理对象。按照定义明确的维度和方式，自上而下地梳理业务事项，逐级分步梳理。

步骤四：最终形成所需的业务信息和财务信息，通过数据融合项目维度所需的内容，展示到事项分录中，或者通过其他 BI 类报表体现。

需要特别注意的是，在数据融合的过程中，管理会计需要的维度和财务会计需要的维度往往是不一致的，所以业财融合的处理方式会有一些差异。这就需要我们在设计的时候同时考虑财务会计维度和管理会计维度，考虑组织架构差异、会计科目差异、管控维度差异等。财管组织分离模型如图 2-2-1 所示。

财管组织分离模型

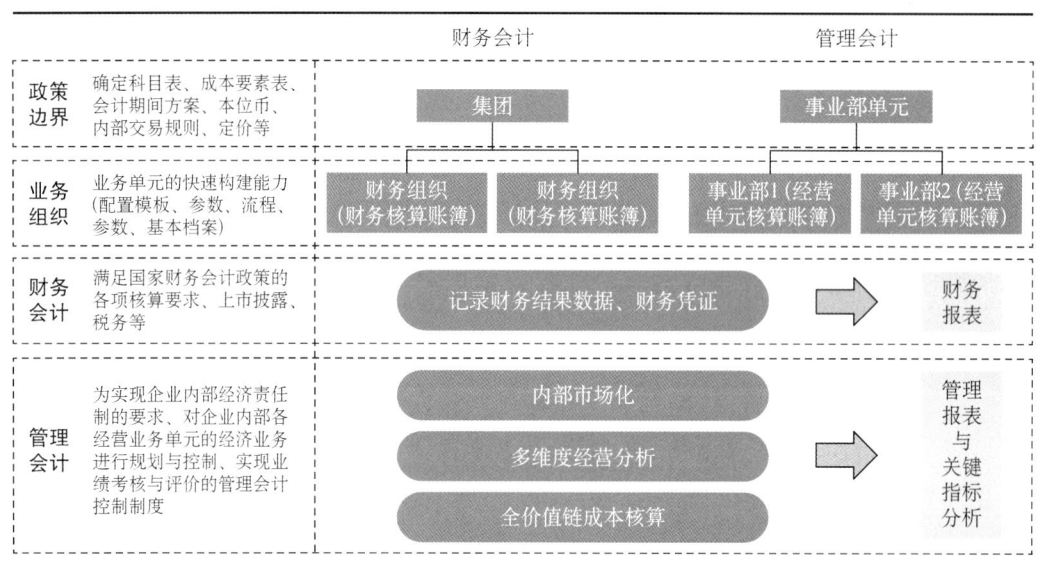

图 2-2-1　财管组织分离模型

七、智能财务新价值总结

在新技术和新商业模式的影响下，财务的核心价值、服务特性、组织职能、服务对象等都会发生巨大变革,即从传统的对外的财务会计转向管理会计和数据服务。财务组织数字化转型的目标之一是通过构建企业大数据中心,走向全面商业数据服务。会计服务基于最新的大智移云物等新技术,基于社会化商业新模式,基于事项法会计理论,构建起基于事项库的业财融合底座,多核算目的的财务会计与实时核算的管理会计,以及实时报表分析的新核算平台,帮助企业搭建实时、精细、多维、可视、智能的新财务体系,助力财务数字化转型。智能财务建设的价值主要体现在以下几个方面。

(1) 奠定建设"财务大数据中心"的基础:推动会计工作从以流程为中心,转向以数据为中心;充分释放"会计"的信息加工能力。

(2) 实现深度灵活的业财融合:灵活便捷的实现与多元化业务系统的业财融合,包括数据融合 + 业务穿透。

(3) 生成实时高效的会计记录:伴随经济业务的发生,实时实现会计数据的孪生;实时生成会计数据,实时报告。

(4) 记录精细多维的会计数据:打破价值型会计数据壁垒,实现事项级会计数据的记录计量,实现会计数据精细化多维度的终极目标。

(5) 实现财管同源:基于同一经济业务数据生成的事项级会计数据,可同时满足财务会计数据及管理会计数据要求。

中台技术实现了企业内外部数据的高效集成,为智能财务提供了坚实的数据基础。它打破了数据孤岛,将财务系统与业务系统等不同数据源连接起来,使得财务数据的采集更加全面、准确和及时。通过数据清洗、标准化和整合,确保了数据质量,为后续的财务分析和决策提供可靠依据。例如,销售数据、采购数据、库存数据等可以实时流入中台,财务部门能够随时掌握企业的经营动态,进行精准的财务核算和风险评估。中台为智能财务提供了实时的决策支持能力。通过快速的数据处理和分析,财务部门可以及时生成各种财务报表和分析报告,为管理层提供实时的财务信息和决策依据。例如,利用中台的实时数据分析功能,管理层可以随时了解企业的财务状况、经营成果和风险状况,及时调整经营策略,应对市场变化。中台技术采用微服务架构和云计算等先进技术,为智能财务的发展提供了强大的技术支撑。微服务架构使得财务系统更加灵活、可扩展,能够快速响应业务变化和新的需求。云计算则降低了企业的IT成本,提高了系统的可靠性和可用性。同时,中台技术也为智能财务的创新发展提供了广阔的空间,如区块链技术在财务领域的应用,实现了财务数据的安全、透明和可追溯。

总之,中台技术对智能财务的影响是深远而广泛的,它推动了财务工作的数字化、智能化转型,提升了财务部门的价值创造能力和企业的核心竞争力。

财务云类信息技术在会计行业的发展与应用

徐龙，申能集团商务服务有限公司
陈虎，中兴新云服务有限公司

一、财务云类信息技术的概念、特征与现状

（一）财务云类信息技术的概念

财务云是将集团企业财务共享管理模式与云计算、移动互联网、大数据等计算机技术有效融合，促进财务共享服务、财务管理、资金管理三中心合一，以及财务核心能力沉淀与共享，建立集中、统一的企业财务云中心，推动业财一体化、流程自动化以及财务数智化转型，促进财务共享中心向云化数据中心发展，实现"核算、报账、资金、决策"在全集团内的协同应用。

（二）财务云类信息技术的特征与现状

财务云以共享服务管理模式为基础。自2005年中兴建立中国企业第一家财务共享服务中心起，财务云经历了萌芽、试点、发展、创新探索等多个阶段的发展，关注重点从效率提升逐渐向价值创造发展。近年来，在政策、市场需求、技术突破等多重因素驱动下，财务云类信息技术应用不断发展壮大。

在技术端，随着大数据、云计算、区块链、5G技术、人工智能等技术日趋成熟，新技术不断赋能财务云行业，借助各类数字化技术融合发展，财务云实现了信息流转、审核及核算工作的自动化智能化，广泛应用于费

用、往来、税务、资金等不同业务场景，并通过标准化处理流程和操作规范，保障基础数据口径的一致性，为系统间数据交互和经营数据沉淀提供基础，并逐步发展成为企业数据中心建设的关键支撑。新一代财务共享云平台以内部财务会计核算为基础，向外部业务、管理会计等融合转换，连接第三方生态平台，帮助企业打通业财税生态数据链，内通外联，实现业务和财务数据全方位协同融合，全面提升财务效率。

在需求端，随着企业内外部环境的不确定性加大，降本增效、风险防控、价值创造等管理职能对财务管理水平的要求进一步提升，推动以财务云等平台化产品为基础的财务数字化转型升级向广度和深度不断拓展。一方面，"票、钱、账、表、税"财务管理全流程重构、贯通，多维度数据连接、循环，财务工作效率得以大幅提升；另一方面，财务管理的边界更加向前端业务延伸，通过以数字技术为抓手，加大业财融合和价值挖掘，为业务发展提供增值服务。

在供给端，财务云类信息技术服务发展更加多元化、梯队化，其中大型企业凭借产品布局和服务能力优势，逐渐发展成综合类服务机构，服务深度和广度的双向发展使其在生态化、协同化的大趋势下具备更强的发展潜力，如为企业提供财务共享等一体化综合服务的供应商，包括但不限于中兴新云、用友、金蝶、SAP等；而在财务管理需求更加精细化、专业化的市场趋势下，各细分服务领域不断涌现，如专注于发票、档案、资金、税务、预算等财务细分领域的服务供应商，包括但不限于云砺票易通、元年等。

二、财务云类信息技术在会计行业应用的背景、思路

（一）企业简介

申能（集团）有限公司（以下简称"申能集团"或"集团"）前身创建于1987年，是上海市重大能源基础设施的投资建设主体和主要的电、气能源产品供应商。作为上海市国资委出资监管的国有独资公司，现有电力、燃气、金融、战略新兴四大产业板块，其中，电力产业供应上海全市1/3以上的用电量，燃气产业供应上海市90%以上的燃气用量。截至2023年年

底,总资产为 2 190 亿元,控股子公司为 300 多家,员工有近 2 万名。从自身管控模式和发展需要出发,申能集团于 2020 年 1 月启动共享模式建设,成立了独立法人实体的共享服务中心——申能集团商务服务有限公司(以下简称"申能商服"或"共享中心"),初期共享业务范围包括财务共享服务和人力资源共享服务,并逐步拓展至其他领域。

申能商服作为申能集团积极推进数字化转型及管理创新的平台,立足"SHARE-D"定位,如图 2-3-1 所示,向集团系统企业提供标准化、集约化、专业化、智能化的共享服务。截至目前,财务共享已完成超 80% 控股子公司上线工作,会计核算中的销售至收款、采购至付款、成本核算、资产核算、费用报销、资金结算、税务核算、总账报表等工作都已纳入共享中心;人力资源共享主要提供人事、薪酬、招聘、培训以及外事服务。除财务和人力资源两大重点业务线外,申能商服还积极开展相关协同平台建设,以商旅、商城平台为抓手,延伸服务广度和深度,提升客户体验和服务价值。同时,依托共享中心平台,申能商服正在全力探索数字化"产学研用"融合发展路径。

图 2-3-1　申能商服六大中心定位

(二) 财务云技术在企业中应用的背景

1. 政策引导

近年来,数字经济、数字化转型趋势日益凸显。《关于加快推进国有企业数字化转型工作的通知》的深入推进,以及《关于加快建设世界一流企业的指导意见》《关于中央企业加快建设世界一流财务管理体系的指导意见》、"数据二十条"等政策的不断出台,极大地推动了企业财务管理转型升级,为企业基于财务云等技术建立数智化管理体系提供了有利条件,也为企业业务数字化创新提供了高效数据及一体化服务支撑。在区域层面,《上海市开展区域性国资国企综合改革试验的实施方案》要求建立健全全面预算、资金集中、风险预警、内控建设、信息化"五位一体"管控体系,全力打造现代化企业财务管理模式。上海市《关于推进本市国资国企数字化转型的实施意见》提出,要树立"数据是资产"的理念,将数字化转型作为国资国企深化改革的突破点、国资国企实现高质量发展的着力点。

在政策趋势的引导下,申能集团立足主责主业,积极响应政策要求,按照"数字化转型财务先行"的思路,借助财务云类信息技术,搭建财务共享模式,推进数智化财务管理体系建设落地,盘活企业经营过程中人财物等各类要素以及有形无形资源资产,提升全要素生产率,以期为高质量发展提供强有力的数字支撑,并更好地发挥行业及社会示范效应。

2. 技术驱动

"大、智、移、云、物、链"等数字技术在企业中的应用场景不断拓展,不仅极大地影响了人们的生活,也在快速改变企业的生产经营活动以及价值创造方式,同时也为企业财务管理发挥更大价值提供了有力的支撑。在数字经济时代,企业对于"价值"的定义和认同向强调需求的有效满足、体验的全面提升、科技的创新应用的方向转变,这对企业财务工作的内涵、方式和能力等都提出了更高要求。财务云、RPA、AI、OCR、NLP等技术的应用,使得企业财务运作质量和效率大幅度提升。

申能集团迫切需要乘新一代信息技术、新一轮科技革命之势,开展数智化财务管理体系建设,融合应用财务云等数字技术手段,打通前端业务与后台管理,链接起企业各类资源,并在企业财务管理中融入更多"数据+智能化"能力,推动财务数智化转型,建成"数字申能"。

3. 管理诉求

随着信息科技的趋势逐步由自动化、信息化向数字化、智能化融合发展迈进,企业管理更加强调通过数据价值有效赋能业务、支撑决策。从申能集团自身发展需求来说,创新引领转型提升的战略方向和着力培育发展新亮点与增长点的目标,以及多元化业务协同发展的现实要求,对其财务管理职能也提出了新要求,即要为企业战略、发展目标提供支持,树立智慧能源领域示范应用。然而,原有的财务管理模式已经跟不上业务经营发展节奏,大量财务人员囿于简单、基础、低附加值的事务性工作,没有足够的精力开展数据分析挖掘、成本控制、风险管理、决策支持等高附加值工作,没有充分利用技术发展的"红利"来提高工作效率和质量、实现数据互联互通。

申能集团正处于业务转型关键期,尤其是电力和燃气,新的管理要求及商业模式均以数据价值为核心,要求数据为业务赋能,通过寻求产业领域的深度协同打造差异化的竞争力,在产业端强化业务场景的统筹规划。通过财务云类信息技术应用,依托财务天然数据中心的职能,构筑核心数据资产,支撑申能集团强化实时、透明、准确地获取下属企业信息的能力,以增强对实际经营情况和问题的了解,统筹、把控下属企业运营发展,为战略落地和经营决策提供更相关、更精准的依据。

(三)财务云技术在企业中应用的思路

在财务会计层面,财务云技术围绕资金、核算、报表三大核心工作,以中台化思维贯穿财务会计全流程,支撑财务管理有序运转。首先,依托财务共享系统,实现资金收支数据的自动传输、自动转换、自动处理,助力司库体系建设;其次,根据"功能产品化、产品引擎化、引擎轻量化"原则,推进会计引擎应用,实现智能记账;最后,结合财务共享系统数据沉淀、数据规则映射、自动取数等功能,实现自动化报表加工处理。在管理会计层面,以中台化思维串联管理会计职能,包括依托财务共享系统,实现跨系统预算管理的衔接、控制;推动全集团逐步实现事前、事中、事后全流程风险提示;模拟税务稽查,实现税务风险自动预警;结合从财务中台到数据中台的演变,建立高质量的数据基础等。

申能集团结合国家及行业数字化最新发展趋势,与中兴新云合作,依托财务云技术支撑下的财务共享模式,以申能商服为集团财务数字化转型与管理创新平台,针对财务日常工作中的痛难点,如税务、预算管理精细化不足、资源分散、数据、信息孤岛、手工作业量大等,通过组织重构、流程重构、系统重构、机制重构,融合各类要素资源,进一步推动着财务转型与业财融合,建成集团内各种要素资源协同聚合的数智化财务管理体系,确保日常业务可测量、可追溯,更透明、更合理。同时及时捕捉企业业务发展、市场扩张过程中的各种风险因素,及早做好控制,并能够进一步预见行业、市场等方面未来发展,最终做到实时财务、敏捷财务。

三、财务云类信息技术在会计行业应用的建设方案

(一)蓝图设计

截至目前,在申能集团财务共享建设中应用较多的技术如图2-3-2所示,包括财务中台、数据中台、财务云、RPA/IPA、规则引擎、数电发票、电子会计档案、AI、BI、数据治理等。在具体建设实施过程中,申能集团以中兴新云—财务云技术为核心,搭建财务共享系统、推进智慧财务共享建设运营。

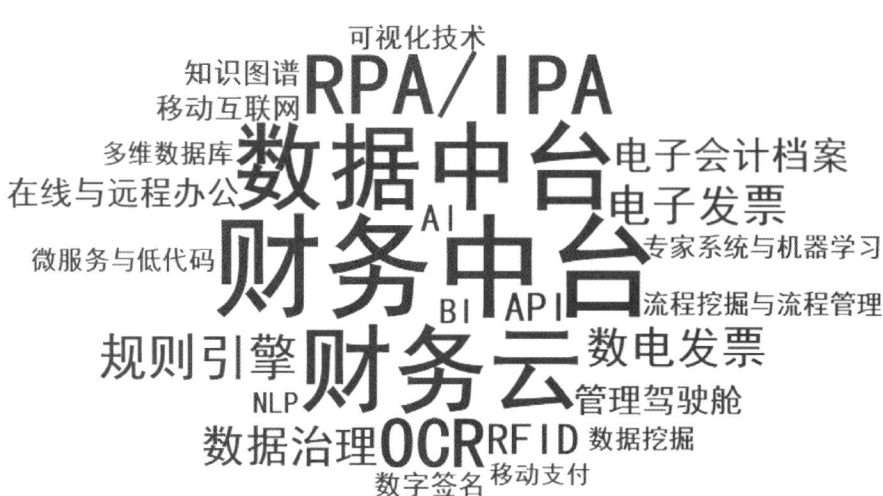

图2-3-2 数字化技术在财务共享模式建设中的应用

申能商服秉持"中台"思维,按照"产品化"和"品牌化"原则,搭建"申享通"数智化共享服务协同中台,作为集团内的业务中台和数据中台:对内,以促进财务业务场景与智能技术深度融合为导向,在申能信息系统异

构环境下,通过集中统一部署,逐步提升异构系统集成能力及移动应用能力,完成系统对接及数据交互流转;对外,在"云部署"架构下,通过国家网络安全等级保护2.0三级评定,在确保数据隔离防护的基础上,打通数据链路,实现数据畅通。申能财务共享系统功能架构如图2-3-3所示。

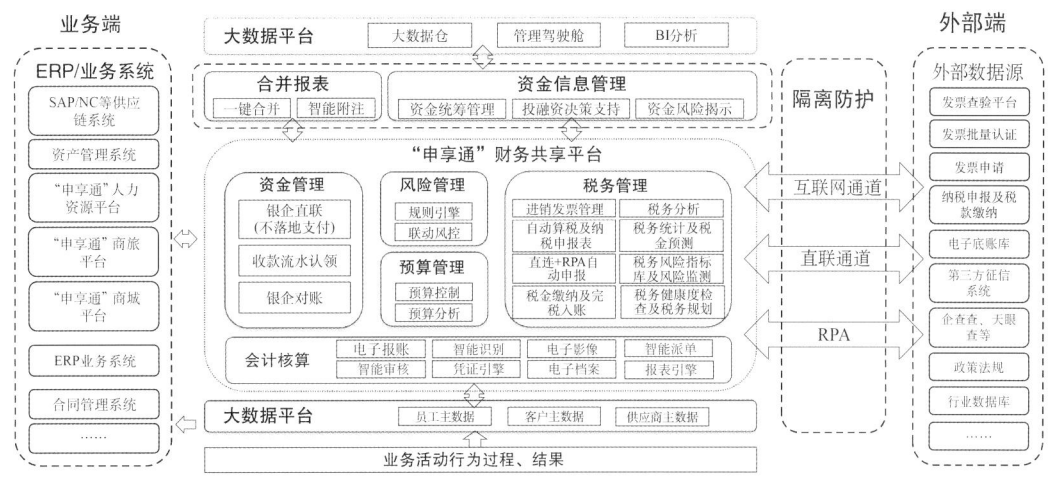

图2-3-3 申能财务共享系统功能架构

具体来说,申能财务共享系统以"申享通"财务共享平台作为业务中台和数据中台。在前端,连接企业ERP等各类业务系统以及"申享通"其他系列模块,承接业务活动数据;在财务共享中台,完成会计核算、资金管理、风险管理、预算管理、税务管理等加工处理;在后台,将数据结果传递至合并报表、资金信息管理、大数据仓等内部平台以及外部多源平台,最终实现数据的有效循环和流转。

(二)建设运营方案

1. 流程职责重构

申能集团结合战略及业务发展需求,在"大共享"中心建设驱动下,推进数字化时代的组织形态重构和机制重构,探索搭建企业职能管理的平台化运营模式,打通集团范围内人力、资金、技术、数据、管理等各类要素流通堵点,破除各类资源共享壁垒,最大程度提升集团内要素资源效率效益。

按照"管办分离、管运分离"思路,申能集团搭建"总部财务—共享财务/数字财务—属地财务/业务财务"的"三支柱"财务管理架构,并依托共享服务中心的专业分工、统一集约的平台化运营模式，在不改变属地财务/业务财务的预算、资金、内控、审计、税收等权责格局的情况下，提升组织流程效率、便利员工体验、辅助领导决策。同时，随着数智化背景下业财融合的日益深化，财务"三支柱"的职责边界也在逐步被打破。例如，在财务共享平台数据沉淀和数据挖掘的趋势下，基于规则的总结提炼、流程的标准化和数据模型搭建，进一步驱动着部分业务财务职能和管理会计职能转移到财务共享中心，如客户对账、销售回款、管报分析、产品定价等。

2. 管理机制重构

1）以规划与战略为引领，夯实数字化转型谋篇布局能力

在依托中兴新云—财务云技术搭建财务共享模式、推进财务数智化转型升级的过程中，申能集团领导层高度重视规划的引领作用，提出各类中长期规划或专项规划，如三年行动规划、申能集团"十四五"发展规划、数字化转型规划等，在指引企业明晰发展逻辑、找准发展方向、把握发展重点三方面的作用，以规划为载体，结合产业业务转型、业务流程梳理、管控模式优化等重点，形成了从总体战略到经营目标再到工作任务的智能化数字化转型分解落实机制，明确了以"大共享"中心建设为抓手，以树立集团范围内的组织、系统、数据和人才"四大标准"为方向，结合"管控前移、流程融合、数据标准、信息共享"设计理念，构建集团层面统一的"大中台"，促进业务、财务、人事、税务、资金等全业务、一体化融合与协同，并积极拓展共享外延，逐步迈向 GBS 模式。

2）以积极配合政策试点为契机，在建标准的同时树标杆

申能集团以财务共享模式建设为契机，积极争取国家、地区最新政策的先行先试，最大程度地利用组织内外优势资源，包括专家智库资源、对未来发展趋势的权威判断、在试点过程中的标杆行业企业交流与标准示范等，以期能够发挥出一定的内外协同功能，通过政策试点推动自身实践的升级与完善、通过自身实践赋能宏观政策的落地与推广，最终在配合监管建立标准的同时，强化集团品牌形象，树立上海市能源企业数字化转型的标杆。如申能集团以共享服务中心为实施主体，积极推进税企直连试点，利用税务局开放接口政策以及上海市税务局将集团作为"税企直连"试点企业的条件，实现企业与税务局之间的办税功能协同和涉税数据的

集成共享。又如，申能集团主动申请增值税电子发票采集、报销、入账、归档试点，形成了可推广的典型经验，助力国家推进电子发票应用和推广实施工作。

3）以人才与机制保障为支撑，巩固创新策源的内生动力

申能集团结合财务共享与人力资源共享同步建设的优势条件，探索建立具有集团特色的财务专业人才管理体系，通过将技术、人才、管理、创新等要素资源进行有效融合，实现数字化人才管理协同，激发集团内部创新策源的活力、动力。申能集团一方面借助人才盘点及人才标签技术，设立青年骨干库和精英人才库，搭建财务梯队的良性成长机制；另一方面以共享服务中心作为集团内财务专业人才孵化与输送基地，着力培养兼具财务专业知识、数智化能力、技术创新实力的复合型人才，提升财务队伍跨职能、融合信息化知识与技能、数字思维等方面的能力。

4）以开放性思维与联合创新为理念，借力各方优势资源

依托财务云技术的财务数智化转型升级是一个长期、系统性工程，在这个过程中，申能集团始终坚持开放性思维，积极借鉴领先企业数字化转型实践，充分吸收利用专业机构、科研院校、优秀行业实践等知识与经验，在自主创新的同时开展产学研用协同化创新，在财务数智化转型过程中融入更多开放性、前沿性、创新性元素，以期做好集团企业财务数智化转型这一长期课题。申能集团以共享中心为平台，成立了数字商务创新实验室，结合前沿科学技术应用以及行业先进实践，深化数字化应用场景，融通"产学研用"全链条，帮助集团系统企业和其他合作企业提升创新能力、行业趋势洞察能力与市场机遇开拓能力，助力区域、行业、产业链生态的数字化转型。

四、财务云类信息技术在会计行业应用的场景

（一）依托财务云，打造"申享通财"

1. 财务共享中台建设

按照统一会计政策、统一数据标准、统一信息系统、统一账务处理、统

一款项支付("五统一")原则,基于中兴新云—财务云,搭建了"申享通—财"财务共享系统,结合微服务等应用,内部集成票据采集、电子影像、电子档案等功能模块,外部对接集团内合同管理、税务管理、大数据平台、司库等关联系统(如图2-3-4所示),为系统企业提供采购到付款、销售到收款、费用报销、资产与资金业务、总账到报表等的财务核算以及资金结算、管理报表出具、税务支持、数据分析等各类财务相关服务。

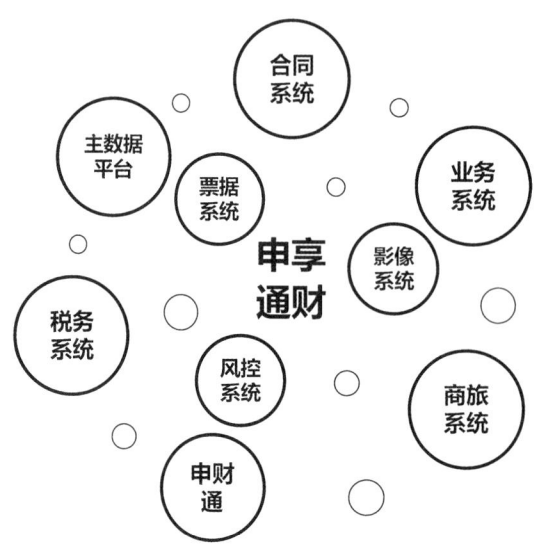

图2-3-4 "申享通—财"与关联系统

2. 智能审核应用

申能商服在不断推进财务共享系统建设及优化的过程中,积极拓展财务共享智能审核应用场景,围绕"票、账、钱",实现发票智能校验、凭证智能审核、支付智能审核,大幅节约作业人员精力,智能审核规则包括如下三条。

(1)发票智能校验:校验发票抬头、税号、发票真伪、发票金额等。

(2)凭证智能审核:科目核验、辅助项核验、金额核验等。例如,通过凭证智能审核,及时提示"存在未查验或查验失败发票""发票购买方税号与当前核算主体税号不一致"等。

(3)支付智能审核:客商信息与收款账户名校验、账号信息校验等。

3. 会计凭证引擎应用

在财务共享平台搭建过程中,"管好账"作为财务管理的核心基础工作和释放财务基础人力的主要抓手,按照"复杂业务简单化、复杂规则简单化"的原则,启动标准化建设,梳理各业务场景下会计科目、预算科目、记账附件、审核要点、凭证生成规则等,结合"财务凭证生成的功能产品化、产品引擎化和引擎轻量化"的技术路线,推进会计引擎的应用,借助智能技术手段进一步提升财务记账效率。具体手段主要有以下四种。

一是规则标准化。通过梳理1 600多个会计科目,明确不同会计科目的核算要求,精简会计科目层级,以辅助核算、管理报表等方式支撑会计科目层级减少,并将多借多贷拆分为一借一贷。

二是业务场景标准化。通过结合申能集团各产业板块前端业务,梳理100多个业务大类、800多个业务小类,建立业务场景与会计科目的对应关系,明确数据映射规则,包括业务数据和财务数据、财务数据和财务数据之间的对应关系。

三是报账附件标准化。通过梳理不同业务场景中涉及的支撑性附件材料,合计包括2 000多个附件,如合同、协议、发票等,确保合规性。

四是表单标准化。通过结合不同业态性质,建立50多个业务表单,设计数据转换模型,在明确映射关系的基础上,通过不同的转换模型,由系统自动将业务语言转换成财务语言,支撑业务规则与系统规则的一一对应及固化落地。

(二) 借助流程重构与系统互通,促进效率提升与业财融合

申能商服以风控流程节点嵌入、RPA开发等流程为切入点,开展流程梳理、定义和可视化配置及优化,促进业务逻辑和技术开发逻辑融合,持续提升流程效率。例如,通过后台配置,在财务共享审单流程中嵌入供应商、资金支付等相关风险校验和提示节点,实现实时的单据信息校验和返回风险结果,并在各流程节点予以提示,以人机协同的方式提升风险管理流程效率,如图2-3-5所示。

与此同时,依托系统互联互通,提升财务共享全流程服务效率。通过财务共享系统对接集团内电力、燃气等不同产业板块的SAP、智慧燃料、不动产平台、用友U8供应链、合同管理等系统,促进系统互联互通,深化业财融合,提升财务共享全流程服务效率,财务共享人均日处理单量也稳步提升。

图 2-3-5 风控规则可视化配置界面

(三) 开发应用 RPA，提升财务共享作业效率

申能商服基于财务云—财务共享系统，积极探索深化财务数智化应用场景。围绕单证票识别、外部平台数据抓取、跨系统报表数据提取、系统运维巡检等高频次标准化业务，拓展 RPA 应用场景，如图 2-3-6 所示，大幅提升财务共享日常作业效率。例如，财务月结 RPA，原每家企业单次月结需耗费 10 分钟，应用 RPA 后实现全自动化；客户服务月报编制从原单次统计需耗费 2 天，缩短至单次耗时 30 分钟内；外部行业数据抓取，单次下载耗时从原有的 5 小时缩短至 15 分钟。

(四) 税务管理：税企直连与智慧税务建设

为适应新的监管模式，申能集团开始建设融合税务发票池、开票协同、专票认证、纳税申报、税务分析、税务风险监控和税务规划的一体化、全链条智慧税务管理平台，借助最新技术手段，提升税务工作效率和能级，实现税务业务自动处理、申报纳税智能筹划、风险监控内外互联、全面统筹

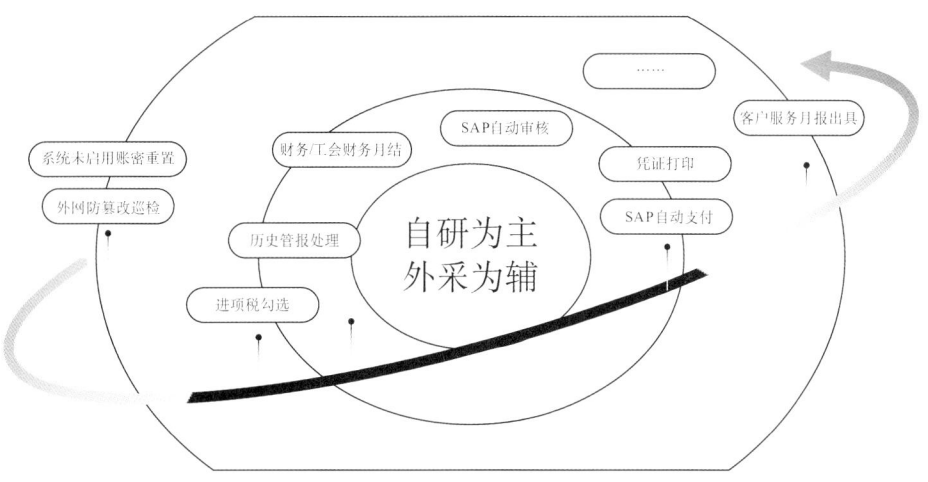

图 2-3-6　RPA 应用场景

税务分析,支撑企业实现高效、合规、稳健的经营。在这个过程中,同步建立健全了申能税务管理规范,推动税务管理流程标准化、统一化,以提供智能技术应用的基础条件。

1. 数字化电子发票

发票是企业整个交易环节中的关键要素,天然具备协同互联的属性,是建设财务共享中心,实现业、财、票、税一体化的中枢环节。数字化电子发票(也称数电票)的快速推广应用,大大提升了发票流转效率。根据国家政策要求,2024 年年底前,全国范围内基本实现增值税电子发票统一转换为数字化电子发票;2025 年年底前,全国范围内基本实现将全部发票切换为数字化电子发票。

申能集团在传统进销项发票管理之外,紧跟数电票政策变化,充分调研、汲取经验,结合数电票的特点,重构发票管理全流程,探索推进在财务共享系统中实现发票采集、发票查验、关联报账、进项认证、销项开票和发票归档全流程适配对接方案(如图 2-3-7 所示);并积极响应相关政策要求,探索对接税务局乐企平台,畅通数电票开具流程,助力推进税企数据交互。在此过程中,考虑到金税四期申请乐企直连的资质要求较高、流程相对烦琐,申能集团采用由申能商服统一对接承建的模式,更具有集约性、便捷性,通过对接税务局乐企平台实现燃气板块上线运行,也实现了上海市公用事业行业首张乐企直连数电票成功开具。借助乐企直连开票,申能集团实现了燃气居民用户和非居民用户数电票申请、开具、交付全流程一站式服务,数电发票即开即收,无需再通过人工发送邮件,大幅提升开票效率、燃气账单结算回款效率和用户体验度。

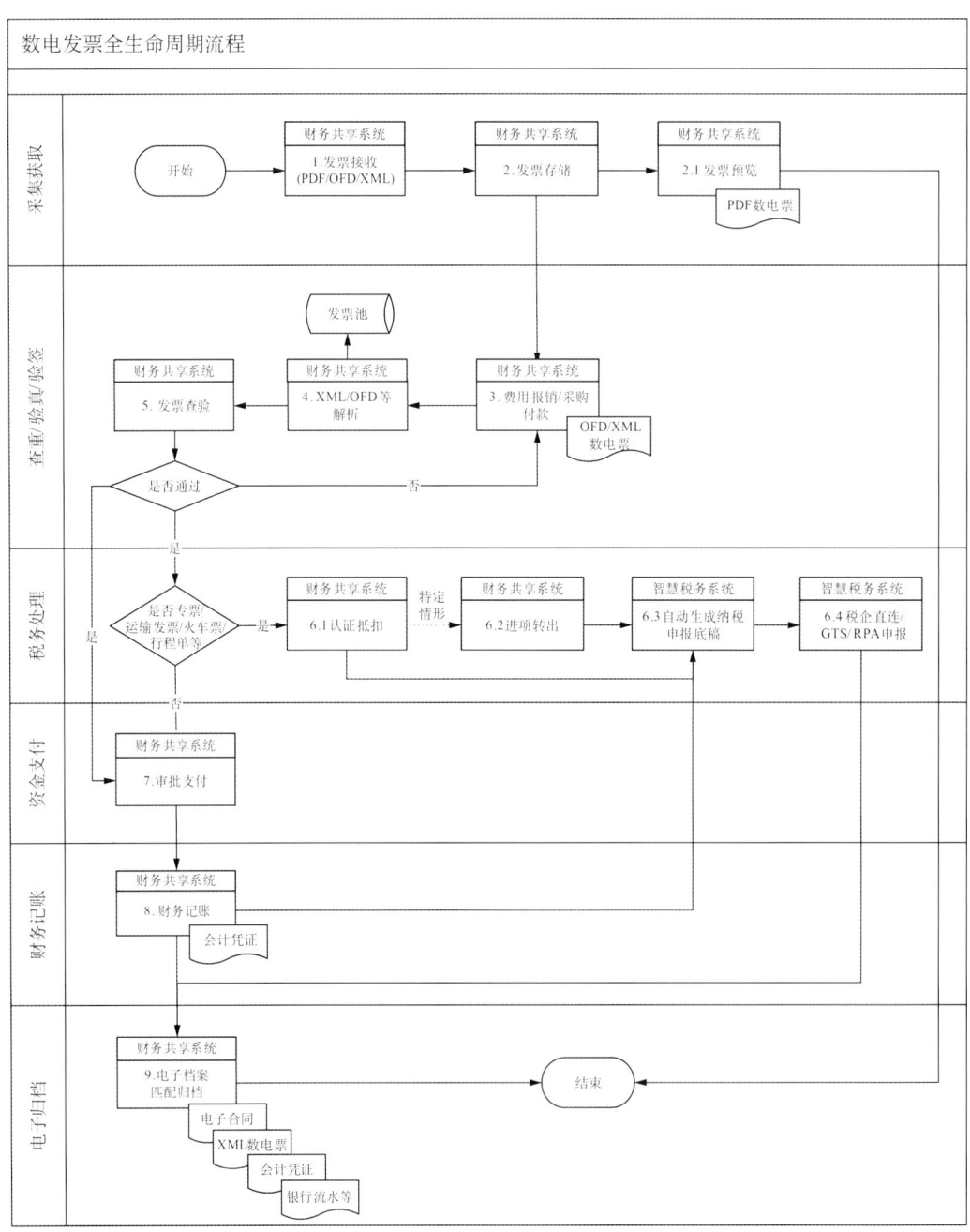

图 2-3-7 数电发票管理全流程(进项发票示例)

与此同时,申能集团进一步探索基于数电发票模式的客商协同新思路与企业涉税风险管控新机制:一方面,结合共享服务中心的供应商关系管理(SRM)平台、客户关系管理(CRM)平台等系统建设,打通与商旅、采购、ERP等业务系统的数据连接,实现供应商、客户数电发票接收与开具推送的流程"不落地",降低流转过程风险,提升客商协同工作效率和体验;另一方面,依托财务共享系统中销项数电发票开具和进项数电发票接收报账等关键环节,以及财务共享系统沉淀的各类相关数据,模拟税务检查稽查,匹配、校验企业业务流、资金流、账务流,并结合客商工商信用、税务、司法等风险监测,辅助集团成员企业涉税风险疑点识别。

2. 纳税申报

纳税申报是企业税务日常的核心工作,以往都是手工算税、手工编制纳税申报表,不仅耗时耗力,还容易出错。为此,申能集团围绕纳税申报涉及的税金计算及申报表编制、网上申报及缴费、税务完税入账三大核心阶段工作,开展智能应用提升,如图 2-3-8 所示。

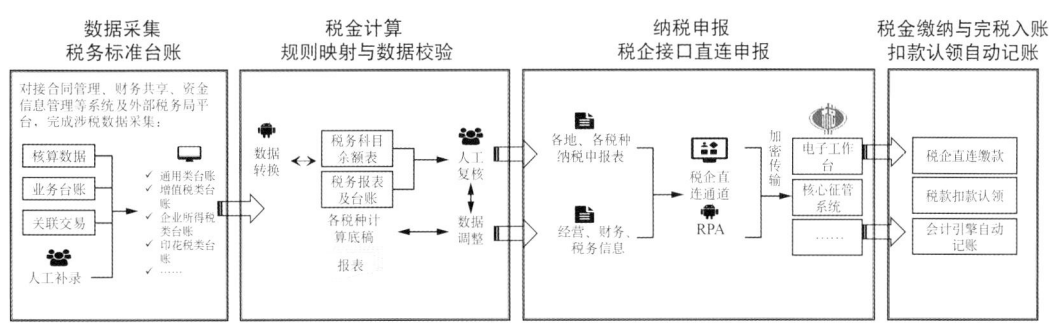

图 2-3-8 纳税申报全流程

首先,数据采集——建立税务标准台账。准确、完整的涉税数据采集是自动算税、自动生成纳税申报表的前提和基础。智慧税务平台通过建立税务标准台账(如图 2-3-9 所示)进行数据归集,连接企业内各异构系统同步数据,如 SAP、NC 等财务核算系统,资产管理、合同管理、财务共享等系统,也可以连接外部税务局平台。

其次,税金计算——分阶段提升自动算税水平。在智慧税务平台搭建前期,以所得税和增值税两大税源为重点,以其他税种为补充,按照符合法律法规要求的内置规则定义和报表配置,自动算税,并对申报表的表

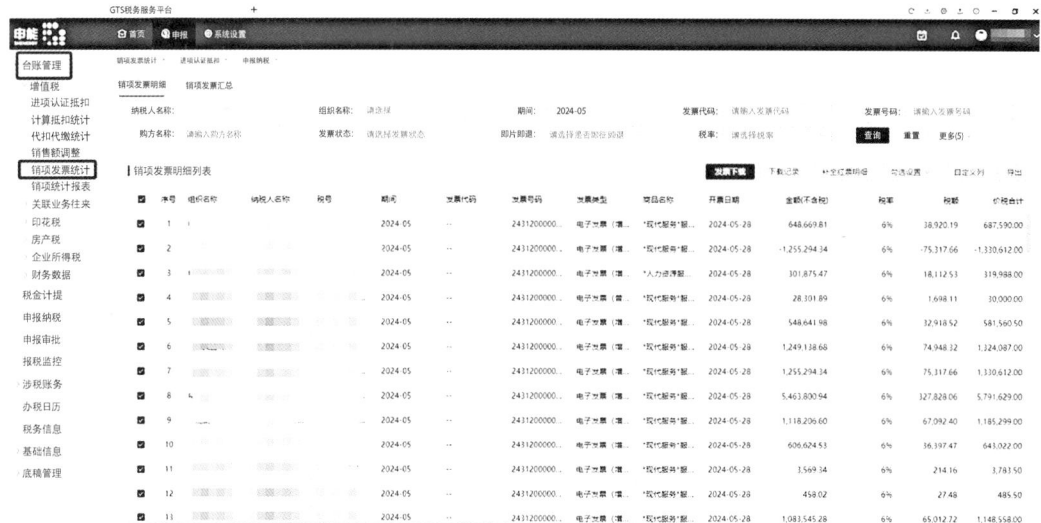

图 2-3-9 税务标准台账

内、表间的逻辑关系加以验证、判断，自动生成纳税申报表底稿（如图 2-3-10 所示）。考虑到相关数据的可获得性，分阶段、分步骤逐步提升税金计算自动化水平，初期实现增值税 80% 自动计算，最终实现全税种 80% 的自动计算。

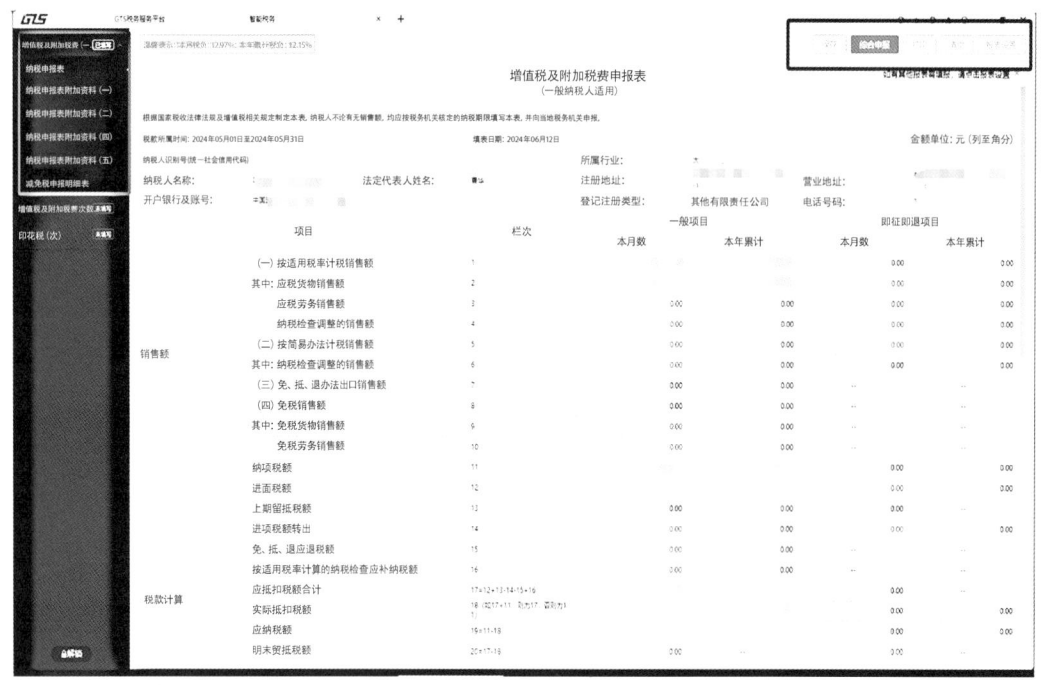

图 2-3-10 纳税申报表底稿（自动生成）

再次,纳税申报——税企接口直连申报。在各税种纳税申报表生成以后,通过智慧税务平台与税务局的直连通道,直接进行单一任务申报或批量申报,并根据申报结果回传申报状态。针对集团内异地分支机构的纳税申报,结合行业内已有实践,通过综合分析与论证,可采用RPA的方式,由机器人自动完成纳税申报,以此提高工作效率。

最后,税金缴纳及完税账务处理——完税入账一体化。对于税金计提,根据税务标准台账,按照统一计提及核算标准,自动生成税费计提单,并传递至财务共享系统,完成共享审单、入账。结合企业需要,打通税款缴纳接口,直连电子税务局进行缴款。缴款完成后,通过扣款认领,由财务共享系统自动生成税金支付凭证。

3. 税务分析与风险监测

申能集团着重围绕税务监管重点、紧密贴合税务监管逻辑,模拟税务检查/稽查,借助大数据、AI、移动互联等数字技术支撑下的涉税数据挖掘与分析利用能力,开展企业税务健康度检查,预警潜在涉税风险点,并动态管理中高风险事项,提升税务风险发现的及时性、风险评估的精准性、风险应对的有效性。根据不同来源数据,对企业的所有进销项发票、纳税申报表、财务报表、缴纳税款和实际业务活动进行票、表、税、业的横向、纵向和交叉比对,发现异常并进行预警及数据追踪,出具风险诊断报告,结合杜邦分析等方法进行具体业务因素分析;结合专家经验、行业经验,在系统中预设风险改善建议作为参考;对于税务重点稽查的发票风险,自动检测失控企业、黑名单,判定发票合规风险,给予提示,如是否需进行进项税转出等;最终以清晰、直观、可视化的方式,如风险地图、风险图谱等展示风险,主动提示企业税务人员和管理层注意,同时通过数据的逐层穿透、钻取,追踪到最原始的数据或风险源头,以便查找和分析风险产生的原因。

(五)风险防控:智能风控引擎灵活搭建

申能集团规模不断壮大、业务范围日益复杂,客观上要求逐步建立和完善全覆盖、动态化、协同化、智能化和可视化的监管新模式,通过全面的数据分析监测,对下属多元化的成员企业开展事前、事中、事后的风险识别、分析、监测、预警和应对,实现自身的稳健合规经营。借助新信息技术的支撑,申能商服统一搭建智能风控引擎平台,平台通过定制化配置,进行风险控制规则的构建和分配,并按照"原则统一化、标准差异化"策略,快速灵活地针对不同行业属性、规模层级的成员企业进行风险监测。同时,借助引擎规则,将散落在不同业务系统中的碎片化的风控要求统一管理起来,在满足异构系统联动管控的同时,帮助申能集团实现对风控策略的整体统筹管理。

在横向维度上,智能风控引擎平台从行业关注的企业核心财务指标和数据表现入手,主要围绕企业财报数据,以及引入的国资委绩效考核和主板、新三板、科创板等企业的外部数据,通过定制化配置进行风险控制规则的构建和分配,从时间序列、财报勾稽、行业及专项对标等多个角度,对申能集团的经营业绩、资产结构、盈利能力、偿债能力等核心指标进行财务经营风险分析,如图 2-3-11 所示,并对集团在行业中所处的相对位置进行评估,基于行业财务数据来分析企业存在的经营风险。

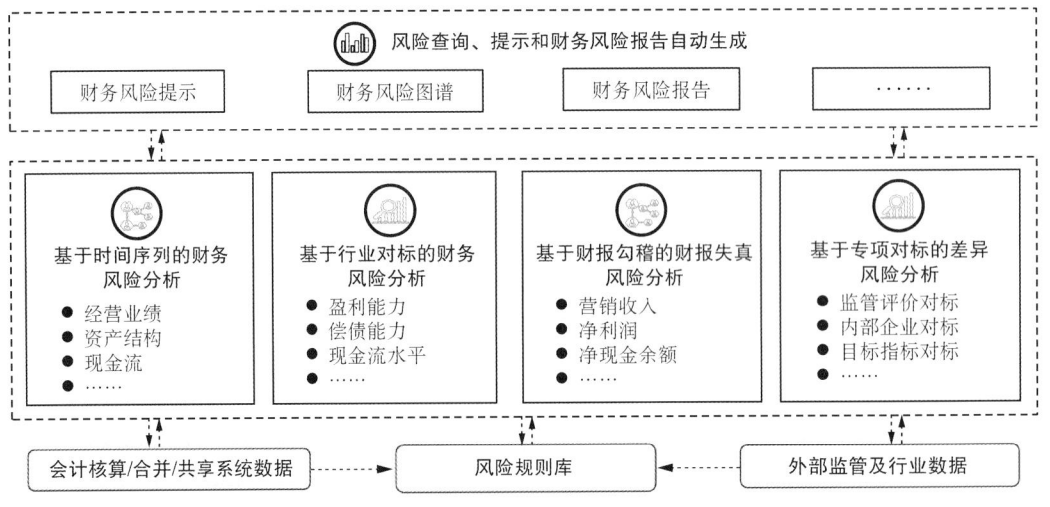

图 2-3-11 财务经营风险分析逻辑

如表 2-3-1 所示,在纵向维度上,智能风控引擎平台将企业财务风险管理向事中、事前延伸,选择企业重点关注的风险场景,如供应商管理、合同管理、资金付款等,梳理风险规则,并从申能集团合并报表、财务共享、合同管理等系统以及外部第三方平台提取数据,基于风险规则,进行多维数据校验,并将风险分析结果内嵌至前端如主数据平台、财务共享、合同管理等系统中,予以预警提示。

表 2-3-1　智能风控引擎平台应用的部分风险场景示例

风险场景	风险类别	风险描述	预警方式
供应商管理	供应商外部处罚	如供应商存在被行政处罚、环保处罚、严重违法行为、失信被执行企业、税务存在重大虚假事件等	通过录入信息调取第三方征信系统，核查供应商处罚信息
	供应商关联关系	录入的供应商与已入库的供应商存在相同的法人代表名字/股东/主要成员/注册地址/联系电话/联系邮箱	调取外部征信信息比对
	经营资质符合要求	供应商缺乏相关经营资质	核查供应商是否具备招标文件中要求的经营资质
	……	……	……
合同管理	是否达到三重一大	达到三重一大标准未走相关程序	结构化后做比对
	付款条件	供应商合同中的付款条件与招标文件中的付款条件不一致	结构化后做比对
	金额是否超预算	合同金额超预算	比对合同金额和预算金额
	……	……	……
资金付款	付款对象与发票一致性	付款对象与发票抬头不一致	核对实际付款对象和发票抬头
	大额款项付给个人	大额款项直接付给个人	核对大额款项的付款对象
	付款拆分	为逃避审批拆分付款	同一供应商同一物资在一段时间内付款加和是否超阈值
	资金支付风险	存在被执行、财产冻结、破产等风险	调取外部征信信息比对
		存在虚开增值税发票、骗取出口退税等风险	调用国家税务总局重大税收违法失信案件信息进行比对
	……	……	……

值得一提的是，在梳理好重点风控规则的基础上，可由财务人员直接在风控引擎平台上进行可视化规则配置，如图 2-3-12 所示，而无需技术人员进行后台配置，有效促进了业务逻辑和技术开发逻辑的融合，更便于风控经验的积累沉淀和传递。

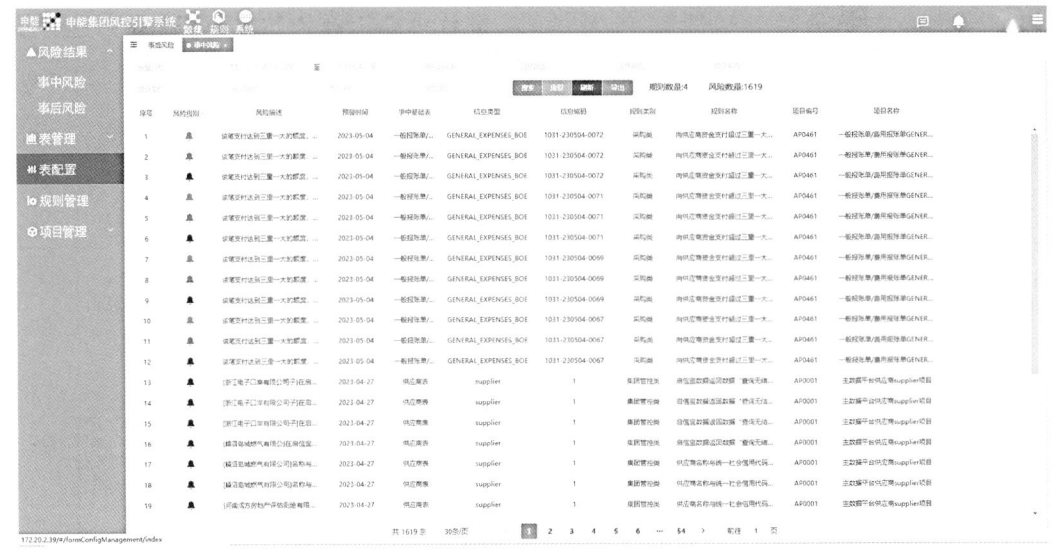

图 2-3-12　风控规则配置界面

（六）基于财务共享数据沉淀，推进数据治理与分析应用

按照数据标准化、可视化、透明化、预测力的数据治理与管理思路，如图 2-3-13 所示。数据治理中，首先，要开展共享系统相关客户和供应商数据治理，从源头提升数据质量，确保数据标准化；其次，梳理共享运营数据字典，形成运营数据标准白皮书，持续完善数据存储及应用场景，推进三层级报表开发，通过数据宽表，实现运营数据深度挖掘，便于个性化数据分析应用；再次，初步探索数据分级分类、报表分权工具应用，实现数据

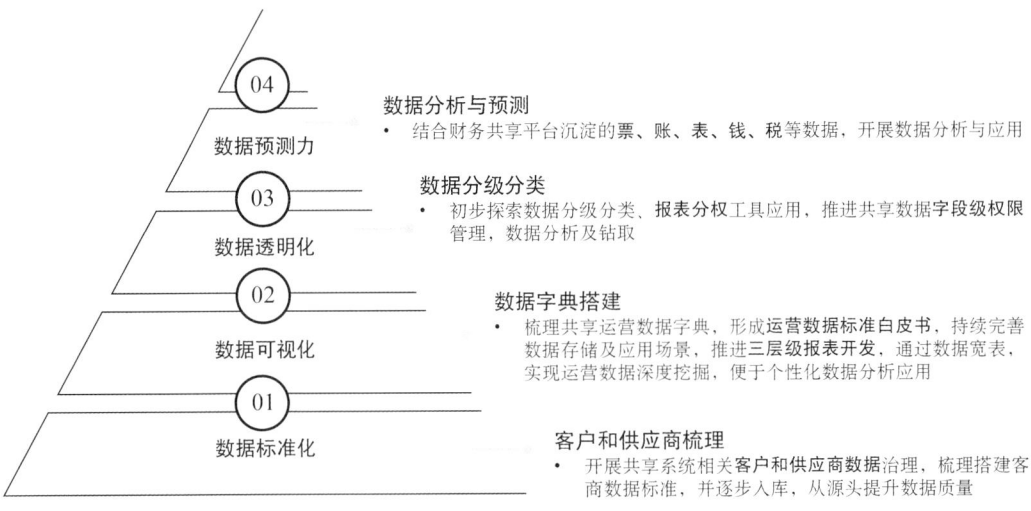

图 2-3-13　数据治理与管理思路

可视化、透明化;最后,结合财务共享平台沉淀的数据,以司库数据、税务数据、报表分析等为典型场景,开展数据分析与应用,并通过搭建财务共享运营看板、风控和税务管理驾驶舱,实现数据可视化、分权限、可穿透,支撑满足各级领导多层次需求的数据结果呈现。

(1)促进司库体系运行:通过打通财务共享与财务公司数据通道,实时监测资金使用动向,结合待支付情况,辅助安排资金头寸,提高资金使用效率;围绕资金风险及收支分析,梳理共享数据资源,提供数据支撑验证,并监测企业贷款还款情况,助力集团司库体系建设。

(2)强化涉税数据分析贡献度:开展涉税数据统计分析,辅助可弥补亏损到期及税收优惠提示、关联交易、资本弱化、税金预测等,提升税务管理能级。通过开展税务数据治理,对税务业务(场景)描述、业务规则、核心税务指标口径、数据标准等进行梳理,形成税务数据白皮书,如图2-3-14所示。

图 2-3-14　税务数据白皮书

(3)深化合并报表和管报服务:结合内部交易对账、合并抵销、科目重分类调整等经验积累和财务共享平台沉淀的数据,开展集团范围内各级合并报表及附注编制；同时根据能源行业特点，融合共享关联系统业财数据，从国资监管"一利五率"总体情况、集团不同产业板块个性化需求等方面，搭建业财融合的分层次指标体系和管理报表模型，深化管理报表数据分析。其中，管理报表类型覆盖板块级标准单体管理报表、跨主体定制管理报表和定制化数据报表等；单体管理报表包括财政企业财务快报、职工薪酬管理表、国资KB02主要经济指标表等国资相关报表，以及资产负债表、利润表相关管理；跨主体管理报表则以小合并主体为对象，提供新能源快报、国补应收账款回款率统计表、投资收益明细表、电热收入指标明细表、风电光伏毛利情况表等个性化管理报表。在实施成效方面，集团内各小合并主体合并报表编制从原来的各主体分别耗时半天到1天编制，变成全部为财务共享中心编制，大大促进了其财务人员人力释放；管理报表由财务共享中心结合用户需求进行规则设计和功能开发，实现报表自动实时生成，年出具法定报表6 000多张、管理报表18 000多张、跨主体合并报表300多张。

（七）结合财务共享系统建设，推进电子化归档

申能商服结合财务共享系统建设应用，借助扫描识别、直连获取、电子上传等多种形式，搭建了可承载各类发票、银行回单、记账凭证等全口径、多类型档案的电子档案系统，如图2-3-15所示。通过关联外围系统，设

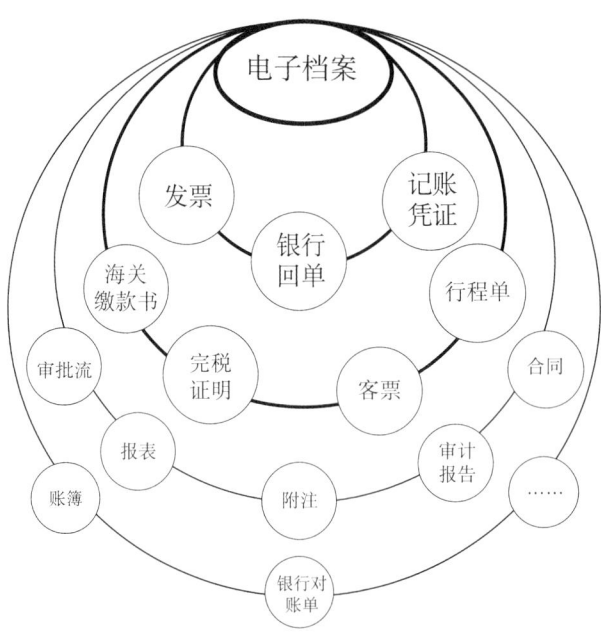

图2-3-15 电子档案类型

计匹配规则，打通数据链条，实现各类电子档案的一体化管理。主要规则如下。

（1）记账凭证顺序匹配财务核算系统凭证顺序。

（2）报账单据关联事权、合同等前置流程，可穿透可查看。

（3）银行类凭证必须包含银行回单。

（4）"凭证—单据—流水—回单"全套档案可匹配、可查看、可下载、可打印。

五、财务云类信息技术在会计行业应用的价值

（一）支撑"大共享大财务"体系建设

一方面，以依托财务云的财务共享中心建设为抓手，企业能够重构组织及人员管理模式，结合数字技术应用，逐步探索更多可共享领域，最大限度发挥共享专业分工和规模经济优势。依托财务云财务共享模式的专业化分工、规模化效应、集约化效益也逐步显现。新企业、新业务可以被快速纳入共享，经营管理活动快速步入正轨，而这些新企业财务事务性工作人员无需同比例增加，"大共享"中心的实施效果逐步显现。

另一方面，在财务共享模式支撑下，企业集团化、集约化管理程度逐步提升，不断优化会计核算、财务报告、资金管理、税务管理等财务职能，对各层级企业财务实行标准化的政策、流程、系统等管理和远程监督，以确保财务资源科学配置、财务运作高效协同，"大财务"理念逐步得以贯彻，"大财务"体系初具雏形。

（二）推动财务管理效率效能大幅提升

依托财务云的财务共享中心建设推进了企业集团标准化建设，推动了集团职能管理转型变革，以系统建设的统一部署替代各成员企业"烟囱式"重复搭建，以智能手段替代人工操作，以系统规则替代人工判断，都直接或间接地帮助企业降低成本；形成共享数据中心，使管理层及时、有效地获取各方面数据，更有效地控制风险。在这个过程中，随着业务场景与智能技术融合的实践不断增多、数据不断积累沉淀，企业财务管理的效率

效能大大提升。

在日常工作层面，借助OCR智能识别技术，企业发票查验时间由原来手工操作下的2~3分钟变为自动、实时，企业内控预算标准控制由原来的人工分析判断变为系统自动预警，企业平均每单销项发票开具时间由原来的4分钟降为30秒，平均每单发票审核时间由1分钟变为1秒，平均每单发票认证时间由1.3分钟降为2秒，支付及记账的系统自动化率达100%，自动算税能力大幅提升，实现了增值税80%自动计算，并逐步拓展至全税种80%的自动计算，借助税企直连通道也提高了纳税申报的及时性。

在风险的监测与发掘层面，结合共享中心的数据沉淀，依托智慧税务平台、智能风控引擎等的建设，一方面，企业建立了统一的涉税大数据资源池，利用数字化技术，采集企业内部的业务数据、财务数据和其他数据；同时，汇聚税务局等外部监管机构、同行业企业、产业链上下游企业的涉税数据、发票数据、信用数据等，以及其他宏微观数据，在此基础上进行数据清洗和处理，确保数据质量，逐步形成企业的大数据资源池，实现数据的统一管理，为后续基于各个维度的数据分析和监控提供了前提条件。另一方面，建立了企业风险识别的量化分析模型。通过多维度风险监测指标以及对应的指标规则的设计、内嵌，搭建起一整套的量化分析模型，支撑企业风险管理从传统经验式决策，向数据辅助决策的转变。

六、财务云类信息技术在会计行业应用的发展趋势

随着技术不断发展及与财务深度融合，未来会形成自动化财务和创新型财务并存的局面，"自动的工作更加智能、创新的工作更加专业"，在财务云类信息技术支撑下，企业将持续推动数据驱动型组织建设，强化"数据+业务"协同能力，打造融合先进数字技术、精益数据治理水平和领先数字服务能力的云化数字平台，深化智慧业财融合，支撑世界一流财务体系建设，赋能集团业务发展，真正实现创新引领、技术赋能、数据资产、风险控制、提升效能、降低成本、构筑品牌。

在应用层面，AI+大数据、数电发票等技术将与财务云、共享服务进一步融合，持续进行智能技术的深度挖掘、智能场景的正向叠加，依托数据中台，建立业务、财务统一联动的数据标准和数据质量，最大限度地挖掘数据价值，辅助企业商机与市场发掘、投融资决策、风险防控等活动，真正发挥出天然数据中心优势。同时，结合实时报告体系建设，财务职能将转向实时型报告与分析，更加强调实时和互动，实现财务以核算场景为基础向业务场景为核心转换。

在管理层面，创新性工作在未来将变成常态化，包括创新的工作内容、创新的工作方式等，财务将向自助式服务转变，或者财务工作由财务人员、RPA、算法共同完成，财务的工作模式或将被彻底颠覆。财务人员要迎接挑战、主动适应、积极求变，加大加深对业务和战略的支持力度，在业务洞察及决策支持方面凸显更多价值。值得一提的是，在未来，从组织形式上看，在技术支撑下，由于大部分交易处理无需人工干预，共享中心将可能逐步由当前的实体化和中心化逐步向虚拟化/无人化或"去中心化"演变。

数据资产及数据治理类信息技术在会计行业的发展与应用

汪广盛,国际数据管理协会
刘峰,上海甄盈业财科技有限公司

在当今数字化浪潮日新月异的时代,数据已成为企业发展的核心驱动力之一。对于会计行业而言,不同于厂房、设备等资产,数据资产有其独特性(可复制,不会产生消耗,不容易估值,没有实体,是无形的,不容易确权),数据资产的盘点、评估、入表、交易、课税等都涉及一些崭新的问题。未来要解决这些问题,数据管理和治理类信息技术的应用正给会计行业带来深刻的变革和创新。本章将深入探讨这类信息技术的概念、内容、现状,及其在会计行业应用的背景、思路、建设方案、场景、价值和发展趋势,旨在为会计领域的专业人士和相关研究者提供全面而深入的参考。

一、数据资产及数据治理类信息技术的概念、特征与现状

(一)数据资产的概念

数据资产是指企业或组织拥有或控制的、能够为其带来可计量的经济利益的数据资源。它不仅包括传统的结构化数据,如财务报表、交易记录等,还涵盖了非结构化数据,如文档、图像、音频等。

按照国际数据管理协会(DAMA)的 DRAC(数据、资源、资产、资本)模型(图 2-4-1),为了实现数据的价值,数据应作为原材料,通过数据治理和

管理等工作跃升为数据资源。在数据资源基础上，通过形成数据产品等方式，数据第二次跃升为数据资产。在成为数据资产并进入财务报表之后，数据还可以作为一种金融手段，发挥其更大的作用，实现其价值的最大化。

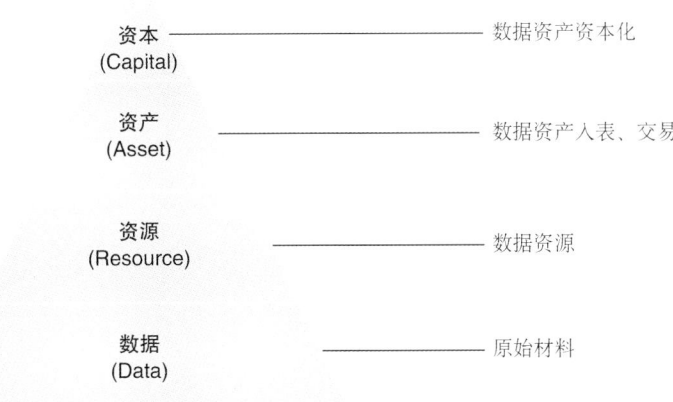

图 2-4-1　DRAC（数据、资源、资产、资本）模型

（二）数据治理和数据管理的概念

数据治理和数据管理则是指对数据资产进行控制和管理的一系列活动，包括制定数据战略、建立数据标准、确保数据质量、保障数据安全等。

"数据治理"有广义和狭义之分。广义上，"数据治理"包括所有数据相关的工作，国内的"数据治理"一般都是在广义的角度上使用的。

狭义的"数据治理"一般是指对数据管理的管理，数据治理本身并不直接管理数据。数据治理的首要目的是合规。数据治理和数据管理之间的关系就像审计人员和财务人员之间的关系：审计人员并不做账，数据治理也并不直接管理数据。

在本文中，我们对数据治理和数据管理这两个概念不做区别，我们把他们看作是可以互换的。

（三）数据资产的独特性

数据作为数字经济时代最有价值的生产要素，它不同于其他资产。数据资产的独特性如图 2-4-2 所示。

资产类别	可复制	用后消耗	容易估值	实体还是无形	易确权
石油	否	是	是	有形	是
金钱	否	是	是	有形	是
血液	否	是	部分	有形	是
人力	否	部分	部分	有形	是
房产	否	部分	是	有形	是
物料	否	是	是	有形	是
知识产权	否	否	部分	无形	是
数据	是	否	否	无形	否

图 2-4-2 不同类型资产的特性

除此之外，数据资产具有可复制性。数据资产可以无限复制而不会影响数据的原始状态，其他资产如石油、金钱等都不可复制。同时，数据资产用后也不会消耗，甚至随着数据资产的应用，数据的价值会越大。

数据资产的以上独特性，导致其很难确权，也很难估值，数据交易的定价机制更加复杂。

（四）数据资产管理的现状

随着数字化转型的加速，企业对数据资产的重视程度不断提高。然而，目前在数据资产管理和治理方面仍存在诸多挑战。这些挑战主要体现在如下几个方面。

1. 数据质量问题

数据不准确、不完整、不一致等问题普遍存在，影响了数据的可用性和决策的正确性。例如，在财务报表中，由于数据录入错误或数据来源不一致，可能导致资产负债表和利润表的勾稽关系不正确。

2. 数据安全隐患

数据泄露、数据滥用等安全问题日益突出，威胁着企业的商业秘密和客户隐私。近年来，不少企业因数据安全漏洞导致客户信息被泄露，引发了严重的信任危机和法律风险。

3. 数据孤岛现象

不同部门和系统之间的数据难以共享和整合，形成了一个个孤立的数据存储区域。在一些大型企业中，销售部门、财务部门和人力资源部门可能各自使用不同的信息系统,导致数据无法流通和协同工作。

4. 数据治理体系不完善

缺乏明确的数据治理策略、组织架构和流程制度,往往导致企业数据管理工作混乱。一些企业虽然意识到数据的重要性,但没有建立专门的数据治理团队,也没有制定完善的数据治理流程和规范。

5. 相关新技术层出不穷

2022年ChatGPT的横空出世,使得许多被广泛使用的经典软件系统都显得落后,随之而产生的基于生成式人工智能的新技术大规模出现。

传统的各类数据治理软件在工业经济时代对解放生产力和降本增效产生了巨大影响。然而随着数字时代的到来,数据治理相关的一系列软件系统都显得有些落伍,新技术的出现又让许多组织无所适从。我们目前正处于这个新旧交替的时期。

二、数据资产及数据治理类信息技术

数据资产及数据治理相关的信息技术主要有以下几种。

1. 数据资源管理和治理类技术

该类技术主要完成从"原始数据"到"数据资源"的跃升,大致可分为以下八种。

1)主数据管理技术

主数据管理是从源头进行数据治理中的一个重要环节,需要跨系统拉通各个业务单元的主数据,形成统一的主数据标准。财务主数据涉及会计科目、银行账户、成本中心、利润中心等,需要制定统一的标准,对数据进行清洗、建模、分发,以及建立长效治理的组织、制度、流程,构建一套完备的主数据治理体系。

2)数据采集与整合技术

数据采集与整合是通过接口、ETL工具等方式从不同的数据源(如财务系统、业务系统、外部数据源等)采集数据,并进行整合和转换,形成统一的数据仓库或数据集市的过程。例如,从ERP系统中采集销售数据、采购数据和财务数据,从银行系统中采集资金流水数据,从税务系统中采集纳税申报数据,然后将这些数据进行清洗、转换和整合,存储到数据仓库中。

3)元数据管理技术

元数据一般是指"关于数据的数据"。通过元数据管理技术,我们可以盘点相关的数据资源。元数据管理的软件系统是数据资源编目的最重要技术之一。元数据可以用于以下两个领域:①数据合规,通过元数据分析数据的血缘关系,可以为判断数据来源的合规性提供佐证,也为后期的确权和审计提供数据的量化支持;②折算数据资产的成本,通过元数据的梳理,可以折算出数据相关的各项成本,包括获取数据的成本以及存储数据的成本。这为后续的成本核算和摊销提供佐证和数据。

4)数据标准管理技术

建立统一的数据标准,包括数据定义、数据格式、数据编码等,确保数据的一致性和可比性。例如,统一规定客户信息的字段定义和取值范围,统一财务报表的格式和项目名称。

5)数据质量管理技术

数据质量管理是指构建数据质量评估体系,通过数据清洗、数据校验、数据监控等手段提高数据质量。比如,运用数据清洗工具去除重复数据和错误数据,通过数据校验规则检查数据的完整性和准确性,利用数据监控工具实时跟踪数据质量的变化。

6)数据安全管理技术

数据安全管理是指采取分类分级、加密、访问控制、备份与恢复等措施保障数据安全,防止数据泄露和篡改。例如,对敏感财务数据进行加密存储,设置不同用户的访问权限,定期进行数据备份并制定灾难恢复计划。

7)数据分析与应用技术

数据分析与应用包括搭建数据分析平台,运用数据挖掘、机器学习、可视化等技术进行数据分析和展示,为会计决策提供支持等工作。比如,利用数据挖掘算法发现财务数据中的潜在关联和趋势,运用机器学习模型进行财务预测和风险评估,通过可视化图表展示财务分析结果。

8）数据可视化展示技术

采用数据可视化技术（如报表、图表、仪表盘等）将分析结果以直观、易懂的方式展示给用户，支持决策制定。比如，通过财务报表展示企业的资产负债状况和利润情况，通过柱状图对比不同部门的费用支出，通过折线图展示销售额的变化趋势，通过仪表盘实时监控关键财务指标的完成情况。

2. 数据资产管理和治理类技术

1）数据资产的盘点技术

数据资产的盘点是指在数据资源目录的基础上，进一步梳理数据资产目录。该类技术是数据资产入表、交易和资本化运营的必要前提。

2）数据资产运营技术

该类技术主要提供与数据资产运营相关的各种功能，包括数据产品的研发、资产的价值评估、数据资产的合规审查、数据资产确权相关的工作，以及数据交易相关的工作，包括挂牌、签约、交付、清算等。

3）数据资产审计技术

审计是数据资产管理的核心工作之一。数据资产审计技术包括利用生成式人工智能进行辅助类的资产审计工作。

三、数据资产及数据治理类信息技术在会计行业应用的场景

（一）应用场景概览

（1）财务报表编制。利用数据治理确保财务报表数据的准确性和一致性，自动从业务系统中提取相关数据，减少人工录入和核对的工作量。

（2）预算管理。基于历史数据和业务预测，运用数据分析技术制订更科学合理的预算方案，并实时监控预算执行情况，及时发现偏差并进行调整。

（3）成本核算与控制。通过对成本数据的深入分析，准确核算产品或服务的成本，识别成本驱动因素，采取有效的成本控制措施，降低成本支出。

（4）财务分析与决策支持。运用数据挖掘和可视化技术，对财务数据进行多维度分析，为管理层提供全面、深入的财务洞察，辅助决策制定。

（5）风险管理。利用大数据分析和风险模型，评估企业面临的财务风险、信用风险等，提前制定风险应对策略，降低风险损失。

（6）内部审计。借助数据治理和数据分析工具，提高审计效率和准确性，发现潜在的审计问题和风险点。

（7）税务筹划。基于企业的财务数据和税收政策，进行合理的税务筹划，降低税务成本，确保税务合规。

（8）财务 BP。目前对财务的要求是不仅仅关注财务本身，还需要成为业务的帮手。全域的数据治理能够拉通业财数据，财务 BP 为商业价值评估、研发、采购、生产、销售等提供决策支持。

（二）案例分享

某大型央企推动集团数字化转型，充分发挥数据生产要素价值，完善财务领域数据治理，构建完整的财务域数据体系，基于主数据平台和大数据平台统一数据底座，建设财务域数据核心能力，打造财务专属数据集市，支撑财务智能分析，从数据、能力、应用三方举措入手，实现财务数字化新形态下价值提升。

1. 主数据平台建设

主数据平台的功能与管理要求如图 2-4-3 所示，这一平台具备数据采集、数据管理、数据分发、报表分析等功能，通过统一规范、集中管理，实现了横向跨系统数据共享、纵向跨业务支撑协同，实现对供应链、财务、工建、人力、通用五大业务领域的主数据统一管理，为法律、财务、工建、供应链管理等提供了有效的数据支撑及数据共享服务，为业财融合提供了数据价值枢纽。

2. 财务大数据平台一阶段建设

通过总部集中化智慧财务大屏建设，为决策层、管理层、操作层提供一体化、可视化平台。如图 2-4-4 所示，智慧财务大屏分为核算监控、智慧监控、经营业绩、数智能力市场四块分屏。通过核算监控分屏建设，从结果向过程回溯，从财务向业务延伸，实现报账、资金、资产等重点领域全流程数字化监控；通过智慧监控分屏建设，实现风险集中化监管，风险可追踪溯源，问题一站式处理；聚焦业务发展、市场竞对、关键业绩，建设经营业绩分屏，实现公司经营成果可视化展示，支持对标、辅助决策，助力公司高质量发展。

图 2-4-3 主数据平台的功能与管理要求

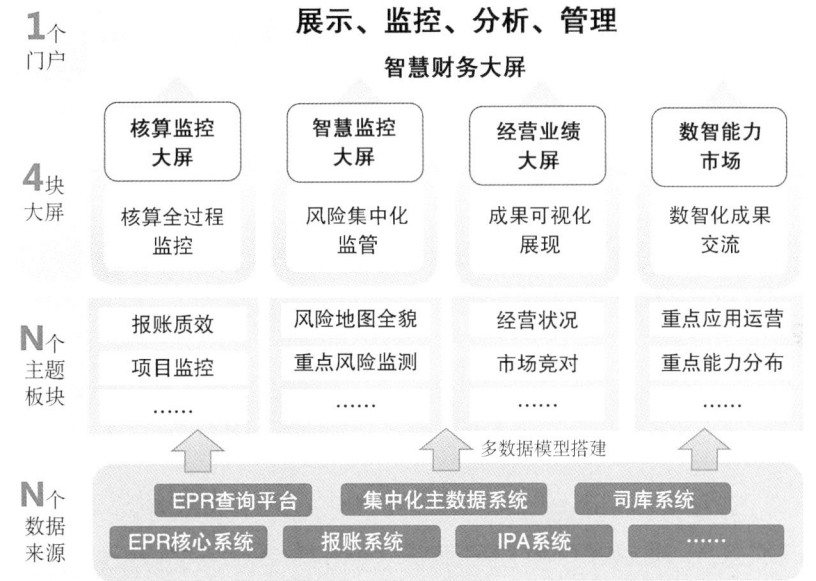

图 2-4-4 财务大数据平台架构

总体实现生产全过程监控,风险集中化监控,业绩可视化展现,促进横向对标,纵向穿透,一站式管理,助力公司财务数智化转型。

3. 财务大数据平台二阶段建设

针对一阶段财务数据建设过程中存在的纳管数据待丰富、数据分析应用少、数据标准不通识、数据制度待完善及组织保障能力弱等现象,二阶段以完善财务领域数据治理,构建完整的财务域数据体系,打造财务大数据分析平台,强化数据驱动的科学决策能力为核心目标。通过五个"一"建设,采取六大举措,从三个层面出发,促进财务大数据平台项目实现了"四个转变"。

1) 五个"一"建设

通过打造以五个"一"为基础的完善的数据资产治理体系,实现财务数据资产快速灵活支撑业务智能决策,驱动财务管理能力全方位提升,推动数据资产长效稳健运营,助力公司世界一流财务管理体系建设,见图 2-4-5。

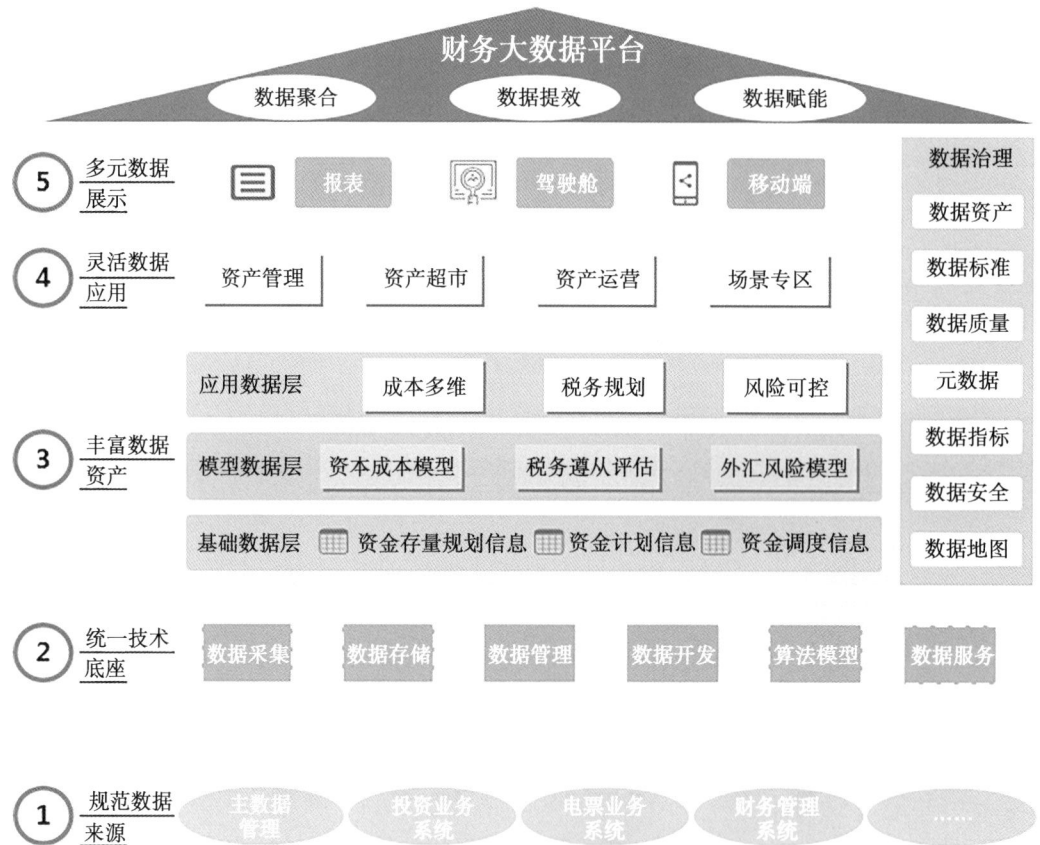

图 2-4-5 财务大数据平台数据资产治理体系

五个"一"建设具体如下。

组织建设:推进一个专业的组织建设,完善职责分工及人才梯队、人才标准建设。

制度建设：构建一套科学的财务数据治理制度，保障数据资产长效稳健运营。

标准建设：厘定一套合理的财务数据标准，提升财务数据质量。

工具建设：沉淀一套可复用的财务数据治理工具，实现灵活高效响应及共建共享。

资产建设：打造一个坚实的财务数据资产基础，强化数据资产设计、建设及运营能力。

2）三个层面

具体从三个层面开展财务数据资产管理体系建设工作。

数据层面：梳理财务系统数据现状，落地财务数据标准，形成闭环的数据质量管理机制。

能力层面：打造坚实的财务数据资产基础，强化数据资产设计、建设及稽核能力。

应用层面：建设管资产、用资产的"一站式"可视化应用。

3）六大举措

通过以下六大举措确保项目的成功进行。

举措一：系统业务双输入，财务数据盘点。

举措二：搭建数据治理框架，明确数据治理标准。

举措三：围绕重点领域开展数据治理活动。

举措四：建立数据血缘图谱，实现数据资产化管理。

举措五：搭建社区化可共享的财务数据应用平台。

举措六：梳理财务分析需求场景，提炼重点能力。

4）四个转变

整体项目实现了"四个转变"的价值提升。

（1）从交易到数据：突出数据的第五大生产要素的核心价值，通过数据赋能实现价值变现，财务助力公司数字化转型。

（2）从截面到过程：受制于汇聚、计算能力，交易系统仅能提供截面数据，而财务数据治理体系提供更高频次、更长跨度的数据，为预测推演打下基础。

（3）从集中到开放：集中化建设为企业规范化、标准化运营管理带来了质的飞跃,而财务数据治理体系带来的开放流通能力赋予业务更多的灵活性和想象空间。

(4)从数据到知识:通过财务数据治理体系的汇聚、清洗、计算、提炼等过程,完成财务数据—信息—知识的转变过程。

四、数据资产及数据治理类信息技术在会计行业应用的价值

(1)提高会计信息质量,确保数据的准确性、完整性、一致性和及时性,增强财务报表的可靠性和透明度,为利益相关者提供更有价值的信息。

(2)提升工作效率,自动化数据处理和分析流程,减少烦琐的手工操作,缩短会计核算周期,使会计人员能够将更多精力投入到决策支持和价值创造工作中。

(3)增强决策支持能力,基于全面、准确的数据进行分析和预测,为企业的战略规划、投资决策、成本控制等提供有力的数据支撑,提高决策的科学性和合理性。

(4)优化资源配置,通过对财务数据和业务数据的整合分析,发现资源配置的不合理之处,实现资源的优化配置,提高企业的运营效率和经济效益。

(5)加强风险管理,及时发现财务风险和经营风险,采取有效的风险防范措施,降低企业面临的风险损失,保障企业的稳健发展。

(6)促进业财融合,打破业务部门和财务部门之间的数据壁垒,实现数据共享和协同工作,促进业财融合,提升企业的整体管理水平。

(7)满足政策法规的要求。随着国家对企业财务信息披露和监管的要求日益严格,会计行业需要更加准确、完整和及时的数据来满足合规要求。例如,新的会计准则要求企业对金融资产进行更加精细化的分类和计量,这就需要高质量的数据支持。

(8)推动企业数字化转型。企业在数字化转型过程中,业务流程的数字化和信息化使得大量的数据得以产生和积累,会计作为企业管理的重要组成部分,也需要适应这一变化,利用数据资产及数据治理技术提升工

作效率和质量。比如,企业采用了 ERP 系统来整合业务流程,财务模块也需要与之对接,实现数据的自动采集和处理。

(9) 提升会计信息价值的需求。传统的会计信息主要侧重于财务数据的记录和报告,而在当今竞争激烈的市场环境下,企业需要更具洞察力和前瞻性的会计信息来支持决策,数据资产及数据治理技术可以帮助挖掘数据中的潜在价值,提供更全面、深入的财务分析和预测。例如,通过对历史财务数据和业务数据的分析,预测未来的现金流和利润情况,为企业的投资决策提供依据。

五、数据资产及数据治理类信息技术在会计行业应用的建设方案

1. 规划战略

明确企业的数据资产及数据治理战略目标,与企业的整体战略相契合。例如,一家致力于拓展国际市场的企业,其数据战略应重点关注跨境数据合规和多币种财务数据管理。

2. 建设和调整新型组织架构

建立专门的数据治理委员会或数据管理部门,明确各部门在数据管理中的职责和权限。首席数据官的设立可以大大加快数据技术在会计行业中的应用。

3. 优化流程制度

制定数据采集、存储、处理、分析和应用的全流程管理制度,规范数据操作流程。例如,规定数据采集的频率、方法和责任人,数据存储的格式和位置,数据处理的算法和参数,数据分析的目的和方法,数据应用的场景和审批流程等。

4. 提高数据理念

倡导以数据为中心的理念,将数据视为会计工作的核心资源,围绕数据的采集、存储、处理、分析和应用构建会计信息系统。例如,在财务核算中,不再仅仅关注凭证的录入和账簿的登记,而是注重从业务源头获取数

据,并对其进行全程跟踪和管理。

5. 强化数据治理

建立健全的数据治理体系,包括制定数据标准、规范数据流程、确保数据质量、保障数据安全等,为会计数据的准确性和可靠性提供保障。例如,制定统一的会计科目编码和财务报表格式,规范数据录入和审核流程,定期进行数据质量检查和修复。

6. 融合业务与财务数据

打破业务部门和财务部门之间的数据壁垒,实现业务数据与财务数据的有机融合,为企业提供全面、实时的经营状况视图。例如,将销售系统中的订单数据、库存系统中的库存数据与财务系统中的成本数据进行关联分析,及时掌握企业的盈利能力和资金状况。

7. 提供足够的培训

为员工提供量身定制的数据技术培训,提高数据素养,学习数据资产编目技术和数据产品研发技术,了解数据资产的全生命周期。学习数据分析工具和算法,对会计数据进行深度挖掘和分析,为企业提供决策支持和风险预警。例如,运用数据挖掘技术发现财务报表中的异常数据,运用预测分析模型预测企业的财务状况和经营成果。

8. 建立相应的考核制度

从业务和技术两个层面对员工进行全面考核。设立合理的考核指标,并定期进行考核。

六、数据资产及数据治理类信息技术在会计行业应用的发展趋势

1. 人工智能与机器学习的深度应用

利用人工智能和机器学习技术,实现数据的自动分类、预测分析、智能审计等功能,提高数据处理和分析的效率和准确性。

2. RPA 技术的广泛应用

RPA 在财务领域进行了广泛的应用,包括自动化对账处理、财务报告

生产、合规性检查、应付账款和应收账款管理、预算和预测分析、跨平台数据获取与传输、发票管理、付款处理、账户对账、成本分析、财务风险管理等。RPA技术的广泛应用将取代人工的重复劳动，提高生产效率，降低企业成本。

3. 区块链技术的融合

区块链技术的不可篡改、去中心化等特点，将为会计数据的安全存储和共享提供新的解决方案，增强数据的可信度和透明度。

4. 云服务的普及

云计算将为会计行业提供更灵活、扩展性更强的数据存储和处理能力，降低企业的IT成本，提高数据管理的效率和便捷性。

5. 大数据分析的深化

随着数据量的不断增长和数据类型的日益丰富，大数据分析技术将在会计行业得到更广泛的应用，挖掘和洞察更多潜在的价值。

6. 生成式人工智能技术的创新使用

生成式人工智能技术在财务管理中扮演的角色日益多样化，从执行任务的自动化工具逐渐向提供战略建议的智能化顾问转变。它不仅是一个执行者，更是一个策略家和顾问。作为"会沟通的财务智库"，生成式人工智能特别是类似ChatGPT的对话型AI，已成为财务人员不可或缺的知识伙伴。它能够实时提供最新的财务法规和行业动态，帮助财务人员应对快速变化的市场环境。

7. 数据隐私与安全的强化

随着数据安全法规的不断完善和公众对数据隐私关注度的提高，会计行业将加强数据隐私保护和安全管理，采用更先进的加密技术、访问控制和审计机制。

七、结论

数据资产及数据治理类信息技术在会计行业的应用正处于快速发展阶段，为会计工作带来了前所未有的机遇和挑战。通过深入理解和有效应用这些技术，会计行业能够实现数据的价值最大化，提高工作效率和质量，为企业的发展提供更有力的支持。然而，在应用过程中，也需要关注技术创新带来的风险和问题，加强数据安全和隐私保护，培养具备数据思维和技术能力的会计人才，以适应数字化时代的发展要求。相信在未来，随着技术的不断进步和应用的不断深化，数据资产及数据治理类信息技术将在会计行业发挥更加重要的作用，推动会计行业的创新和发展。

新一代 ERP 类信息技术在会计行业的发展与应用

胡仁昱,华东理工大学商学院
何连峰,西京学院会计学院

一、引言

(一) 研究背景

随着信息技术的飞速发展,企业对管理系统的要求不断提高,新一代 ERP 系统应运而生。在数字化时代,企业面临着日益激烈的市场竞争和快速变化的商业环境。传统的 ERP 系统在灵活性、智能化、整合性等方面逐渐显露不足,难以满足企业不断发展的需求。新一代 ERP 系统作为企业数字化转型的重要工具,其重要性日益凸显。目前,市场上已经涌现出众多先进的 ERP 系统,它们采用了云计算、大数据、人工智能等新兴技术,为企业提供了更高效、智能和灵活的管理解决方案。研究现状方面,学术界和企业界对新一代 ERP 系统的关注度不断提高,相关研究成果也在不断丰富和完善。

(二) 研究意义

新一代 ERP 系统对企业的影响是多方面的。首先,它能够整合企业内部各个部门的信息,实现数据的集成与共享,提高企业的运营效率和决策准确性。其次,通过优化业务流程和自动化处理重复性工作,降低企业的运营成本和人为错误。最后,新一代 ERP 系统还能为企业提供强大的数据分析和决策支持功能,帮助企业发现潜在的商机和市场趋势,制定更科学的战略规划。研究新一代 ERP 系统的意义在于,为企业在数字化转型过程中选择和应用合适的 ERP 系统提供理论依据和实践指导,帮助企业充分发挥 ERP 系统的优势,提升企业的竞争力和可持续发展能力。

二、新一代 ERP 系统的理论基础

(一) ERP 系统的概念与发展

ERP 系统从传统到新一代经历了漫长的演变历程。传统 ERP 主要致力于企业内部资源的整合与管理,但随着企业业务的不断拓展和市场环境的变化,其局限性也逐渐显现。

1. 传统 ERP 的局限性

在资源管理方面,传统 ERP 往往存在数据孤立的问题,不同部门的数据难以实现有效共享,形成信息孤岛。传统 ERP 的功能较为单一,集中在财务、库存、采购等基础业务的管理,对于企业的战略决策支持不足。此外,传统 ERP 的技术架构较为陈旧,难以适应快速变化的业务需求。例如,传统 ERP 通常采用单体架构,一旦某个模块出现问题,可能会影响整个系统的运行。而且,传统 ERP 的部署方式较为复杂,需要企业投入大量的硬件设备和人力成本进行维护。

2. 新一代 ERP 的突破

新一代 ERP 在技术架构、功能拓展等方面实现了重大创新。在技术架构方面,新一代 ERP 采用微服务架构,将不同的功能模块拆分成独立的微服务,每个微服务可以独立部署和升级,提高了系统的灵活性和可扩展性。在功能拓展方面,新一代 ERP 结合了云计算、大数据、人工智能等新兴技术,实现了从本地部署向云端部署的转变,为企业提供了更加便捷、高效的服务。例如,新一代 ERP 可以利用大数据技术对企业的海量数据进行分析,为企业提供精准的市场预测和决策支持;可以通过人工智能技术实现自动化的业务流程处理,提高企业的运营效率。

3. 新一代 ERP 系统的兴起背景

随着市场需求的不断变化和技术的进步,新一代 ERP 系统应运而生。在

市场需求方面,企业面临着日益激烈的竞争和快速变化的商业环境,需要更加灵活、智能的管理系统来提高效率和竞争力。例如,随着全球化的发展,企业需要实时处理来自不同地区的数据,实现跨地域的协同办公。在技术进步方面,云计算、人工智能、大数据等技术的发展为新一代 ERP 系统提供了强大的支撑。云计算使得 ERP 系统可以在云端部署,提高了系统的可用性和灵活性,降低了企业的成本;人工智能可以辅助企业进行决策和运营,提高管理效率;大数据技术可以帮助企业分析海量数据,挖掘潜在的商业价值。

(二)数字化转型与 ERP 系统的关系

1. 数字化转型的挑战与机遇

企业数字化转型面临着诸多挑战,如数据安全问题、技术更新换代快、员工数字化素养不足等。然而,数字化转型也为企业带来了巨大的机遇,如通过数字化提高企业的运营效率、拓展市场渠道、提升客户体验等。在数字化转型过程中,企业需要不断创新和优化业务流程,以适应快速变化的市场环境。

2. ERP 系统在转型中的支撑作用

ERP 系统在企业数字化转型中发挥着重要的支撑作用。首先,ERP 系统可以整合企业内部各个部门的数据,实现数据的集成与共享,为企业的数字化决策提供准确的数据支持。其次,ERP 系统可以优化企业的业务流程,通过自动化处理重复性工作,提高企业的运营效率。例如,在采购流程中,新一代 ERP 系统可以实现自动下单、自动审批,减少人工干预,提高采购效率。此外,ERP 系统还可以为企业提供强大的数据分析和决策支持功能,帮助企业发现潜在的商机和市场趋势,制定更科学的战略规划。例如,通过对销售数据的分析,企业可以了解客户的需求和购买行为,为产品研发和市场营销提供决策依据。

三、会计的本质与会计科技的发展

(一)会计信息化的发展过程

在会计信息化的初期阶段,经历了一个被称为"会计电算化"的时期。

安易、万能等财务软件公司推出了标准化的财务核算软件,推动了从手工账向电算化的发展。这些公司不仅是会计电算化领域的先锋,更是会计电算化的实践者和推动者,这些企业在推动中国会计电算化事业发展的过程中扮演了关键角色,他们曾是行业的翘楚,为后续发展奠定了基础,为中国会计电算化事业做出了不可磨灭的贡献。尽管他们最终未能成为行业的领导者,但他们的贡献与付出是值得被我们铭记的。当然,也有部分企业曾经在会计电算化领域有过辉煌的成就,但最终未能持续发展,成为历史的过客。

随着会计信息技术标准的提出,会计信息化这一概念逐渐进入我们的视野,并开始取代会计电算化,成为新的行业术语。会计信息化不仅标志着技术领域的革新,更引发了会计工作方式的深层次变革。它改变了会计数据的搜集、处理、保存和传递方法,通过信息技术的应用,实现了会计信息的即时化、网络化和标准化。这一变革使得会计信息更加透明、精确,显著提升了会计工作的效率和品质。

20世纪90年代末期,ERP系统的出现为会计信息化提供了强有力的技术支持。ERP系统整合了企业的各个部门与业务流程,实现了信息共享与协同作业。通过ERP系统,会计部门能够实时获取其他部门的业务数据,从而加快财务报表的编制和财务分析的进行。这不仅提高了会计工作的效率,还使得企业能够更有效地进行决策。

审视会计信息化的发展轨迹,我们不难发现,从会计电算化的初始阶段到如今会计信息化的成熟,技术进步始终是推动会计领域变革的关键力量。在此过程中,《中华人民共和国会计法》的颁布是一个关键的转折点。随着会计信息化的进一步深化,会计相关法律的颁布和修订,为会计信息化的进程提供了法律层面的保障与规范。这一举措不仅确保了会计信息的真实性和可靠性,而且为企业的稳健发展提供了必要的法律支撑。

总之,会计信息化的提出与实施,不仅转变了会计工作的本质特征,而且促进了企业管理水平的全面提高。通过审视会计信息化的发展轨迹以及会计法的立法过程,我们能够更加深刻地领会这一变革的关键意义及其深远的影响。

(二)对于会计行业的再认识

2023年3月,两位在会计领域颇具声望的专家在一场会计行业的聚会上，提出了一些颇具挑战性且引人深思的问题：会计行业会消亡吗？会计信息化有没有价值？这两位专家先前各自发表了《会计低谷主义》和《会计是价值还是工具？》的演讲，这两篇演讲在业界颇具影响力。在聚会上，他们再次就这一议题展开了讨论。笔者经过了大约半年的思考，针对这些问题给出了以下几个经过深思熟虑的答案。

1. 会计是科学也是技术

首先，我们应该明确会计是一门科学，经济越发展，会计越重要。在历史上，会计是经济活动的基础语言，它体现了经济活动的最基本的指标。自人类创造文字以来，会计便应运而生。这一事实充分证明了会计在人类历史中的深远影响和显著地位。

随着工业革命的兴起，大规模生产活动催生了对管理活动的需求，会计的角色亦随之发生转变。它已不再单纯是记录经济活动的工具，而是融入了管理活动之中，成为管理绩效评估和控制评价的标准。在现代信息社会背景下，会计信息系统(AIS)的理念已获得普遍认同，并与管理科学与工程中的信息论、系统论相融合，为会计领域的应用开辟了新的途径，进而形成了会计信息系统的研究方向。

进入数字化时代，会计更有用武之地。数字化会计通过为所有经济事务赋予标记，确保了每一项经济活动均能被精确追踪与分析。这种对经济事务进行分类的方法，本质上也是会计学传统基本原则之一。在一定程度上，会计方法可视为一种数字化过程。会计学的根基深植于数学科学之中，与统计学相似，它是一门科学。复式记账法实际上是一个数学模型，其中的借贷关系体现了二维度量的对称性向量。将资产按要素分类，并进一步细化下一层科目的颗粒度，实际上是一种标签化方法的数学应用。因此，我们可以说，会计学是从数学科学中独立出来的一门专门学科。

会计这门学科，有人笑称它本科层次是技术、研究生层次是艺术、到了博士层次它又成了魔术。然而，本质上，会计的核心在于计算，计算能力的不足将影响计算的精确性，从而引发风险。若会计的计算工具能够得到改良，那么对经济事项的描述和记录将变得更加精确和细致。因此，会计不仅是一种管理工具，它还蕴含着特定的价值观和理念。随着计算工具的广泛运用,会计技术逐渐成为会计工具的核心,这也使得会计信息化在工具论上得到了充分的体现。

2. 会计科技概念的提出

随着数据库技术、网络爬虫软件、互联网技术、云计算、大数据分析、人工智能、区块链技术、物联网、分布式存储和分布式记账等信息技术的持续发展与创新,会计工作的效率得到了显著提升。这些技术的应用不仅扩大了它的外延,也充实了它的内涵,使得会计在众多领域中扮演着不可或缺的角色。技术的持续迭代,不仅不会导致会计技术的消亡,反而会使其关键作用更加凸显。展望未来,会计将迈向一个更加高效、精确和智能化的新时代。

我们可以从两个不同的视角进行分析,来探讨会计的本质,从而认识到会计既是一门科学,也是一门技术。

首先,从科学的角度来看,会计依赖于一套严谨的理论体系和方法论。它通过对经济活动的记录、分类、汇总和分析,为决策者提供必要的财务信息。会计科学包括会计原则、会计准则以及各种财务报告标准,这些都经过了长期的理论研究和实践检验,具有普遍性和客观性。

其次,会计作为一门技术,其核心在于实际操作与应用能力的培养。会计技术涵盖了会计核算、财务分析、预算编制、成本核算、业绩评价、审计等多项具体技能,这些技能的精进与提升依赖持续改进的会计实践。会计技术的应用范围不仅局限于企业内部,还广泛涉及税务、审计、管理咨询等多个领域,为各类经济活动提供必要的支持与服务。

综合上述两个视角,我们能够将会计与金融领域新兴概念融合,提出"会计科技"这一现代术语。会计科技意指将现代科技应用于会计领域,旨在提升会计工作的效率与品质。

3. 会计科技在会计行业的应用

会计科技的发展可朝纵向或横向拓展,形成一体化会计系统与平台化会计系统。

(1)纵向发展的一体化会计系统,意味着将会计工作的各个流程整合至统一平台,实现数据的无缝衔接与信息的实时共享。这类系统通常具备较高的自动化与智能化水平,能够显著减少人工操作,提升数据处理的精确度与效率。新一代ERP系统即为一体化会计系统的典范,它不仅包含会计核算,还整合了供应链管理、客户关系管理、人力资源管理等多个模块,实现了企业内部资源的全方位整合。

（2）横向发展的平台化会计系统,则是指通过互联网技术,将会计服务扩展到更广泛的领域形成的开放平台。这种平台可以为不同企业定制会计服务,包括但不限于财务报告、税务申报、审计支持等。平台化会计系统的优势在于其灵活性和可扩展性,能够根据市场需求快速调整和优化服务内容。

总而言之,会计既是一门科学,也是一门技术。会计科技的进步为会计行业带来了新的机遇与挑战。通过建设一体化和平台化的会计系统,会计工作将变得更加高效、快捷和灵活,从而为企业的可持续发展提供坚实的技术支持。

四、新一代ERP系统的架构与特征

（一）新一代ERP系统的基础框架

新一代ERP系统的核心在于一个精简的内核或核心业务系统,该系统构成了整个ERP框架的基础。此外,它还包含了一个数据平台,通常也称为数据中台,负责处理和管理企业内部的大量数据,确保数据的高效流转和可用。同时,新一代ERP系统还强调了企业的用户体验层,即业务中台,该中台专注于提供直观、便捷的用户操作界面,以提升员工的工作效率和工作满意度。

在技术层面,新一代ERP系统集成了运营技术、物联网技术、定制化的应用程序和最佳行业实践应用,如图2-5-1所示,这些技术的融合使得企业能够更加有效地适应市场变动和满足客户需求。尤其值得一提的是最佳行业实践的应用,这是由上海国家会计学院智能财务研究院的刘勤院长领导的学术界与企业界紧密合作的成果,它提供了一个卓越的实践平台,使企业能够借鉴并应用行业最佳实践,进而增强自身的竞争力。

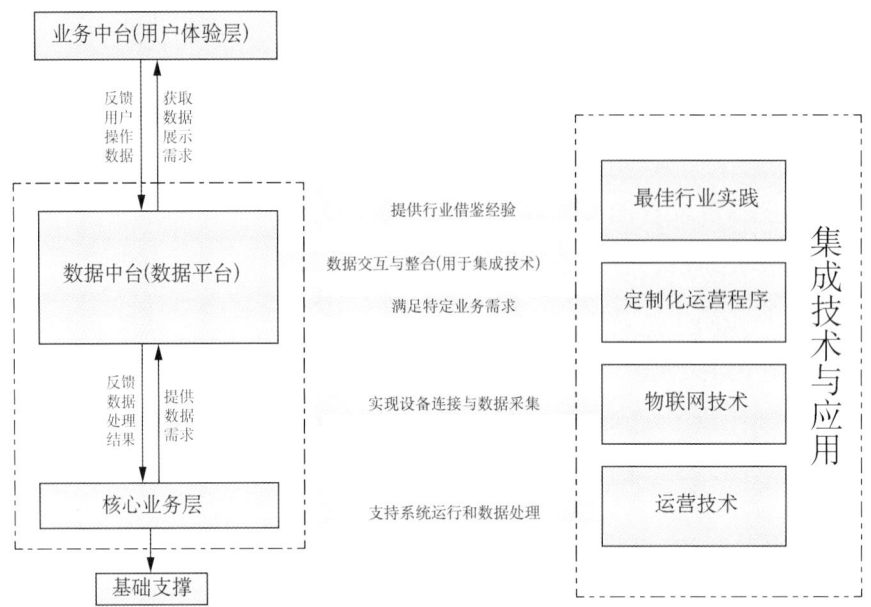

图 2-5-1 新一代 ERP 系统基础框架

（二）新一代 ERP 系统与数字化转型

此外，新一代的 ERP 系统亦保留了既有系统组件，此举旨在确保新系统与旧技术架构的传统核心系统的兼容性，使得企业向现代化架构迁移的过程能够实现平稳过渡。因此，传统核心系统与现代化架构的应用系统预计将在未来相当长的一段时间内共存，而遗留系统组件正是实现这种共存状态的关键。

为促进企业数字化转型，新一代 ERP 系统整合了数字化赋能工具与云基础设施。这些先进工具与基础设施助力企业优化业务流程、实现数据即时分析及提供决策支持，确保企业在数字化时代维持竞争优势。

（三）新一代 ERP 系统的整合框架

在构建新的 ERP 系统时，必须审慎考虑基础架构和支撑要素。尽管传统 ERP 系统在数据记录和单向流程管理方面表现出色，确保了业务流程的连贯性，但它们在数据的定向追踪和数据穿透力方面偏弱，这些缺陷与数字化时代企业精细化管理的需求不相适应。传统 ERP 系统基于独立的功能模块进行开发和部署，这往往导致模块间缺乏协同，形成信息孤岛，难以实现整体的高效联动。此外，这些系统通常仅专注于企业内部的财务和生产环节,而忽视了与客户以及整个供应链生态系统的协同效应。

传统 ERP 系统面临的另一个主要问题是其技术架构的封闭性,系统模块固定不变,单体应用架构难以进行扩展。企业通常需要通过大量的定制化的二次开发来应对业务配置逻辑的差异性问题,这使得系统的集成工作变得难以控制。数据处理机制相对单一,不足以覆盖数据的全生命周期,导致数据的价值无法充分地体现。

(四)新一代 ERP 系统的显著特征

在当今这个瞬息万变的商业环境中,ERP 系统作为企业管理的核心工具,正经历着前所未有的变革与升级。新一代 ERP 系统,以其独特的五大显著特征,正引领着企业管理的潮流,助力企业在激烈的市场竞争中脱颖而出。

1. 高敏捷度

新一代 ERP 系统展现出前所未有的高敏捷度。这种敏捷不仅仅体现在技术层面的快速响应,更在于其能够灵活应对企业内外部环境的各种变化。无论是面对市场需求的突然转变、政策法规的调整,还是面对企业内部业务流程的优化,新一代 ERP 系统都能迅速调整策略,确保企业运营的连续性和稳定性。例如,在面对"双十一"大促期间的海量订单时,某知名电商企业通过其新一代 ERP 系统的智能调度、动态资源分配等功能,实现了订单处理速度的大幅提升,有效保障了客户体验。

2. 合规性

新一代 ERP 系统在确保灵活性的同时,也严格遵循了合规性的要求。在全球化背景下,企业面临的合规挑战日益复杂。新一代 ERP 系统通过内置多种行业标准和法律法规的合规性检查工具,帮助企业在运营过程中自动识别并规避潜在的法律风险。这种"灵活而不失严谨"的特性,使得企业在追求高效运营的同时,也能确保自身的合法合规性。

3. 可配置性

新一代 ERP 系统的功能模块具备高度的可配置性和可扩展性。随着市场需求的不断变化,企业对于 ERP 系统的功能需求也在持续升级。新一代 ERP 系统通过模块化设计,使得企业可以根据自身需求快速生成或淘汰特定功能模块,从而实现对市场变化的精准响应。例如,某制造企业通过引入新一代 ERP 系统的智能制造模块,实现了生产过程的智能化改造,大幅提升了生产效率和产品质量。

4. 无缝用户体验

新一代 ERP 系统还致力于提供无缝的用户体验。传统的 ERP 系统往往因界面复杂、操作烦琐而饱受诟病。而新一代 ERP 系统则通过采用直观易用的用户界面、智能化的导航设计以及个性化的定制服务等方式,为用户带来顺畅、愉悦的使用体验。这种以用户为中心的设计理念,不仅提升了员工的工作满意度和效率,也为企业营造了更加和谐的内部环境。

5. 实时数据洞察

新一代 ERP 系统凭借其强大的实时数据洞察能力,为企业决策提供了有力支持。在大数据时代背景下,数据已成为企业最重要的资产之一。新一代 ERP 系统通过集成多种数据源、运用先进的数据分析技术,实现了对企业运营数据的实时采集、处理和分析。这使得企业能够基于真实、准确的数据来制定战略决策、优化业务流程、提升市场竞争力。例如,某零售企业通过新一代 ERP 系统的销售数据分析功能,成功识别出热销产品和滞销产品,并据此调整了库存结构和促销策略,实现了销售业绩的显著提升。

新一代 ERP 系统凭借其高敏捷度、合规性、可配置性、无缝用户体验以及实时数据洞察五大显著特征,正逐步成为企业管理的核心驱动力。在未来的发展中,我们有理由相信新一代 ERP 系统将继续引领企业管理的变革与创新,助力企业在激烈的市场竞争中保持领先地位。

五、新一代 ERP 系统与供应链的整合

新一代 ERP 系统的设计与实施必须考虑以下关键要素:新一代 ERP 系统的核心目标应当是全面整合企业内外部以及上下游供应链体系。在企业数字化转型的进程中,ERP 系统应致力于构建一个广泛的信息互联网络、实现资源管理的敏捷性以及智能化的多方协作,这些将成为企业未来发展的重要战略目标。在这一战略目标的指导下,供应链中的每个企

业都将演变为高度智能化的数据节点，进而促进企业内部价值和产业链价值的迅速提升。

（一）企业供应链管理面临的挑战

为适应现代供应链的复杂性，企业在理念、技术、业务场景上需实现新的创新突破。现代供应链体系需突破传统单链路模式，实现更广泛的连接与协同。例如，企业可尝试将供应商数量扩展至千位以上，以实现更广泛的供应链覆盖与协同效应。此类尝试将有助于企业在数字化时代维持竞争力，实现可持续发展。

在当前企业供应链管理领域，诸多挑战不断涌现，其中内部执行、采购、库存管理、销售渠道等领域对企业的影响最为关键。

1. 内部执行问题

企业内部各部门之间的协调能力不足，导致运营效率低下，难以有效控制综合成本。现有的组织流程无法迅速适应外部环境的变化，在与外部合作伙伴的合作过程中，常常导致流程停滞、反复的情况发生，从而错失商机，使得成本难以控制。

2. 采购环节的问题

企业在采购多种类型的原材料过程中，缺乏有效的战略规划，导致到货的及时率较低，采购质量不稳定。这种情况不仅影响了后续的生产和营销活动，还使得综合采购成本居高不下。

3. 库存管理问题

随着下游需求的多样化发展，企业库存产品的品类越来越多，导致库存管理能力无法跟上时代的发展，效率有所下降。

4. 销售渠道的问题

营销体系缺乏对新时代环境的快速感知能力，导致企业下游销售渠道拓展不足，无法全面响应市场需求。

这些问题的存在，使得企业在激烈的市场竞争中处于不利地位，亟须采取有效措施加以解决。

（二）现代供应链体系的发展

在现代社会中，现代供应链体系正逐渐演变成一个更为立体和复杂的网络结构。该结构以客户需求为核心，广泛涉及各个相关方，包括供应商、制造商、分销商、零售商以及最终用户等。随着供应链体系的持续发展，它将产生复杂多变的情景，这些情景在数字化技术的辅助下，将构建出更多维度的价值链。

数字化技术的应用显著提升了供应链的透明度和效率，同时推动了供应链管理向智能化和自动化方向演进。通过运用大数据分析、物联网、人工智能等先进科技，企业能够实时监控供应链的各个环节，预测市场动向，优化库存管理，提升物流效率，从而降低运营成本并提高客户满意度。因此，构建一个全面协同的供应链网络体系，已成为企业未来发展的重要战略选择。企业必须将供应链管理作为核心，打造并强化其核心管理软件——新一代 ERP 系统。新一代 ERP 系统不仅能够整合企业内部各部门及业务流程，还能够与外部供应商、客户及合作伙伴实现无缝对接，确保信息实时共享与各方协同作业。

（三）新一代 ERP 系统在供应链管理中的作用

借助新一代 ERP 系统，企业得以实现对供应链的全面管理，该管理覆盖了从采购原材料、生产制造、销售到售后服务的各个阶段。这些环节均能受到精确地监控与持续地优化。这一做法不仅有助于提高企业的运营效率，还能强化企业在市场中的竞争地位，以适应不断变化的市场需求和激烈的市场竞争环境。

可见，随着供应链体系的不断演进和数字技术的深入应用，企业必须紧跟时代发展的步伐，积极适应并采纳全链路协同的供应链网络体系。通过新一代 ERP 系统的实施，构建一个高效、灵活且智能化的供应链管理体系，以准备迎接未来的挑战与机遇。

全面协同的 ERP 系统在中小企业领域能够发挥显著的作用。中小企业通常面临资源有限、管理基础薄弱等挑战，而全面协同的 ERP 系统有助于企业降低经营风险，提升市场反应速度。通过实时的数据分析和决策支持，企业能够迅速应对市场变化，把握商机。同时，全面协同的 ERP 系统亦能帮助企业优化库存管理，减少不必要的库存积压，进而降低运营成本。

全面整合的 ERP 系统能够促进企业内部各部门之间的协作。借助统一的信息平台，各部门得以实时共享信息，从而降低沟通成本，提升工作效率。这种协同作用不仅能够增进企业内部的运营效率,还能够强化企业的市场竞争力。

构建一个全面协同的 ERP 系统对于企业应对未来挑战至关重要。企业通过打造一个高效的数字化平台,能够实现内部与外部流程的整合与处理,促进更广泛的产业协同,进而使企业在激烈的市场竞争中脱颖而出。

六、新一代 ERP 系统的能力构成

新一代 ERP 系统所展现的卓越性能具有深远的价值意义。这一代 ERP 系统具有核心应用、协同应用、智能应用这三个关键能力。这三大能力共同构筑了企业价值的核心,对企业内部管理能力和外部生态协同能力的构建进行了全面规划,进而形成了一体化的企业运营闭环。在当前企业信息化建设的进程中,新一代 ERP 系统发挥着至关重要的作用。

(一)核心应用

新一代 ERP 系统的核心理念之一是业务导向性,这表明它能够构建一个灵活且可配置的基础能力集。企业通过采纳这种先进的 ERP 系统,能够迅速构建企业运营管理体系,实现多层可配置。这种灵活性使得企业能够依据自身的业务需求,快速调整和优化运营流程,从而提升整体运营效率。

(二)协同应用

新一代 ERP 系统注重流程的连贯性,依托其核心功能,促进了以业财融合为核心的企业业务价值重构。借助 ERP 系统,原本各自独立的业务部门与财务部门能够实现数据与信息的无缝对接,从而消除了信息孤岛。各信息技术系统以数据作为媒介,构建了多元化的集成模式,进而实现了业务流程的高效协同。这种流程的连贯性不仅提升了数据的精确度和时效性,还为企业的决策提供了更为全面和深入的分析视角。

新一代 ERP 平台架构的开放性极为关键。这种开放性有助于企业更迅速地整合外部系统资源,以满足日益增长的个性化业务需求。随着企

业业务的持续扩展与变革,新一代 ERP 系统能够借助开放的接口和模块化设计,迅速融合新的外部系统,从而确保企业的灵活性与竞争力。

(三) 智能应用

智能应用,亦即人工智能的赋能,它推动企业各个流程的持续进化。新一代 ERP 系统必须构建起基于数据的价值创造能力,通过全链条的数据价值挖掘,提升企业的感知、洞察及精准控制能力。此过程涉及的关键步骤是业务智能化。新一代 ERP 能够支撑企业全流程的在线闭环操作,因此它天然具备数据的完整性、一致性和实时性,有助于企业强化数据智能在业务中的核心作用,为日常运营中的洞察、分析、决策等关键环节提供有力支持。同时,智能化亦可加速数据要素的价值实现过程,助力企业基于数据资产开发出更多新的业务模式,从而提升产品服务、业务流程和客户体验。

七、新一代 ERP 系统的特征与需求分析

(一) 新一代 ERP 系统的特征

1. 数据处理能力提升

随着感知与认知能力的迅速增强,未来企业运营将面临半结构化与非结构化数据规模的急剧增长。新一代 ERP 系统具备高效管理和分析此类数据的能力,能够揭示其潜在价值。这一点成为企业构建核心竞争力时必须考虑的因素。利用新一代 ERP 系统,企业不仅能够处理传统的结构化数据,还能充分利用半结构化和非结构化数据,进而在全球市场竞争中占据有利地位。

2. 全面管理与协同化运营

数据资产沉淀的问题,无疑是一个极具吸引力且至关重要的议题。实际上,学术界对该领域的研究已经持续了相当长的一段时间。企业若要在当前竞争激烈的市场环境中脱颖而出,必须充分利用供应链信息,并通过数字化工具,实现对组织架构、业务流程以及员工团队的全面管理与协调,形成更多数据资产。这不仅旨在提升效率,更是为了在各个业务环节

之间构建紧密的联系，确保信息流通无阻和资源的最优化配置。

3. 实时监控与持续优化

此外，企业必须立足于全流程的视角，实现对整个业务链条的实时洞察。这表明企业能够实时监控各个环节的运行状态，及时发现并解决可能出现的问题。通过这种实时监控，企业能够迅速应对市场变化，做出精准的决策，从而在激烈的市场竞争中占据有利地位。

为达成既定目标，企业必须不断改善其业务流程及管理机制。这不仅涉及对现行流程的优化，还需要采纳和应用新技术，确保企业能够持续适应外部环境的变动。这种持续优化的能力，是新一代 ERP 系统核心应用充分发挥作用的必要基础。新一代 ERP 系统并非简单的信息管理系统，它更是一个助力企业实现数字化转型、增强核心竞争力的关键工具。通过与大数据、人工智能等先进科技的融合，新一代 ERP 系统能够为企业提供更全面、更深入的洞察力，助力企业实现更精确的决策和更高效的运营。

（二）新一代 ERP 系统的需求分析

1. 卓越的协同功能

该系统必须具备卓越的协同功能，即企业能够借助 ERP 系统与供应链上下游的合作伙伴建立紧密的联系，进而构建一个高效协同的产业链网络。在此网络中，以产业链中的核心企业为中心，形成骨干企业与各级供应商及分销商之间的紧密协同关系。通过这种协同作用，企业得以共享资源、信息及能力，从而构建一个高效的企业共享机制和价值分配体系。这种协同功能使得网络中的每个企业均能显著提升其经营效率和运营效能。

2. 具备生态效益

新一代 ERP 系统亦应具备生态效益。这表明在行业及产业链中占据领先地位的企业，能够借助其规模优势及示范效应，协助其他企业迅速弥补不足，进而提升整个产业链的竞争力。通过 ERP 系统，企业得以构建更多服务连接，形成更为强大的产业集群效应，从而进一步强化产业链的韧性。此类生态效益不仅有利于单个企业的发展，亦能促进整个行业的进步。

3. 跨业态整合的管理功能

新一代 ERP 系统还应具备跨业态整合的管理功能。这表明企业能够借助ERP系统对多样化的业态类别、服务对象、交易地点及交易模式实施统一管理。借助此类整合管理，企业得以实现供应链效率的全面优化，进而于激烈的市场竞争中占据优势地位。这种跨业态整合的管理功能使企业能够更加灵活地应对市场变动，提升整体运营效率，最终促进企业的可持续发展。

在全面实施链路控制、治理数据源头以及优化全流程的感知与分析方面，新一代ERP系统已经取得了显著的成果。为了进一步促进应用的协同工作，新一代ERP系统必须更加重视对整个链路的接触、连接和控制。这不仅涵盖了充分激活端侧数据和业务价值，达成数据治理的飞跃，还牵涉提供具备全局视角的感知洞察和管理服务。

4. 数据无缝流动及信息实时共享

为达成既定目标，协同应用的开发与部署显得尤为关键。新一代ERP系统的建设必须确保各系统及模块间实现高效协作，以达成数据的不间断流动及信息的即时共享。此举不仅能够提高业务流程的效率，亦能为用户带来更为统一且顺畅的体验。

此外，充分激活端侧数据与业务价值亦为关键所在。我们需借助技术创新与优化，深入挖掘端侧数据潜力，实现数据深度整合与高效利用。此举不仅能提升业务智能化水平，亦能为用户提供更为个性化和精准的服务。

5. 全面的感知洞察与管理服务

提供全面的感知洞察与管理服务显得极为关键。新一代ERP系统的建设必须从宏观层面出发，基于对业务流程各个阶段的深入理解和掌握，以便实施全局性的优化并提供决策支持。这不仅能够增强业务的透明度和可控性，还能为企业的持续发展提供坚实的支持。

八、结论与展望

（一）研究结论

新一代ERP系统将扩展数据智能的应用范围，有效地整合企业供应链上下游的数据资源，从而更广泛地实现智能增强。通过规范化的部署与上下游协同软件的整合,新一代ERP系统将拥有坚实的数据基础。新一代ERP系统将更加凸显出整合上下游数据的重要性,进而实现更高效的生态协同和数据共享。

在人工智能和智能化建设背景下,智能化、工具化将成为促进流程自动化以及业务终端的智能化发展,从而提升新一代ERP系统的便捷性和效率。人工智能技术的融入,将扩展ERP系统的管理范围与深度,并随着生态数据的积累,不断优化数据效能,加速实现对客户价值的展现和体验的提升。借助这些智能化工具,企业能够更加有效地应对市场变动,提升运营效率,实现业务的持续创新与优化。

(二)研究展望

随着新一代ERP概念的提出,我们最终将深入探讨其价值内涵。新一代ERP不是一个简单的管理工具,而是一个全面的解决方案,旨在实现产业资源的统筹管理。这表明它能够整合企业内外的各种资源,包括人力资源、物质资源、财务资源等,从而提高资源的利用效率和企业的运营效率。

新一代ERP系统具备了规模化洞察与决策能力。借助大数据分析及人工智能技术,新一代ERP系统能够协助企业捕捉市场动态,深入分析客户需求,预测行业发展趋势,进而做出更为科学和精确的决策。这种能力不仅有助于企业应对市场波动,还能为企业带来竞争优势。

新一代ERP系统的核心价值之一在于促进业务的持续创新。该系统能够提供灵活的业务流程管理功能,支持企业依据市场需求及自身战略规划进行业务创新。通过持续的业务流程优化与改进,新一代ERP系统助力企业实现业务的持续发展,确保在激烈的市场竞争中保持竞争优势。

综上所述,新一代ERP系统的核心价值在于其能够实现产业资源的全面统筹管理、提供规模化洞察力以及增强决策能力,并支持业务的持续创新。这些核心价值将助力企业提高运营效率,做出基于数据的科学决策,并确保业务的持续发展。

生成式 AI 和大模型类信息技术在会计行业的发展与应用

孙亮，中国金茂信息技术中心
张鄂豫，金蝶软件（中国）有限公司

一、生成式 AI 和大模型类信息技术的概念、特征、现状

（一）概念

生成式 AI 是一种能够基于学习到的数据和模式生成新内容的人工智能技术。它并非简单地对输入信息进行分类或预测，而是具有创造性地生成全新的文本、图像、音频、视频等各种形式的输出。例如，在自然语言处理领域，生成式 AI 可以创作故事、诗歌、对话等文本内容。例如，OpenAI 的 GPT 系列模型能够根据给定的主题或提示生成连贯且有逻辑的文章。在图像生成方面，DALL·E 等模型可以根据描述生成逼真的图像。生成式 AI 通常基于深度学习中的神经网络，尤其是 Transformer 架构。它通过在大量的数据上进行无监督学习，理解数据中的潜在模式和规律，从而能够生成与训练数据相似但又独特的新内容。

大模型类信息技术通常指的是有大量参数、复杂结构和强大计算能力支持的人工智能模型。这些大模型在训练过程中使用了海量的数据，涵盖了各种各样的领域和主题。由于其规模庞大，它们能够捕捉到更广泛、更深入的语言知识和语义理解，从而提供更准确、全面和智能的服务和响应。谷歌的 BERT 模型、百度的文心一言等，都是大模型的典型代表。大

模型在自然语言处理、计算机视觉、语音识别等多个领域都取得了显著的成果。它们可以用于机器翻译、智能客服、内容推荐、自动驾驶等众多应用场景。

总的来说，生成式AI是大模型类信息技术中的一个重要分支，而大模型类信息技术为人工智能的发展提供了强大的支撑和推动。

（二）特征

生成式AI的特征包括：①创造性，即能够生成新颖、独特的内容，而不仅仅是重复或模仿已有的模式，比如能够创作出从未存在过的艺术作品、小说情节等。②不确定性，即生成的结果具有一定的不确定性和随机性，每次生成的内容可能会有所不同。③适应性，即可以根据不同的输入提示和条件，灵活地生成相应的内容，例如，根据不同的主题和风格要求生成文本。④数据驱动，即其性能和生成质量高度依赖于大量的训练数据。数据的质量、多样性和规模对生成效果有重要影响。

大模型类信息技术具有以下特征：①大规模参数，拥有数以亿计甚至更多的参数，这些参数使得模型能够学习到复杂的特征和模式。②深度神经网络结构，通常基于深度神经网络，如Transformer架构，能够处理长序列数据并捕捉远程依赖关系。③高性能计算需求，训练和运行需要强大的计算资源，包括大量的GPU或专用的硬件加速设备。④多领域应用，能够适用于多种领域和任务，具有广泛的通用性和可扩展性。⑤持续学习能力，可以不断接收新的数据并进行更新和优化，以适应不断变化的环境和需求。

一个完整广义的大模型体系训练过程主要包含了数据处理、模型训练、模型部署、效果评估等步骤。

1. 数据处理

（1）预训练数据处理包括数据获取和清洗、预标注。数据获取追求全面性和代表性，通过多样化的渠道如互联网、书籍、研究报告、代码库等获取信息。数据清洗则注重提升数据质量，去除重复、错误和低质量样本。预标注是根据任务需求采取不同的标注策略，如文本分类任务，需人工为样本打类别标签，并采用策略来降低标注成本，如偏采样、主动学习等。

（2）有监督微调训练数据处理侧重于提升模型对特定任务的适应性。

首先,通过标注者对数据进行"有帮助"或"无害"的标注。接着,采用交叉验证法检验数据质量,即将数据集分割成多个子集,轮流使用不同的子集进行训练和验证。通过多次迭代,评估模型在不同数据子集上的性能,从而判断标注数据的准确性和质量。这一过程有助于优化模型性能,确保其在实际应用中的有效性和可靠性。

2. 模型训练

1)训练框架

模型越大,在训练时越需提升总训练速度、缩短训练时间。公式2-5-1体现了大模型训练过程中,影响模型训练速度的3个重要因素间关系。

$$总训练速度 \propto 单卡速度 \times 加速芯片数量 \times 多卡加速比 \qquad (公式2\text{-}5\text{-}1)$$

其中,单卡速度:主要由运算速度和数据IO的快慢决定;加速芯片数量:理论上加速芯片的数量越多,模型训练越快;多卡加速比:主要由计算、通讯效率决定,需要依赖算法和集群中的网络拓扑进行优化。通过多卡优化的技术手段,可以大规模地集成训练算力,提升训练速度。

2)模型预训练

大模型预训练是深度学习领域的创新技术,尤其在自然语言处理中具有重要意义。它基于自监督学习,利用大量未标注的文本数据训练模型,使模型掌握语言的通用表示和深刻理解。预训练的核心在于设计有效的自监督目标,让模型自我学习语言规律,减少对人工标注的依赖。预训练过程中,由于模型参数众多,通常采用分布式并行技术来优化计算效率。数据的质量和多样性对模型性能有显著影响,数据越丰富,模型泛化能力越强。然而,这也增加了数据清洗和预处理的重要性,以避免噪音和偏差。预训练完成后,模型具备广泛的知识基础,但要适应特定任务,还需在有监督的数据上进行微调,以实现最佳性能。

总的来说,预训练阶段是语言模型掌握知识的起始时期,训练过程投入高、算力消耗大,需要海量的语料支撑和大规模的分布式计算设施。

3)模型微调训练

微调(Fine-Tuning)是自然语言处理(NLP)领域中一种常见的技术。它通过在特定任务的少量数据上继续训练预训练模型,使模型学习到任务相关的知识，从而提升性能。微调时，首先选择与目标任务紧密相关的高质量数据集，并确保数据集的覆盖度，同时避免过拟合，保持模型泛化能力；其次根据任务特性设定微调目标和评估指标，如将财务报告生成视为序列生成问题，使用负对数似然作为优化目标。微调中还需调整超参数，如学习率、批量大小和训练轮数，以优化模型表现。网格搜索、随机搜索和贝叶斯优化等方法有助于找到最佳超参数组合。此外，采用学习率warmup、梯度裁剪和权重衰减等技术可以进一步提高微调效果，稳定训练过程，防止梯度爆炸，并减少过拟合。

微调主要分为二次预训练/全量微调和高效微调。全量微调（Full Fine-Tuning，FFT）调整预训练模型的所有参数以适应下游任务，适用于任务与预训练模型差异较大的情形，但需要大量算力；而高效微调（Parameter-Efficient Fine-Tuning，PEFT）技术如 LoRA 和 Prefix-Tuning 旨在减少参数数量，降低算力需求，使得在资源有限的情况下也能进行有效的微调。这些方法的选择取决于特定任务的需求和可用的计算资源。

3. 模型部署

企业在决定部署财务大模型时，需要综合考虑多个关键因素，以确保所选方案能够满足其业务需求和长期战略。企业在选择公有部署还是私有化部署财务大模型时，需要权衡的因素如表 2-6-1 所示。

表 2-6-1 财务大模型部署方案对比

部署方案	优点	缺点
公有云部署	• 按需付费，减少初始投资 • 可弹性伸缩，快速响应业务变化 • 云服务商维护更新，企业减轻IT负担	• 可能存在数据泄露的风险 • 无法完全根据企业特定需求定制模型 • 依赖云服务商的网络和计算资源，或引致延迟与性能波动
私有化部署	• 本地存储数据，便于访问控制和隐私保护 • 可以根据企业的具体业务需求定制模型 • 完全控制计算资源，优化性能满足实时需求	• 需投资硬件和基础设施，及承担维护、运营成本 • 需要专业的 IT 团队来维护和更新系统 • 虽然可以定制，但扩展性可能不如云服务灵活

1）公有云部署对算力的要求

公有云部署通常依赖云服务商的基础设施，这意味着企业可以按需调整计算资源。例如,GPT-3 或 OPT-175B 这样的大型模型,可能需要至少两台配备 8 个 V100 GPU(每个 GPU 有 32 GB 内存)的服务器才能以合理的速度运行。

2)私有化部署对算力的要求

私有化部署要求企业在本地或专用的云环境中部署大模型,这通常涉及对硬件的前期投资。对于 7B(70 亿参数)大模型,推理的显存需求大约为 14 GB,而微调则至少需要 140 GB 的显存;对于 13B(130 亿参数)大模型,推理的显存需求大约为 26 GB,实际部署中保守估计需要 32 GB,微调的话则至少需要 260 GB 的显存。

4. 效果评估

1)常见的评测维度

大模型评测涉及多个维度,首先是计算量评估,包括参数量、FLOPS、训练与推理时间,这些直接影响硬件需求。其次是泛化能力,通过 SuperGLUE、RACE 等测试集判断模型对新数据的适应性。其中,准确率和精度评估通过准确率、召回率、F1 分数等指标衡量模型在各任务上的表现;健壮性评估关注模型对噪声和对抗样本的抵抗力;公平性评估检查模型预测是否存在群体偏见,影响其社会接受度;效率评估考量训练时间和数据量,反映成本效益;可解释性评估关注用户对模型决策的理解程度,增强信任感。

2)常用的评测方法

大模型评测通常包含以下几个方法:①基准测试,使用标准化数据集和指标,如 GLUE,衡量任务表现。②压力测试,检验模型在大量自动生成数据下的稳定性和计算极限。③A/B 测试,比较两个模型版本,评估改进效果。④错误分析,识别场景局限和改进方向。⑤对比学习,评估新旧 SOTA 模型的效益增加。⑥元评测,横向分析多个模型评测报告。⑦模型诊断,评估训练健康和结果一致性。⑧人机协同评测,评测结合专家反馈,提供深入全面评价。

(三)现状

生成式人工智能和大模型技术正处于快速发展阶段,近年来,全球范围内掀起了大模型发展浪潮,国内外龙头企业纷纷加入。大模型在自然语言处理、图像识别、语音识别和多模态识别等领域取得了重要突破,市场规模迅速增长。例如,OpenAI发布了语言类大模型ChatGPT和GPT-4、语音大模型Whisper、视觉大模型DALL·E;微软将GPT-4相关能力整合入Windows11系统、Office365、Bing等产品并形成Copilot系列应用;谷歌推出多模态大模型Gemini;Meta发布语言大模型Llama。国内的科技企业也积极跟进,如百度发布了语言大模型"文心一言"、阿里发布"通义千问"、科大讯飞发布"星火认知"、百川智能发布"百川大模型"、智谱AI发布ChatGLM系列语言大模型、中科院发布跨模态大模型"紫东太初"等。

AI应用类型正从"提高效率"向"获得愉悦"转变,逐渐贴近人性需求,分布在生产力工具、辅助创意的图片和视频生成工具、情感陪伴类产品等"3C"领域。更多创业公司开始深入具体的行业和场景,开发如服务于医生、科研人员的AI助手等应用。

尽管生成式AI和大模型类信息技术发展迅速,但仍面临一些问题。例如,生成式AI应用依旧面临高昂的落地成本,虽然大模型的API调用成本有所下降,但相比传统方式仍偏高;生成内容可能不准确或具有误导性,存在幻觉现象,在不同场景下提供准确合适的回答仍是需要克服的关键问题;用户留存率较低,很多用户只是尝鲜,尚未真正将其融入生活;大模型的训练需要庞大的算力资源支撑,且参数规模持续扩张对算力提出了更高要求;算法方面,生成内容可能存在安全风险及隐形偏见;数据方面,受限于各项法律法规对私域数据"数据可用不可见"的要求,一些行业的海量自治高质量数据无法共享利用。

2023年一级市场中AI投资金额达到224亿美元,超过前10年在AI领域的投资累计总和,但其中超过2/3的资金被投向从事基础设施或模型开发的企业,仅有大概20%的资金流向AI应用企业。不过,未来两三年内预计会有越来越多的资金投向做模型落地应用的企业。

总体上,生成式人工智能和大模型技术具有巨大的潜力和广阔的应用前景,但也需要解决诸多挑战,以实现更广泛、更深入的应用和发展。同时,不同行业和领域对其的应用和发展程度也存在差异。技术在不断进步,其现状也在持续变化中。

（四）大模型在财务领域的应用分析

随着大模型技术的不断发展，企业财务管理可以应用大模型技术提升财务数智化能力，从而提升财务风险管理能力、决策支持能力、流程自动化率、预测规划能力等，可应用的主要场景及内容如下。

（1）财务风险评估：大模型可以对企业的财务数据进行分析，识别潜在的风险因素，如债务风险、市场风险和信用风险等，帮助企业制定相应的风险管理策略，降低损失的可能性。

（2）财务预测和规划：大模型可以利用历史财务数据和市场趋势，进行准确的财务预测，包括收入预测、成本预测和资金需求预测等。这有助于企业制定合理的预算计划、优化资源配置，并提前应对潜在的财务风险。

（3）财务决策支持：大模型可以分析大量的财务数据和市场信息，为企业的投资决策、融资决策、成本控制决策等提供支持，帮助企业优化财务绩效。

（4）财务报表分析：大模型可以自动分析财务报表，提取关键信息，识别异常数据和趋势，为投资者、分析师和监管机构提供更深入的财务洞察。

（5）自动化财务流程：大模型可以与自动化技术相结合，实现财务流程的自动化和智能化，例如自动化记账、自动化报表生成和自动化审计等。这可以提高财务工作的效率和准确性，减少人为错误。

（6）财务欺诈检测：大模型可以通过分析财务数据中的模式和异常，检测潜在的财务欺诈行为，例如虚假交易、财务造假等。这有助于保护企业的财务安全和声誉。

（7）税务管理：大模型可以帮助企业进行税务规划、合规性检查和税务申报，确保企业遵守相关税法法规，降低税务风险。

（8）成本管理：大模型可以分析企业的成本结构，识别成本节约的机会，帮助企业优化成本管理，提高盈利能力。

（9）预算管理：大模型可以协助企业制定预算计划，监控预算执行情况，及时发现偏差并采取措施进行调整，提高预算管理的效率和准确性。

（10）内部审计：大模型可以协助内部审计人员进行风险评估、数据分析和审计测试，提高审计效率和准确性。

（11）投资分析和资产管理：大模型可以对投资市场进行分析和预测，

帮助投资者做出更明智的投资决策。此外,大模型还可以用于资产管理,优化资产配置和投资组合。

随着大模型技术的不断发展和应用,企业可以积极探索大模型技术的应用,以提高财务管理的效率和决策的准确性。

企业管理类 SaaS 服务提供商已经开始探索大模型在财务领域的应用实践,主要有两个方向。

一是构建大模型应用平台,提供大模型接入、任务编排、提示开发等功能,将成熟的第三方通用大模型与财务数字化系统建立紧密的连接,在财务管理流程中充分发挥大模型的价值。接入第三方大模型,可以借助微软、百度等通用 IT 技术厂商的既有成果,减少底层开发及训练成本,加速大模型应用落地。大模型应用平台可以在报告生成、财务分析、预算预测等场景中发挥作用,例如,整合系统取数计算能力与大模型交互能力,在复杂的外部环境下完成财务管理的工作任务,大模型框架如图 2-6-1 所示。

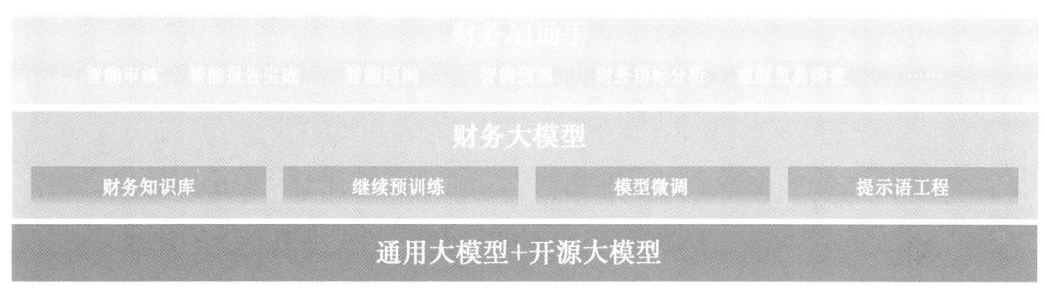

图 2-6-1　财务大模型框架

二是构建专注于财务管理的垂直领域,利用上市公司公开披露的海量财报数据及解读文章进行训练,然后在企业应用过程中通过微调或提示词工程进一步优化,让大模型具备更精准的财务理解能力。构建财务垂直领域,主要基于两方面考虑:一是通用大模型不是过于庞大又不支持本地部署,就是部署成本极高,且部分企业出于防控风险的目的,需要使用本地化模型,垂直领域大模型可以较低成本实现本地化部署的需求;二是财务精准度的问题,企业有自己内部的语言环境,例如,一些固定的业务对象形成约定俗成的简称,这些简称在企业内高频使用,但在企业外部可能无明确的含义,通用大模型对含有这些简称的句子就无法准确理解。如果用企业内部对话的大数据来训练或微调模型,则能够让大模型在企业内部场景下更精准地理解用户意图。在业务咨询、单据附件理解等方面，经过本地微调过的大模型可能是更优的解决方案。

（五）人工智能大模型技术赋能财务基本框架

人工智能大模型技术赋能财务（图2-6-2），应当采用多种AI技术，判别式AI更擅长精准计算以及一些特定场景，生成式AI更擅长理解、推理和生成，需结合场景综合应用。例如，企业发生一笔合同付款业务，财务人员判断付款申请是否合规，能否审批通过时，需要查询合同相关条款，核对付款申请信息，可能还要追溯上游单据进行综合分析。以上场景很难通过单一的技术实现。附件信息的识别，需要用到OCR技术，还要使用自然语言理解（NLP）技术；辅助预判，则需要利用规则引擎或者大数据技术、AI算法进行特征识别；提取并理解附件、摘要等长文本信息及相关问答，则需要大模型提供支撑；AI赋能财务，需要将以上技术综合应用于财务全域业务当中。

图2-6-2 大模型赋能财务框架

首先应当构建整合各类AI的智能技术能力中心。能力中心应提供各类AI能力，利用大模型生成式AI的理解力、创造力，来解决非结构化数据、业务理解、创意、生成相关财务场景；应用判别式AI，包括以RPA为代表的规则自动化，以及机器学习的专有小模型，来解决计算、判断以及专业预测与决策相关场景。

在大模型的加持之下，原有的 AI 能力提升到了一个新的阶段，这些 AI 技术融入费用管理、往来管理、资产管理等领域的全部现有的财务流程当中，从财务服务体验、流程效率、决策质量全方位赋能财务（如图 2-6-3）。财务服务体验方面，大模型可以理解为新一代的操作系统，以对话式交互的方式，让非专业人员获取财务信息更加便捷，从而提高财务服务体验。在流程效率方面，大模型和原来的 AI 相比，最大的强项在于理解和生成，以前的作业流程智能化更多的是自动化，自动化地按规则去执行，并没有真正理解业务。而现在的 AI 完全可以理解复杂的业务，原来作业流程中一些难以智能化的痛点，现在有了解决的可能性，大模型能力使得作业流程的全面智能化进而最终无人化成为可能。在决策支持方面，AI 辅助下的决策将由以前的经验主导变成数据驱动，AI 将通过决策增强来提升分析内容的价值，例如，通过 AI 根因分析挖掘人所不易发现的问题。AI 能够运用的领域还包括在预算预测中的预测增强、最佳实践与模型优化建议，在风险控制中的大数据分析等。

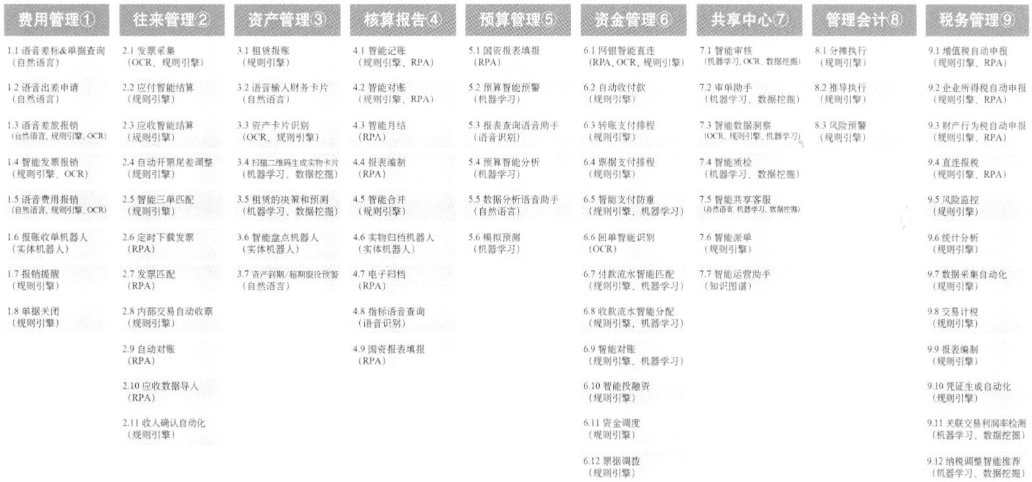

费用管理①	往来管理②	资产管理③	核算报告④	预算管理⑤	资金管理⑥	共享中心⑦	管理会计⑧	税务管理⑨
1.1 语音差旅&单据查询（自然语言）	2.1 发票采集（OCR、规则引擎）	3.1 租赁报账（规则引擎）	4.1 智能记账（规则引擎、RPA）	5.1 国资报表填报（RPA）	6.1 网银报账直连（RPA、OCR、数据挖掘）	7.1 智能审核（规则引擎）	8.1 分摊执行（规则引擎）	9.1 增值税自动申报（规则引擎、RPA）
1.2 语音出差申请（自然语言）	2.2 应付智能结算（规则引擎）	3.2 语音输入财务卡片（自然语言）	4.2 智能对账（规则引擎、RPA）	5.2 预算智能预警（机器学习）	6.2 自动付款（规则引擎）	7.2 审单助手（机器学习、数据挖掘）	8.2 推导执行（规则引擎）	9.2 企业所得税自动申报（RPA）
1.3 语音差旅报销（自然语言、规则引擎、OCR）	2.3 应收智能结算（规则引擎）	3.3 资产卡片识别（OCR、规则引擎）	4.3 智能月结（RPA）	5.3 报表查询语音助手（语音识别）	6.3 转账支付排程（规则引擎）	7.3 智能数据报送（OCR、规则引擎、RPA）	8.3 风险预警（机器学习、数据挖掘）	9.3 财产行为税自动申报（规则引擎、RPA）
1.4 智能发票报销（规则引擎、OCR）	2.4 自动开票尾差调整（规则引擎）	3.4 扫描三维报表生成物料卡片（机器学习、数据挖掘）	4.4 报表编制（RPA）	5.4 预算智能分析（机器学习）	6.4 票据工厂（规则引擎）	7.4 智能质检（规则引擎）		9.4 直接税（规则引擎、RPA）
1.5 语音费用报销（自然语言、规则引擎、OCR）	2.5 智能三单匹配（规则引擎）	3.5 租赁的决策和预测（机器学习、数据挖掘）	4.5 智能合并（规则引擎）	5.5 数据分析语音助手（自然语言）	6.5 智能支付复核（规则引擎、机器学习）	7.5 智能共享客服（自然语言、知识图谱、数据挖掘）		9.5 风险监控（规则引擎）
1.6 报账收单机器人（实体机器人）	2.6 定时下载发票（RPA）	3.6 智能盘点机器人（实体机器人）	4.6 实物归档机器人（实体机器人）	5.6 模拟测算（机器学习）	6.6 回单智能识别（OCR）	7.6 智能派单（规则引擎）		9.6 统计分析（规则引擎）
1.7 报销据验（规则引擎）	2.7 发票匹配	3.7 资产调剂/租期到期预警（自然语言）	4.7 电子归档		6.7 付款流水智能匹配（规则引擎、机器学习）	7.7 智能运营助手（知识图谱）		9.7 数据采集自动化（规则引擎）
1.8 单据关闭（规则引擎）	2.8 内部交易自动收票		4.8 指标语音查询（语音识别）		6.8 收款流水智能分配（规则引擎、机器学习）			9.8 交易计划（规则引擎）
	2.9 自动对账（RPA）		4.9 国资报表填报		6.9 智能对账（规则引擎、机器学习）			9.9 报表编制（规则引擎）
	2.10 应收数据导入（RPA）				6.10 智能投融资（规则引擎）			9.10 凭证生成自动化（规则引擎）
	2.11 收入确认自动化（规则引擎）				6.11 资金调度（规则引擎）			9.11 关联交易利润率检测（机器学习、数据挖掘）
					6.12 票据调拨（规则引擎）			9.12 纳税调整智能推荐（机器学习、数据挖掘）

图 2-6-3　财务 AI 能力地图

大模型赋能财务，也必将为财务管理带来更大的变革，未来人人都将有一个 AI 财务助手。面向全体员工的 AI 全员助手，每个员工通过自然语言交互的方式来获取财务服务；面向专业岗位的专员助手，通过智能化的手段提升财务效率和专业度；面向管理者的决策助手，以数据驱动、智能驱动的方式来增强决策能力。

二、金茂集团人工智能技术应用的背景、建设思路

(一)案例单位简介

中国金茂控股集团有限公司(以下简称中国金茂或金茂集团,英文简称 China Jinmao)是中国中化控股有限责任公司旗下城市运营领域的平台企业。中国金茂于 2007 年在香港联交所主板上市(股票代码:HK.00817),被香港恒生指数纳入包括恒生综合指数、恒生综合行业指数——地产建筑业、恒生中国国有企业指数、恒生港股通指数、恒生中国高股息率指数等在内的一系列成分股。公司连续多年入选《财富》中国 500 强,位列《福布斯》全球企业 2 000 强。

中国金茂以"释放城市未来生命力"为己任,始终坚持城市运营商定位,持续推进"一核·三聚焦"业务战略升级,构建形成了以高品质开发为核心,聚焦精品持有和高端服务业务,聚焦建筑科技创新业务的多维业务联动,加速打造第二增长曲线。

中国金茂始终秉持"科学至上"理念推进财务数字化建设,一方面赋能传统业务降本增效,另一方面以新技术引领公司的创新发展。从 2018 年起公司对财务数字化体系进行了整体规划和全面重塑,先后建设了业财一体化体系、全面预算体系、税务管理体系、司库管理体系、智能财务共享等大型系统群,打造了"三位一体"的财务数字化体系,全面支撑了智能财务共享中心的建设和业务开展,推动了财务资金业务的数字化转型。

(二)应用背景

近年来,房地产市场及行业发生了快速且颠覆性的变化,经历了快速上升到快速下降的发展轨迹。中国金茂公司规模和业务也经历了从快速发展到收敛聚焦的变化,加上外部环境不断快速变化,公司跨地域、跨专业的管理难度及管理成本在不断上升,盈利空间严重受限,财务资金管理提升经营效率与质量迫在眉睫。

1. 多专业之间信息不同步

营销、财务、运营、成本等核心专业部门之间,信息同步不及时、不准

确,不同部门获得的数据口径不一致、结果不一致。这类情况对公司经营安排、管理决策造成很大困扰。

2. 财务共享中心业务开展难

由于公司发展需要,各下属公司管控灵活度较高,财务共享中心处理业务审核、资金支付、总账等繁杂业务需要有大量的线下沟通和人为判断,人效不高,风险管控压力巨大。

3. 基础管理问题凸显

随着公司规模及人员情况的快速变化,总部对关键数据获知慢、数据准确性差、数据整理难度高、经营决策难度大、时间慢、风险高。

(三) 建设目标

基于此,公司启动"智能财务"项目,总体目标是打造智能财务平台,一方面全面提升数据质量,极限压降人工及业务成本,严控合规风险;另一方面提升数字创新能力和数据挖掘能力,以敏捷应对内外部环境的快速变化,为公司锻造高效、精益经营管理模式。公司打造智能财务平台的核心目标包括以下三点。

(1) 推动业财税资融合,促进业务、财务、资金、税务上下游全周期的数据及业务联动,提升全周期、全专业的协同效率和质量。

(2) 建立智能共享平台,打造数字员工,借助大语言模型、机器学习、物联网、RPA等新技术,创新性地支持财务共享中心各项实操业务流程优化、人效提升、成本压降、风险降低。

(3) 建立智能分析评价体系,自动汇聚各单位业绩数据,提高业绩分析数据的效率及数据准确性,使用分析报告、多端看板、数据超市、分析报表等多模式结合的方式,灵活、真实、准确、客观地反映公司经营数据,助力公司精准高效经营。

三、金茂集团人工智能技术应用的建设方案

(一) 智能财务建设蓝图

中国金茂将智能财务建设作为公司数字化转型的核心项目,从组织、

流程、系统和数据治理等各方面进行顶层规划,明确分析评价、业财税融合、智能财务共享三大转型任务,以智能财务资金系统群全面支撑"战略财务、业务财务、共享财务"的财务业务管理体系,全面提升人效,降低成本,严控风险,支撑管理决策,智能财务建设蓝图如图2-6-4所示。

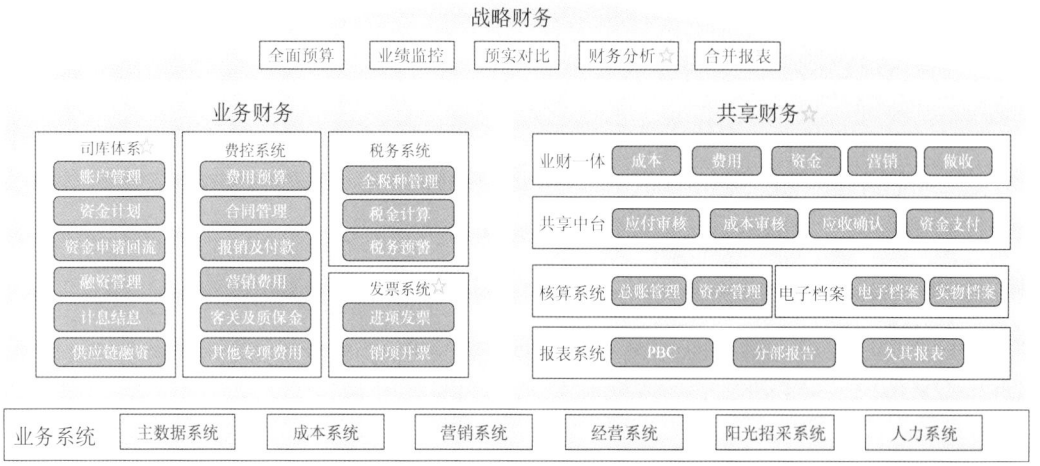

图2-6-4 智能财务建设蓝图

(二)金茂集团智能化应用的场景

金茂集团的智能财务建设,主要应用于以下三个场景。

智能分析评价主要采用数据仓库、数据挖掘和云计算技术,建立数据中台,从各业务系统中抽取海量数据仓库,通过数据挖掘,进行数据清理和整合,并在用户使用数据时通过云计算进一步进行加工整理,最终输出结果。

业财融合主要应用财务机器人、物联网、机器人、云计算等技术,利用RPA进行资金业务处理,与银行系统进行自动交互,进行资金支付制单、流水下载上传、回单下载匹配、自动归档等工作;智能收单机器人利用物联网、OCR、机器人、云计算等技术,进行单据的自动化采集、转移、存储全生命周期管理,确保业务流、数据流、实物流"三流合一"。

智能财务共享主要应用机器学习、自然语言处理、模式识别等技术,对各类文件进行识别、理解、学习和总结,从而支持文件、图片、人类语言的输入和输出,支持拟人化的沟通。

金茂集团智能财务应用主要集中在智能分析评价、业财税融合、智能财务共享三个方面，与公司"战略财务、业务财务、共享财务"的业务架构高度契合。战略财务主要进行战略引领，支撑高层经营决策，需要更加准确、高效、智能的分析评价体系；业务财务核心在于业财税融合，财务管理纵向延伸至业务开展，横向实现全业务覆盖，在经营支持、合规管控、数据质量等方面为业务管理提供帮助；共享财务主要目标是打造数智化财务共享中心，有效规范业务，极致提升人效，严控合规风险。

1. 智能分析评价

基于良好的业财税一体化数据基础和业务基础，提升业绩目标的制定效率与合理性，过程中动态跟踪业绩发生情况，最终自动计算业绩考评得分，形成了业绩管理的全链路闭环，大幅提升公司整体业绩管理的效率、准确性、客观性，降低了公司运营成本，提高公司经营管理敏捷度。该体系可以推广应用至很多规模化企业。

1）全面预算——业绩目标

智能分析将上游销售、回款、成本、费用、资金等数据，汇聚至全面预算，通过提升全面预算自动化水平，让公司业绩目标制定更快更准。

2）业绩计算——业务分析口径

智能分析整合各业务系统实际发生数据，综合展现签约和做收两个重要经营节点的毛利指标，并可按时间、组织、产品等多个维度进行分析，让公司业绩统计分析更快、更全、更可靠。

3）价值创造——业绩考核口径

智能分析通过汇总签约、回款、利润等业绩数据，结合年度业绩预算目标，线上自动计算各单位为公司创造的价值，考核各单位业绩达成情况，让公司业绩考核更全面、客观、准确。

4）业绩分析看板、报告

智能分析在数据平台与系统平台基础上，形成数据超市，用户可根据自身需求取数用数，同时可根据管理要求，快速灵活制定分析看板和分析报告，移动端一键直达领导层，提供决策数据支撑。

2. 业财税融合

整体而言，业财税融合项目，将成本、营销、费用、资金、税务等业务的基础管理、业务整合起来，联动形成了一套企业经营的数字化闭环，打破了组织上下级之间、多专业之间的业务和数据壁垒，让信息流转更加高效顺畅，提升了公司经营管理效率和质量。

1）销售端业财一体化

实现销售回款数据可自动同步至财务系统，支持自动生成收款凭证，提高销售与财务工作协同效率，保障销售端业务和财务数据一致性与及时性，明确回款业绩认定。

2）销售直连开票

实现销售数据直接同步至发票开票模块，提高财务开票工作效率与发票准确性。

3）支付端业财一体化

实现成本支付、费用支付、税金支付可自动同步至财务系统，支持自动生成付款凭证，提高付款业务与财务工作协同效率，保障支付业务与财务数据一致性与及时性，规避超付、未付等风险。

4）智能收单机器人

所有支付业务，原始凭证的采集都通过 7×24 小时值守的智能收单机器人进行，员工单据提交后将发票、水单、付款依据等原始凭证投入收单机器人，不再提交财务，收单机器人自行进行单据匹配、影像采集、单据初审、档案暂存和档案归集工作，数据与实物完全匹配，原始凭证闭环管理，财务共享中心异地审核，财务基础工作大幅提效，员工体验大幅提升。

5）支付与进项发票直连

支付端用户需借助工具采集、验证增值税进项发票，确保发票正确、合规。发起付款申请时需要选择并关联已采集入库的进项发票，规范付款动作，并减少业务与财务线下沟通，提升协同效率。

6）结转利润业财一体化

需要将房间的交付状态、款清状态、销售回款数据、成本数据同步至财务系统，财务用户可以一键快速做收，结转利润。数据联动减少了客关、销售、成本、财务等多专业线下沟通工作，规避了传统手工报数、对账容易出现的数据错漏，提升跨专业协同效率，确保公司归母利润获取及时准确。

7）资金支付

现金支付主要分为两类：一类是银企直联，对于开通银企的账户，连通多家银行，业务单据进入支付环节支持一键支付，自动下载电子回单；另一类是网银支付，针对无法开通银企的账户，在财务共享中心使用U盾集中管理系统进行网银制单盾集中管理，封闭管理，远程调用，无需插拔，并通过RPA自动制单，自动下载流水和电子回单，回传至资金系统，实现资金全面自动化管理。

8）税务管理

在业财充分融合的基础上，整合各类基础数据、业务数据、财务数据，包括项目面积管理、地块面积管理、房间档案、房源交易信息、利润表、财务凭证、预收账款和税金凭证、销项发票、进项发票、成本合同、成本分摊等，形成税务中心，进行全税种自动计算，税金自动支付，纳税申报表自动生成，通过数据看板，掌握各经营单位税务指标情况及风险情况。

3. 智能共享

中国金茂运用大模型、数字人、大数据等前沿技术，推出智能化的创新应用：数字员工和多模态智能审核。金茂数字员工"金小蓓"（图2-6-5），作为虚拟助手已经在共享客服、投诉处理、宣传等多个领域发挥着重要作用。她能够理解用户意图，检索多文档知识，生成综合回答。工作中规章制度她能秒应答，并解决工作过程中的各种疑问。在智能共享审核领域，利用AI能力，通过多模态智能审单场景，提升了审核的效率和准确性。系统能够理解非结构化附件，辅助共享中心审核人员分析单据附件中的关键点，识别合规风险。

1）数字员工"金小蓓"

金小蓓作为智能共享的代表，目前已实现"智能客服—智能票税—智能审核—智能结算—智能结账—电子档案"全链条财务智能化应用，在多个关键领域展现出了卓越的能力（如图2-6-6）。

共享客服：金小蓓能够提供全天候的客服支持，通过智能对话系统，及时响应并解决客户的各种问题。

图 2-6-5　数字员工"金小蓓"

图 2-6-6　数字员工"金小蓓"的能力架构

共享宣传大使：金小蓓能有效地进行品牌宣传和信息传播，通过精准的数据分析，提升宣传效果。

智能归档：金小蓓在文档管理和归档方面同样表现出色，能够自动化地整理和存储各类文档，提高检索效率。

智能制证：金小蓓能够快速生成和处理各种证明文件，大幅度提升文件处理的速度和准确性。

2）多模态智能审核

业务审核是财务共享中心核心工作，公司的属性决定从上至下的管理要求逐级从严，八规管控极其严格，因此业务审核人员和时间投入较大，审核提效就成为财务共享中心智能化不断努力的重点方向。中国金茂在共享审核中，加入了多模态智能审核场景，运用金蝶 AI 管理助手 Cosmic，实现对多种类型票据混贴，多附件多文档的智能审核功能。Cosmic 能够对超长文本进行业务总结，并自主分析、检查、校验业务关联性和合理性。此外，模型还能进行自主判断、审核和洞察，实现复杂业务的自动审核（如图 2-6-7）。

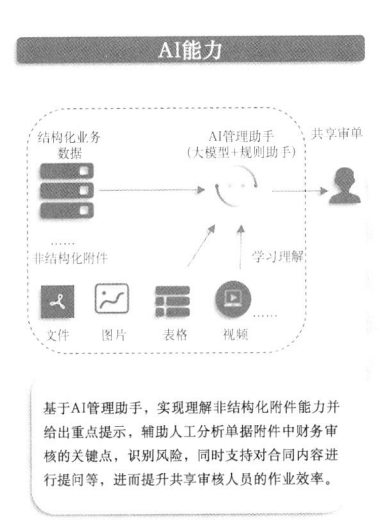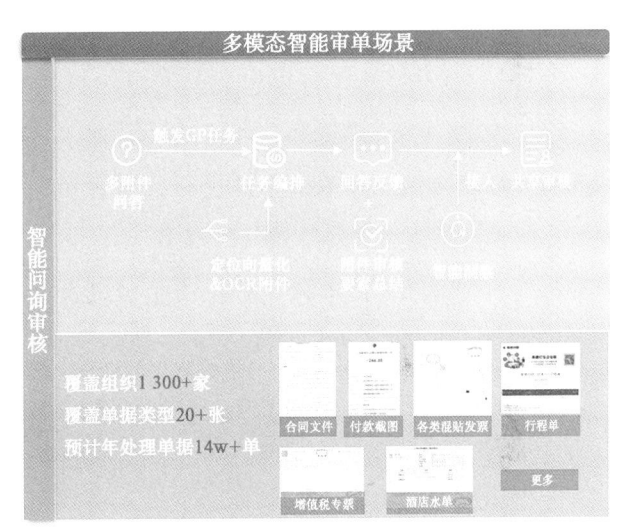

图 2-6-7　多模态智能审核架构图

在共享审单时，GPT 附件审核利用 OCR 识别技术和 GPT 语义理解能力，解决以下场景：①对合同长文本类附件进行审核要素提炼总结和继续问询；②对图片类单据附件进行审核要素提取总结和附件继续问询；③共享审核时，利用 GPT 技术，对合同等长文本附件信息进行提取总结，同时也支持图片信息的提取、总结和询问，覆盖图片格式包括 jpg/jpeg/png/bmp/OFD；④通过使用 GPT 助手学习理解财务中台单据附件内容，按财务审核要求提炼总结附件关键信息，再整合给出重点审核要素，辅助人工分析单据及附件中财务审核关键点，如图 2-6-8）。

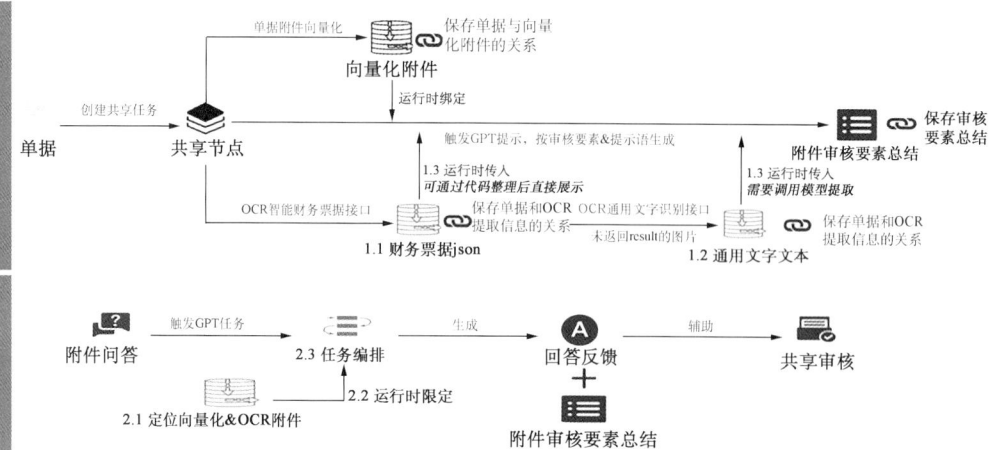

图 2-6-8 GPT 附件审核框架图

GPT 智能审核可以提升共享审核人员的作业效率，辅助人工审核，提高审核质量、降低共享中心人力成本。其主要价值包括以下三点。

自动化：对单据附件进行向量化处理，自动根据提示语进行审核要素总结提炼，辅助人工审核，提升工作效率。

智能化：在审核过程中支持针对附件内容进行连续追问，智能解答审核人员疑问。

专业化：定义单据类型、附件类型与审核要素关系，系统预置审核要素映射关系，并支持财务人员进行专业化配置，提升 GPT 助手专业性总结能力，保证附件审核质量。

四、金茂集团智能化技术应用的价值

（一）经营业绩管理更高效、客观、准确

1）经营业绩目标制定

基于良好的基础数据、业财一体化业务数据，公司搭建了一套上下游关联、数据自动勾稽的全面预算体系，支持了 800 家公司、超 3 000 人在线编制全面预算，数据自底向上自动汇总。预算编制的时间由线下近 1 个月大幅降低至线上 1 周，上下级组织和跨专业之间的协同效率提升约

70%,节约公司人工成本超1万人/天。在为公司大幅降低管理成本的同时,为公司领导节约了大量分析与决策时间。

2)经营业绩动态分析

准确快速整合各业务系统数据,综合展现签约和做收两个重要经营节点的毛利指标,按时间维度、组织维度多维开展分析。

通过自动汇集业务数据,计算业绩结果,减少了传统手工收集、层层上报、层层审核的工作模式,业绩报告周期由传统的1周降低至1天,公司领导可通过手机端,随时随地了解经营业绩,从而快速经营分析与决策。

3)经营业绩考核自动计算

基于良好的基础数据以及业财一体化联动的业务数据,结合业绩目标数据,顺利实现业绩考核自动计算,更加快速、准确、客观地反馈各级组织对公司的价值贡献程度,如图2-6-9所示。

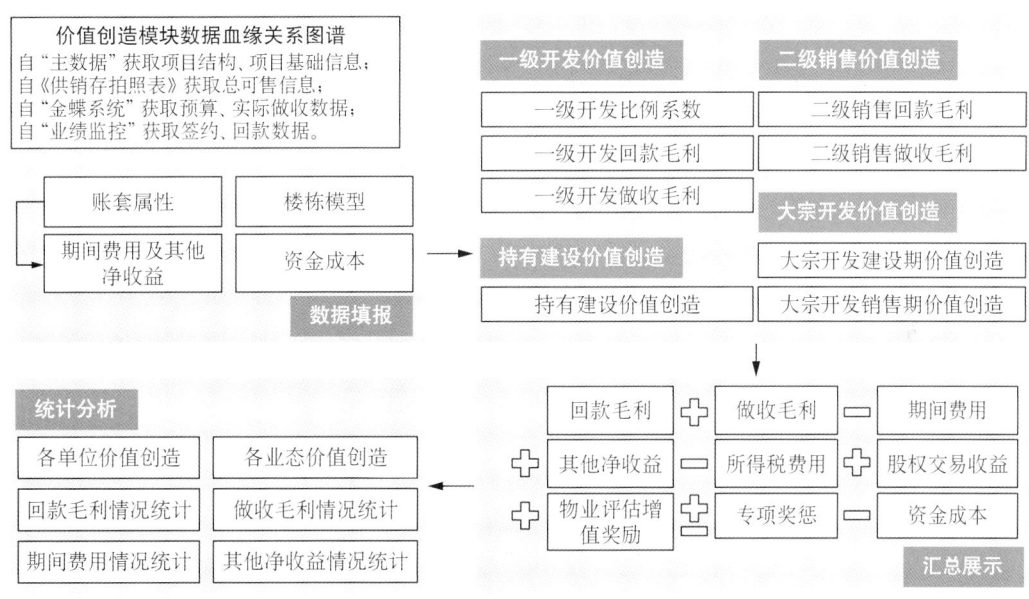

图2-6-9 价值创造数据模型

4)自定义经营业绩分析

支持一线经营单位结合自身需求,灵活自定义本单位经营分析工具,支持一线单位管理创新工作,提升一线单位管理创新活力,自底向上推动数字体系质量,提升公司整体经营管理能力,激发管理创新潜能(如图2-6-10)。

整合各业务系统实际发生数据，综合展现签约和做收两个重要经营节点的毛利指标，并可按时间、组织、产品等多个维度进行分析，让公司业绩统计分析更快、更全、更可靠。

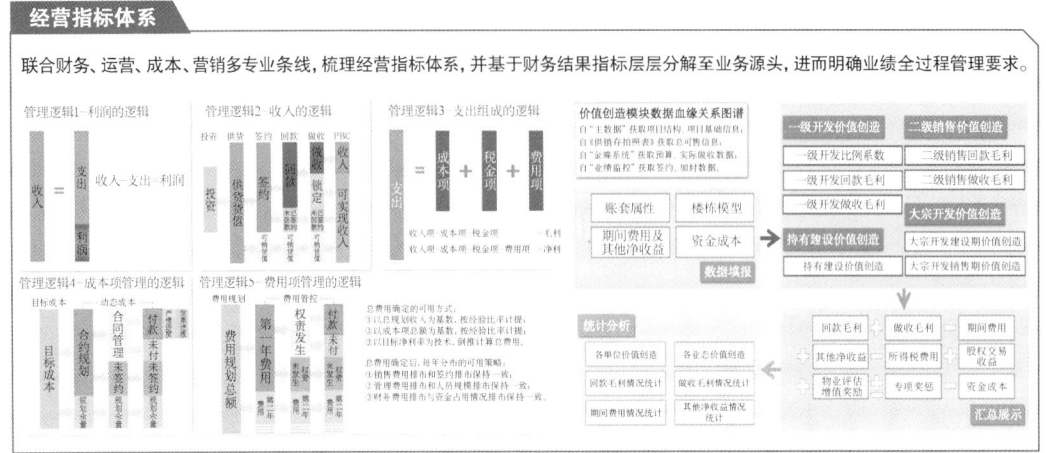

图 2-6-10　经营业绩分析示例（一）

（二）完善业财税融合，提升跨专业协同效率与质量

业财税一体化如图 2-6-11 所示，主要由销售端业财一体化、支付端业财一体化、财务利润结转业财一体化组成。此外，智能收单机器人和税务管理系统也是业财税融合的重要组成部分。

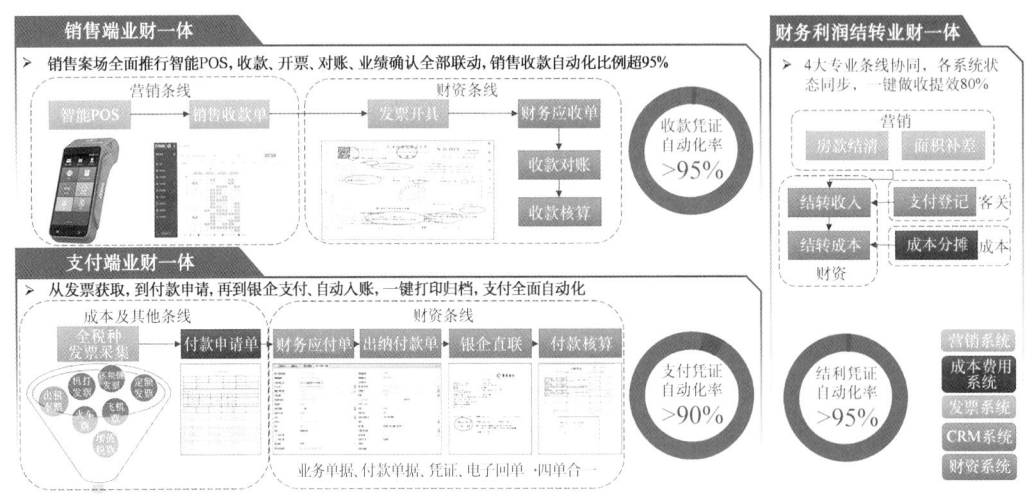

图 2-6-11　经营业绩分析示例（二）

1）销售端业财一体化

超 300 家公司上线销售端业财一体化，凭证自动化生成率达 99%，提

升了销售回款数据与财务凭证数据一致性。在保障凭证数据真实准确的同时,为一线节省人工成本超 1 400 人×天。

业财一体化功能帮助理清销售、财务回款口径,确定销售业绩口径与财务回款口径差异,并定期自动获取,减少线下人工沟通。

200 余家公司上线销项税发票直连开票,年开具发票 10 万多张。提升发票数据准确性,为公司节省人工约 200 人×天。

2) 支付端业财一体化

支付端业财一体化(如图 2-6-12、图 2-6-13),使得整体凭证自动化生成率达到 90%,提升了成本支付数据与财务凭证数据一致性,提升了业务与财务工作协同效率。为一线节省人工超 1 000 人×天。

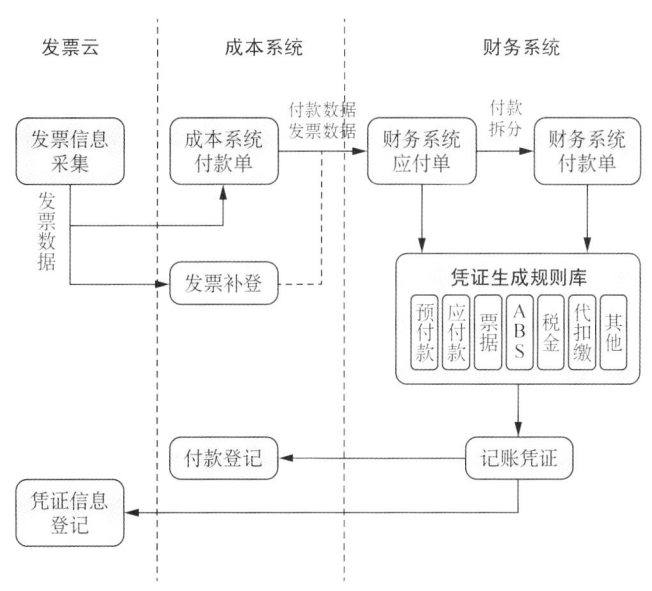

图 2-6-12　支付端业财一体化流程图(一)

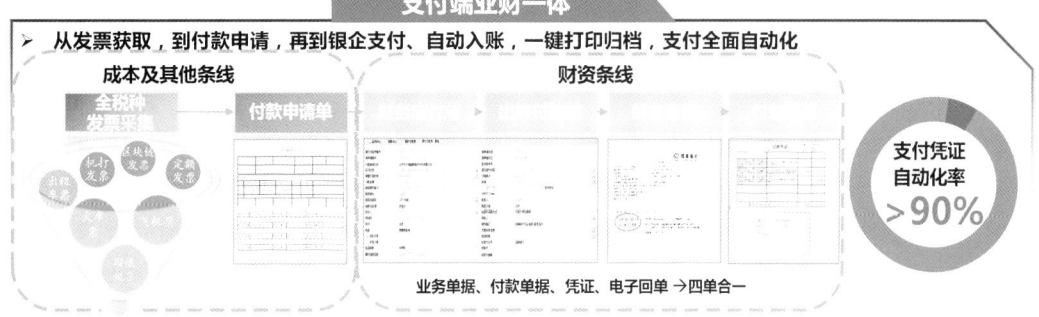

图 2-6-13　支付端业财一体化流程图(二)

理清并统一成本与财务的付款口径,确保口径与结果一致,减少线下沟通。

592个公司上线发票采集功能,年采集发票超100万张。发票数据准确性、合规性提升,为一线节省时间超2 000人×天。

3)财务利润结转场景业财一体化

财务利润结转场景是业财一体化(如图2-6-14)工作中具有创新性的一项重要工作,在做收环节内将营销销售和成本管理两大业务数据流汇集在一起,实现六类业务系统的数据集成,为一线减少了大量繁杂的线下沟通、数据汇总、核对和处理等工作。

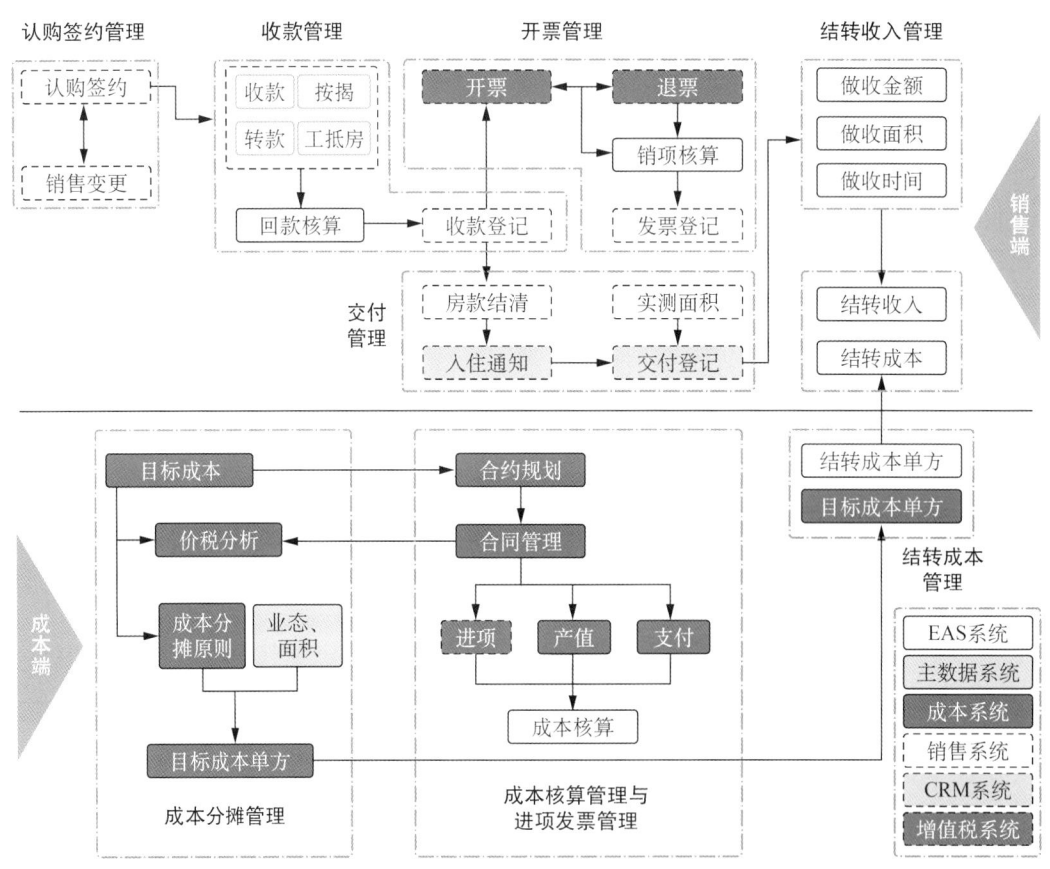

图2-6-14 利润结转示意图

共计100余家公司上线利润结转场景业财一体化,保障利润真实准确,年节约人工成本约128人×天。

4)智能收单机器人

智能收单机器人在全国30多个城市全面铺开,年自动收单超10万件,财务审单岗提效30%。智能收单机器人的运作流程如图2-6-15所示。

【收单机器人】借助物联网、机器人等高新技术,实现报销单据一键投取、自动扫描、智能审核、自动归档、全程监控,24小时值守,提升员工报销体验财务审单岗提效30%。

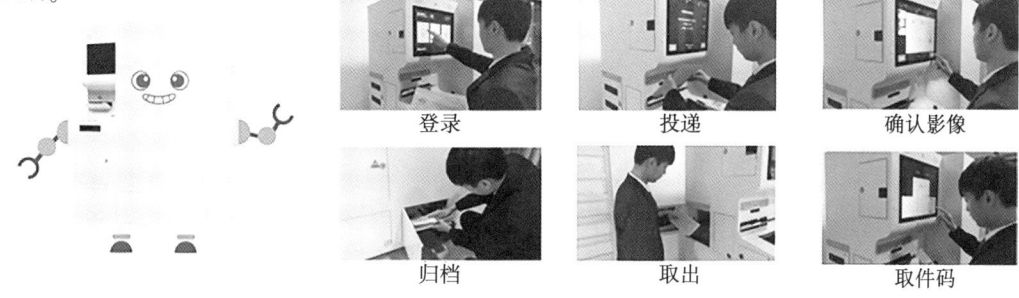

图2-6-15 智能收单机器人示意图

5)税务管理系统

税务管理系统(如图2-6-16)拉通了主数据、销售数据、成本数据、财务数据、销项发票数据、进项发票数据,实现基于"业财税一体化"模式下的自动计税。一线税务用户反馈,单次税务申报涉及数据审核、税额计算等工作,以往平均需36小时,现降低为平均6小时。每100家法人公司有超2000次税务申报任务,粗略计算约节省6万小时人工,以每天工作8小时计算,共计节省约7500人×天。同时,减少了手工错算、漏算,避免多交、少交等异常情况。同时通过税金统计、税负率统计等,综合把控各经营单位税费缴纳情况,统筹公司所属各项税金数据,掌握各单位纳税情况。

(三)打造智能财务共享中心

1)数字员工应用推广

数字员工2023年正式上岗,在智能客服、投单引导、智能洞察等方面起到关键作用,对用户体验和效率提升帮助巨大(如图2-6-17)。

2)智能审核深化应用

智能审核从单纯的抓取单据数据进行规则判断,进化到通过大语言模型、OCR技术总结归纳单据信息和附件信息,形成整体审核要素,结合各项审核规则,直接给出审核建议,超过90%的单据可以直接判断,审核效率提升50%以上(如图2-6-18)。

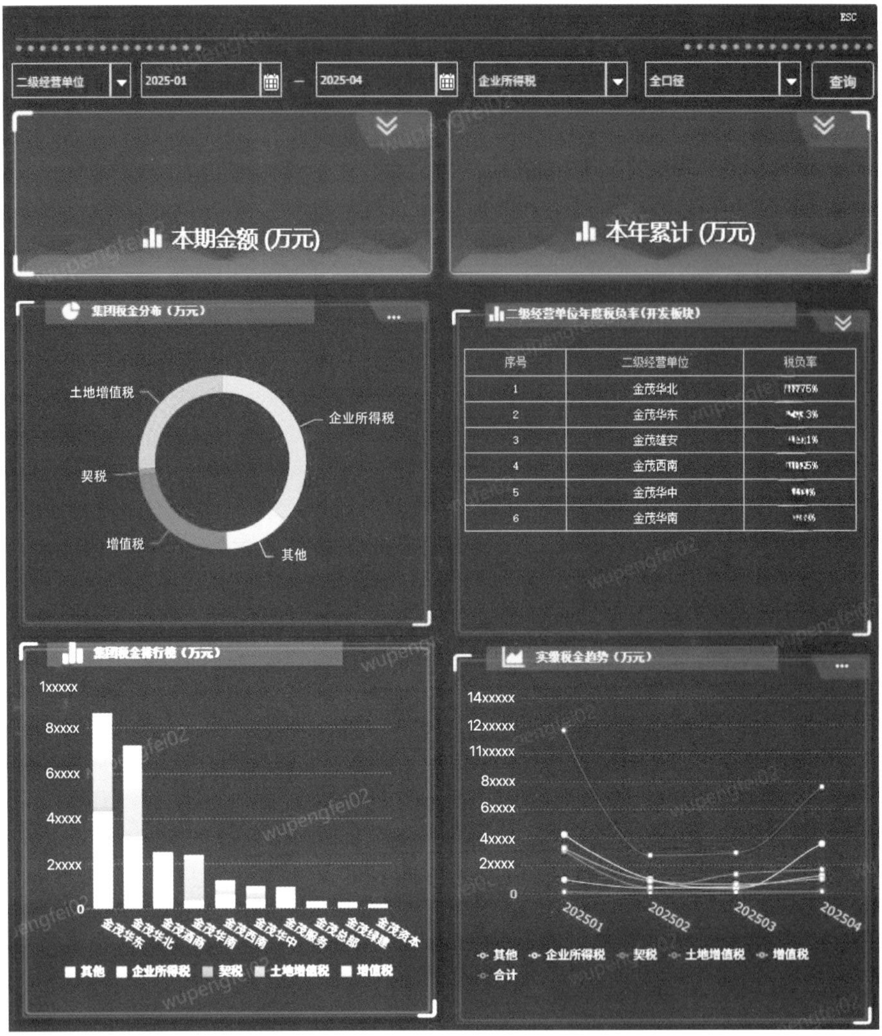

图 2-6-16 税务管理系统示意图

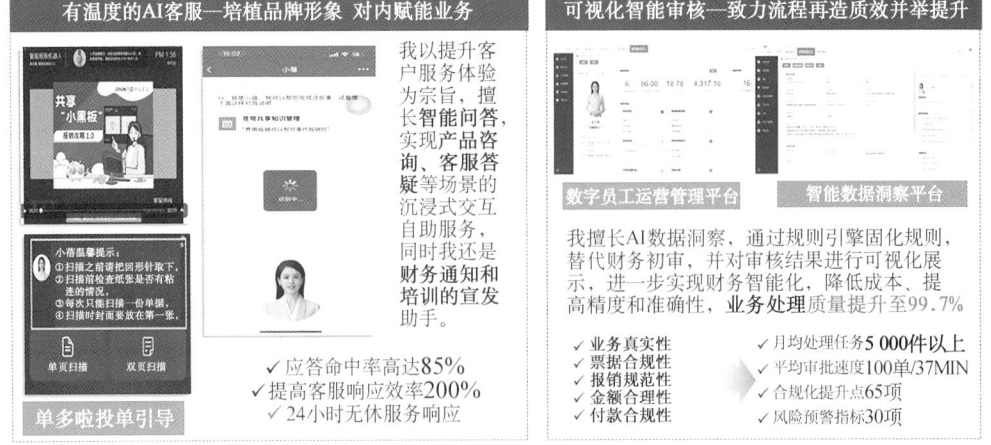

图 2-6-17 数字员工应用效果

图 2-6-18　智能审核应用效果

共享审单环节附件审核：利用 OCR 识别技术和 GPT 能力理解附件内容，在共享审批页面的附件审核页签展示附件审核结果，共享审单员在共享任务中心进行任务处理时，可以在任务审批页面的附件审核页签下查看附件审核要素提炼总结的具体内容，若提炼总结的内容不足以支撑审核单据任务，还支持对附件内容继续询问（如图 2-6-19、图 2-6-20）。

共享附件审核继续追问：在共享任务处理页面的附件审核页签点击【继续问询】后，将自动打开侧边栏并展示附件审核提炼总结的内容（与附件审核页签展示内容一致），用户可在侧边栏的对话框中输入对该单据附件的继续问询内容，GPT 大模型将在理解附件内容的基础上做出回答并展示在侧边栏中（如图 2-6-21）。

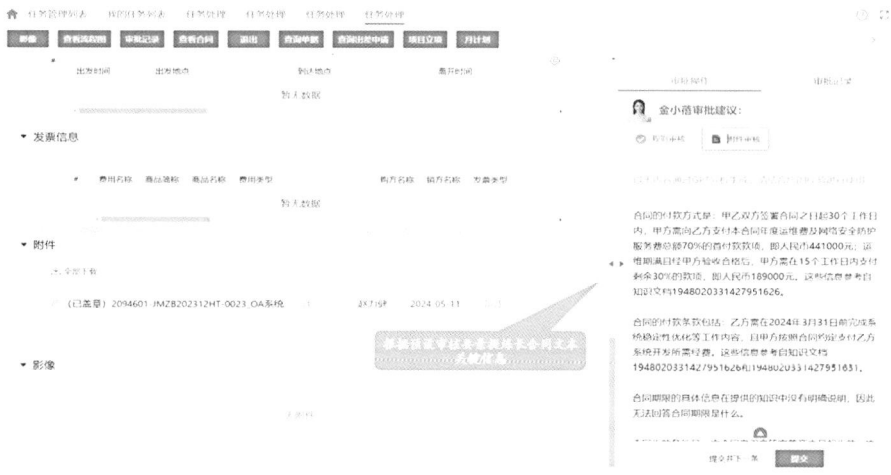

图 2-6-19　GPT 附件审核对合同长文本类附件总结提炼的内容（一）

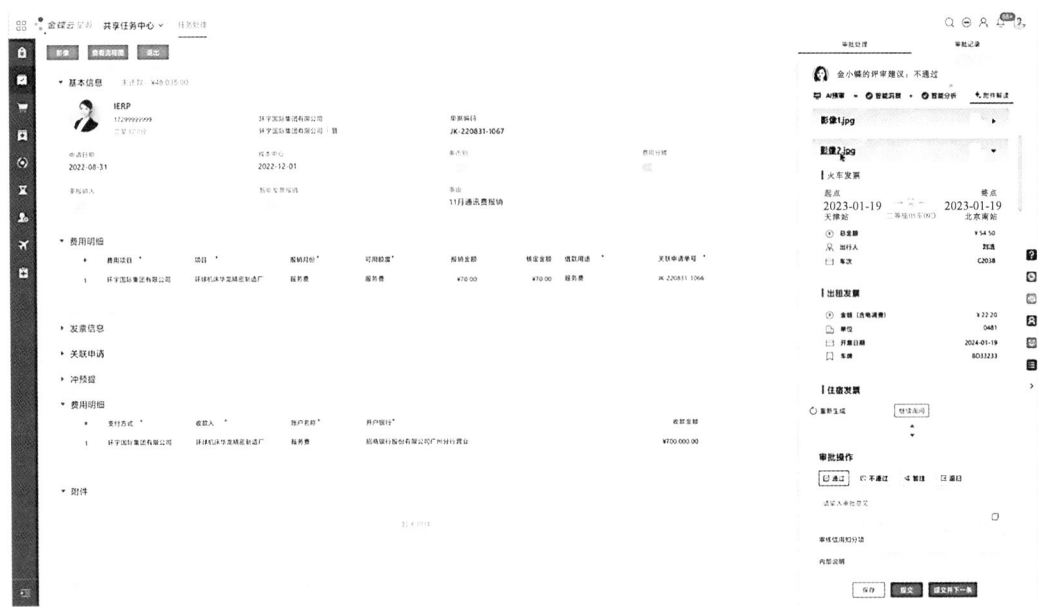

图 2-6-20　GPT 附件审核对合同长文本类附件总结提炼的内容（二）

图 2-6-21　GPT 附件审核继续追问

五、人工智能技术应用的发展趋势

（1）从 AI 大模型迈向通用人工智能：大模型技术仍有上升空间，OpenAI 等公司可能会发布更具革命性的产品。像 OpenAI 正在训练的下一代人工智能"Q*"，其智能不来自人类活动的数据，且有能力修改自身代码以适应更复杂的学习任务，未来可能自主发展出在各个领域超越人类水平的 AI。通用人工智能若得以实现，可用于解决各种复杂的科学难题，但如何监督和确保其不会危害人类是需要思考的问题。

（2）合成数据打破训练数据瓶颈：合成数据是由机器学习模型利用数学和统计科学原理合成的数据，类似给 AI 编写的专门教材。使用合成数据有望解决训练 AI 时高质量数据有限的问题，还能减少数据安全和隐私方面的困扰，避免人工智能学到有害内容。未来，人类社会的大数据可能不再是 AI 训练所必需的，AI 训练所需的合成数据将采用另一套标准管理，但如何确保相关公司和机构负责任地制作合成数据，以及制作符合本国文化与价值观的合成数据训练集，是具有挑战性的课题。

（3）量子计算机可能率先应用于人工智能：量子计算机擅长并行计算，可同时计算和存储"0"和"1"两种状态，无需额外的计算资源。而人工智能领域的算法大多属于并行计算范畴，计算任务越复杂，量子计算机的优势越明显。随着人工智能算力需求的增加，量子计算机有可能率先在该领域得到应用。

（4）人工智能加速迈向全面应用新阶段：目前人工智能正从单点应用向多元化应用、从通用场景向行业特定场景深入，在工业质检、知识管理、代码生成、语音交互等众多领域带来创新机遇。未来还需要进一步深入应用场景、赋能具体产业环节，这需要产业链和创新生态的深度协同。

（5）更加通用的人工智能有望实现：人工智能大模型有可能发展成为更加通用的人工智能，结合硬件设施，与物理和人类世界互动，逐步缩小与真正的"通用人工智能"的差距。此外，视觉、具身人工智能大模型可能成为下一个爆发点，未来也有望通过类脑智能实现真正拥有动态涌现能力的人工智能。决策科学与人工智能的融合创新，或能在更高层级的决策功能上起到很大的辅助作用。

（6）人工智能的"人性化"转变：人工智能等技术的普及正重新组织数据的应用，使其朝着推理判断、模仿人类创造力的方向进展。人工智能将成为个人在生活和工作中的代理，并与其他代理相互联动，形成庞大的生态系统。同时，利用相关技术创建的全新三维环境，能创建出内容丰富的沉浸式人机互动世界，并且人性化的界面技术将更准确地理解人类行为和意图，革新人机交互模式。

（7）大模型开源：企业将通过开源模型提升人工智能能力，如使用GPT-J和BERT等开源模型扩展其人工智能实力。

（8）人工智能的实际意义：人工智能的实用性正在得到越来越多的关注。企业会以更积极的态度制定相关发展战略并履行承诺，同时密切关注风险和规定。在各行业的应用中，如医疗领域将更精准高效，金融领域将更智能，交通出行领域的无人驾驶汽车及公共交通系统会更优化，智能家居领域会更智能、便捷、安全，教育领域也会更智能高效。

人工智能技术的发展非常迅速，且受到多种因素的影响，实际的发展趋势可能会有所不同。同时，随着技术的进步，也需要关注相关的伦理、法律和社会问题，以确保人工智能的发展是有益和可持续的。

AI 风险和信息系统风险类信息技术在会计行业的发展与应用

廖运发，中国信息通信研究院华东分院
宋永豪，立信会计师事务所

2024年6月20日，国家主席习近平向2024世界智能产业博览会致贺信，指出人工智能是新一轮科技革命和产业变革的重要驱动力量，将对全球经济社会发展和人类文明进步产生深远影响。中国高度重视人工智能发展，积极推动互联网、大数据、人工智能和实体经济深度融合，培育壮大智能产业，加快发展新质生产力，为高质量发展提供新动能。中国愿同世界各国一道，把握数字化、网络化、智能化发展机遇，深化人工智能发展和治理国际合作，为推动人工智能健康发展、促进世界经济增长、增进各国人民福祉而努力。

当前，世界百年未有之大变局加速演进，科技革命与大国博弈相互交织，以人工智能、量子技术等为代表的高技术领域成为国际竞争最前沿和主战场。所以人工智能也成为本次影响中国会计行业十大信息技术的热点。

一、AI大模型的概念、特征与现状

（一）AI大模型的概念

AI大模型是指具有庞大规模和复杂结构的人工智能模型，这些模型通常包含数十亿甚至数万亿个参数，并通过深度学习技术从大规模数据中学习并提取复杂的模式和规律。

（二）AI大模型的特征

从定义理解，AI大模型的特征如下：

（1）参数规模庞大：AI大模型的核心在于其庞大的参数规模，这些参数用于存储模型学习到的信息和知识，能够表示复杂的语言结构、图像特征或其他类型的数据特征。

（2）神经网络结构复杂：AI大模型通常采用深度神经网络结构，如Transformer架构等，通过多层次的非线性变换和激活函数，提取数据中的高阶特征，并建立起特征之间的复杂关系。

（3）数据驱动：AI大模型依赖大规模数据进行训练，这些数据可以是文本、图像、语音等多种形式，通过无监督或有监督的学习方式，使模型学习到通用的语言或知识表示。

从技术变革的历史和产业演进的全局视角来看，AI大模型具有以下几个特征：

（1）颠覆性：AI大模型具有颠覆性技术的潜质，其能力在某些方面已经接近甚至超越人类专家。例如，GPT-4的编码能力已相当于高薪工程师或资深软件开发人员，正在从传统的"工具"向更加智能的"助手"甚至"专家"转变。

（2）涌现性：当模型参数超过某个临界值时，人工智能能力会实现突变。这种特性使得AI大模型在处理复杂任务时能够展现出前所未有的性能。

（3）工程化：AI大模型是工程化的重大创新，其核心技术壁垒是数据、算法、算力等要素资源的精巧组合。这要求开发者不仅要有深厚的理论基础，还需要具备强大的工程实践能力。

（4）密集型：AI大模型是技术、资本、人才密集型产业。大算力、大数据、大模型决定了AI大模型的竞争是一场大国的游戏、巨人的战场。

（5）通用性：AI大模型具有通用性，可以应用于多个领域和场景。例如，GPT系列模型不仅在自然语言处理领域表现出色，还在文本生成、对话生成、翻译等多种任务上展现出强大的能力。

（三）AI大模型的现状

当前，AI大模型在多个领域取得了显著进展，但同时也面临着诸多挑战,主要集中在以下几点。

(1) 从技术进展上看,AI 大模型在自然语言处理、计算机视觉等领域取得了令人瞩目的成绩。例如,GPT 系列模型在文本生成、对话生成等任务上表现出色;ViT 等模型在图像分类任务上超越了传统的 CNN 模型。

(2) 从应用拓展上看,随着技术的不断进步和数据的日益增长,AI 大模型正在逐步拓展其应用领域。目前,AI 大模型已经广泛应用于医疗、金融、教育、交通、农业等多个领域,为这些领域带来了创新和进步。

(3) 从挑战与机遇上看,尽管 AI 大模型在多个方面取得了显著成果,但也面临着诸多挑战。这些挑战包括计算资源需求巨大、数据标注和采集困难、模型泛化和可解释性不足、隐私和安全风险等。同时,AI 大模型的发展也带来了许多机遇,如推动产业升级、促进技术创新等。

二、AI 大模型在会计行业应用的背景、思路

(一) 中国人工智能的政策布局

中国人工智能的政策布局呈现出全面、深入且前瞻性的特点,旨在通过政策引导和支持,推动人工智能技术的创新和产业的高质量发展。中国的人工智能政策在近年来得到了全面的制定和实施,旨在推动人工智能技术的研发、应用和产业化发展。以下是国家层面的几个人工智能重要政策:

1.《新一代人工智能发展规划》(2017 年)

主要内容:明确了我国人工智能发展的战略态势、总体要求、重点任务和保障措施,提出要构建开放协同的人工智能科技创新体系,培育高端高效的智能经济,建设安全便捷的智能社会,加强人工智能领域军民融合,构建泛在安全高效的智能化基础设施体系等。

2.《关于加快场景创新 以人工智能高水平应用促进经济高质量发展的指导意见》(2022 年)

主要内容:聚焦人工智能重大应用和产业化问题,加快人工智能场景

创新,以场景创新推动人工智能技术和产品落地应用,加速新技术迭代升级,以人工智能高水平应用促进经济高质量发展。

3.《生成式人工智能服务管理暂行办法》(2023年)

主要内容:促进生成式人工智能健康发展和规范应用,维护国家安全和社会公共利益,保护公民、法人和其他组织的合法权益。该办法明确了生成式人工智能服务提供者应当遵守的法律法规、社会公德和伦理道德,提出了技术发展与治理的具体措施。

4.《国家人工智能产业综合标准化体系建设指南(2024版)》

主要内容:旨在加强人工智能标准化工作系统谋划,构建满足人工智能产业高质量发展和"人工智能+"高水平赋能需求的标准体系。该指南重点围绕基础共性、基础支撑、关键技术、智能产品与服务、赋能新型工业化、行业应用、安全/治理7个部分制定相关标准。

(二)从"互联网+"到"人工智能+"的转变趋势

从"互联网+"到"人工智能+"这一转变体现了中国在面对新一轮科技革命和产业变革时,不断释放创新动能、推动经济社会高质量发展的战略决策。

1. 背景与概念

1)"互联网+"

2015年政府工作报告中首次提出"制定'互联网+'行动计划"。"互联网+"是基于互联网技术,通过与传统行业的深度融合,推动传统产业转型升级,形成新的经济业态和发展模式。

2)"人工智能+"

近年来,特别是在2024年的政府工作报告中明确提出了"开展'人工智能+'行动"。"人工智能+"是指通过计算机系统实现的智能行为与各行各业以及各种应用场景进行深度融合,利用人工智能技术推动传统行业的转型升级和社会经济结构的变革。

2. 转变的核心要素

从"互联网+"到"人工智能+",技术的演进是关键。互联网技术的发展为数据的积累和传输提供了基础,而人工智能技术的兴起则使得对这些数据的深度挖掘和应用成为可能。在"互联网+"时代,数据的积累呈指数级增长,但数据的应用多停留在表面。而在"人工智能+"时代,通过对海量数据的深度学习和分析,可以挖掘出更多有价值的信息,为决策提供有力支持。

算法是人工智能技术的核心。在"人工智能+"时代,算法的优化和提升成为关键。通过不断改进算法结构、优化算法参数等方式,可以使得算法在处理大规模数据时更加高效和准确。

算力是支撑人工智能技术发展的重要因素。随着深度学习等技术的广泛应用,人工智能对算力的需求越来越高。只有具备强大的算力支撑,才能满足人工智能技术在各个领域的应用需求。

3. 转变的影响与意义

"人工智能+"行动将推动传统产业的转型升级,提高生产效率和质量。通过人工智能技术的应用,可以实现生产过程的智能化、自动化和精准化控制。

人工智能技术的普及将催生出一批新的业态和商业模式。例如,智能家居、智能交通、智能医疗等领域将迎来快速发展。

从整个国家的竞争力上看,发展"人工智能+"对于提升国家竞争力具有重要意义。通过掌握人工智能核心技术并推动其产业化应用,可以在全球科技竞争中占据有利地位。

人工智能技术的应用将极大地改善人们的生活质量。例如,在医疗领域,人工智能可以帮助医生进行精准诊断;在教育领域,人工智能可以提供个性化的学习体验等。

(三)中国人工智能产业保持高增长,举足轻重

根据国际数据公司(International Data Corporation,IDC)的统计,全球人工智能产业规模以显著的速度增长,从2022年的4 328亿美元增长到2024年的6 000亿美元以上,整体增长趋势是明确的(如图2-7-1)。中国作为人工智能市场的重要参与者,收入增长尤为显著。IDC预测,到2027年,中国人工智能总投资规模将突破400亿美元,年复合增长率为25.6%。

中国人工智能产业增速加快,数字经济规模居全球第二,这一趋势可以从多个方面得到印证。

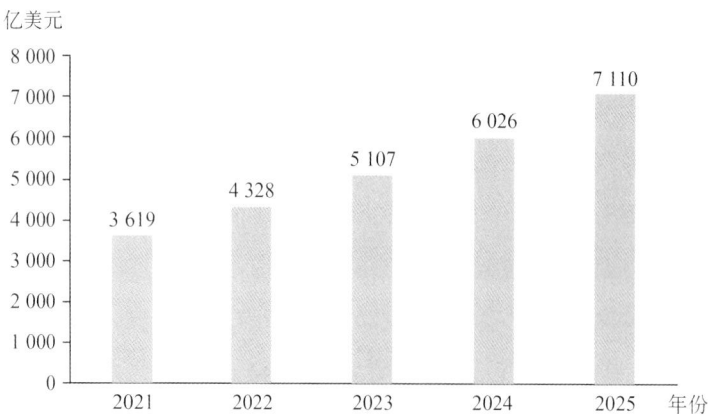

图 2-7-1　全球人工智能产业市场规模

1. 中国人工智能产业增速加快

1）企业数量增长

据全国组织机构统一社会信用代码数据服务中心统计,"十四五"以来,人工智能企业数量平稳增长。2021—2023 年平均增速达到 50.63%,高于"十三五"期间约 18 个百分点。

进入 2024 年,人工智能企业继续保持增长态势。截至 2024 年 6 月 30 日,企业数量同比增长 35.65%,发展态势持续向好,为带动与支撑我国人工智能产业抢占未来发展制高点发挥了积极作用。

2）技术体系与产业创新

我国已构建起包括智能芯片、大模型、基础架构和操作系统、工具链、深度学习平台和应用技术在内的人工智能技术体系、产业创新生态和企业联盟。人工智能技术的快速演进为相关产业发展提供了充足动能,推动了我国人工智能产业的快速发展。

3）经济贡献

人工智能已成为新一轮科技革命和产业变革的重要驱动力量和战略性技术。相关数据显示,2023 年我国人工智能核心产业规模达 5 784 亿元,增速为 13.9%。生成式人工智能的企业采用率已达 15%,市场规模约为 14.4 万亿元,显示出巨大的市场潜力和经济价值。

2. 中国数字经济规模居全球第二

根据中国信息通信研究发布的《全球数字经济白皮书(2023 年)》,

2022年中国数字经济规模为7.5万亿美元,位居全球第二,仅次于美国。在数字基础设施指数中,中国排名全球第三位,仅次于美国和新加坡。在数字市场指数中,中国排名全球第二位,仅次于美国。尽管在数字技术指数和数字治理指数中,中国的排名相对较低,但均呈现出快速增长态势。

总之,中国人工智能产业增速加快,数字经济规模居全球第二,这得益于我国雄厚的产业基础、持续的政策激励以及人工智能技术的快速演进。未来,随着人工智能与实体经济的深度融合,我国人工智能产业将继续保持快速增长态势,为经济发展注入新的动力。同时,我国也将继续加强数字基础设施建设,提升数字治理能力,推动数字经济高质量发展。

(四)全球人工智能企业数量猛增

毕马威联合中关村产业研究院发布的《人工智能全域变革图景展望:跃迁点来临(2023)》报告显示,截至2023年6月底,全球人工智能企业共计3.6万家。其中,美国人工智能企业数量占全球总数的34%,中国占比16%,英国占比7%,三个国家人工智能企业数量合计占全球五成以上。

在2024全球数字经济大会上,中国信通院院长余晓晖发布的《全球数字经济白皮书(2024年)》显示,截至2024年一季度,全球AI企业近3万家。这一数字较2023年6月底的数据有所减少,可能是统计时间点的不同或统计口径的差异所致。

无论是在哪个时间点,中国在全球人工智能企业数量中都占据了重要地位。中国的人工智能企业数量稳步增长,技术体系与产业创新不断完善,为经济发展注入了新的动力。

中国人工智能企业主要集聚于北京、广东、上海、浙江等地,形成京津冀、长三角、粤港澳三足鼎立的格局。这些区域不仅拥有丰富的人才资源和技术积累,还具备完善的产业链和配套设施,为人工智能企业的发展提供了有力支持。

截至2023年6月底,全球人工智能领域独角兽企业总数达291家,其中美国和中国企业数量分别为131家和108家,两国平分秋色。独角兽企业的快速增长反映了人工智能领域的巨大潜力和市场吸引力,也预示着未来人工智能产业将继续保持高速增长态势。

综上所述,虽然不同时间点的统计数据存在差异,但全球人工智能企业数量已超过两万九千家,并且中国在全球人工智能企业中占据重要地位。随着技术的不断进步和市场的不断拓展,未来人工智能产业将迎来更加广阔的发展前景。

(五)大模型带动 AI 产业投资

大模型在近年来快速发展,并显著带动了 AI 产业的投资。以下是大模型带动 AI 产业投资的主要方面。

1. 技术迭代与市场潜力

(1)技术持续升级:国内外 AI 大模型持续迭代升级,多模态成为主要趋势。这种技术升级不仅提升了模型的性能和准确性,还拓宽了 AI 的应用场景,为投资者提供了更多的投资机会。

(2)市场潜力巨大:随着 AI 技术的不断成熟和应用场景的不断拓展,AI 产业的市场规模迅速扩大。相关报告显示,2023 年我国 AI 大模型行业规模已达到 147 亿元,显示出巨大的市场潜力和投资价值。

2. 政策支持与投资环境

(1)政策引导:国家层面出台了一系列支持 AI 产业发展的政策,如《数字经济 2024 年工作要点》《算力基础设施高质量发展行动计划》等,为 AI 产业的发展提供了良好的政策环境。

(2)投资环境优化:各地政府也积极出台配套措施,如北京市的《北京市算力基础设施建设实施方案(2024—2027 年)》和《人工智能算力券实施方案(2023—2025 年)》,通过提供资金支持、税收优惠等方式,吸引更多的企业和资本进入 AI 产业。

3. 应用场景与商业化进展

(1)应用场景丰富:大模型在多个领域展现出强大的应用潜力,如游戏、教育、影视 IP、电商、MR 等。这些领域通过融合 AI 技术,实现了产品和服务的创新升级,提升了用户体验和效率。

(2)商业化进展显著:多家 AI 产业链内的公司已获得机构重点关注及提前布局,并在 AI 大模型技术和产品研发、业务布局、生态合作等方面持续发力,取得了显著的商业化成效。

4. 投资机会与风险

(1)投资机会:对于投资者而言,大模型带来的技术革新和市场拓展为投资AI产业提供了丰富的机会。可以关注在AI技术、算力基础设施、应用场景等方面具有核心竞争力的企业和项目。

（2）投资风险：投资AI产业面临的主要风险包括技术迭代速度快、市场竞争激烈、商业化进展不及预期等。投资者需要充分了解市场情况和企业实力，谨慎评估投资风险。

综上所述，大模型作为AI产业的重要驱动力之一，正在带动整个AI产业的快速发展并引发投资热潮。未来随着技术的不断进步和应用场景的持续拓展，AI产业有望迎来更加广阔的发展前景和投资机遇。

（六）国内大模型建设相关采购规模扩张逐步加速

国内大模型建设相关采购规模扩张逐步加速，这一趋势可以从多个方面得到体现：

1. 市场规模快速增长

根据公开招标中标信息以及一手调研数据测算，2023年中国大模型市场直接规模约为50亿元人民币。招投标市场已经发起190次大模型采购需求，采购规模达5.95亿元，相关项目相继在16个行业落地。

2024年，中国大模型市场迎来商业化爆发，市场直接规模达到120亿元人民币左右，间接市场规模或超千亿元，2024年大模型招投标市场规模突破331亿元。

2. 采购特点与趋势

2023年，企业用户在大模型方面的采购特点是论证多、采购少，预算规模大多不超过百万元。2024年，企业用户开始大量释放大模型预算，规划中大模型占AI预算约10%，预算规模大多为数百万元。

围绕大模型技术的基础设施建设、技术应用正同步推进，服务应用呈现指数级增长，基础设施建设则朝着专用化发展。

学校、通信运营商、科技企业将引领大模型研发节奏，政府及事业单位、金融、能源企业将是行业大模型推进的重点客户。

3. 项目落地与采购分布

大模型项目在多个行业相继落地，包括教育、金融、医疗、能源等。例如，水稻技术项目的大模型底座和应用、气象预报区域大模型、预问诊大模型等。

头部招标公司大致分为寻找合作伙伴共同研发大模型方案的科技公司、正加紧打造自有大模型矩阵的三大运营商、带头推进大模型应用的政府及事业单位以及垂直行业的龙头企业。

采购需求主要集中在北京、广东、上海、江苏、浙江等地，这些地区在政策支持和市场需求方面均处于领先地位。

4. 供应商情况

随着大模型市场的快速发展，大模型供应商数量也呈现快速增长趋势。大量优秀的大模型供应商陆续浮出水面，并成功中标多个项目。

中标公司中，智谱 AI、百度、科大讯飞、华为等的中标数位居前列。这些公司在技术研发、产品应用和市场拓展方面均具有较强的实力。

综上所述，国内大模型建设相关采购规模正在逐步加速，市场规模快速增长，采购特点和趋势明显，项目落地情况良好，供应商数量不断增加。未来随着技术的不断进步和市场的进一步拓展，大模型建设相关采购规模有望继续保持快速增长态势。

三、大模型的应用及风险

（一）AIGC 的应用已经崭露头角

AIGC（AI-Generated Content，人工智能生成内容）应用的发展近年来呈现出蓬勃的态势，其应用领域不断拓宽，技术不断创新，对各行各业产生了深远的影响。以下是对 AIGC 应用发展的详细分析。

1. AIGC 应用的发展现状

AIGC 技术主要依赖于深度学习、大模型等人工智能技术的发展。特别是以 GPT 为代表的大语言模型，为 AIGC 在文本生成方面提供了强大的技术支持。

在图像、音频和视频生成领域，生成对抗网络（GANs）、变分自编码器（VAEs）和 WaveNet 等模型也取得了显著进展，推动了 AIGC 技术的多元化发展。

目前，AIGC 的应用领域集中在以下方面：

(1) 文本生成：AIGC在文本生成方面的应用最为广泛，包括新闻稿、博客文章、产品描述、小说和诗歌创作等。

(2) 图像生成：在艺术创作、图像处理、图像修复、风格迁移和虚拟试衣等领域，AIGC技术也展现出了巨大的潜力。

(3) 音频和视频生成：语音合成、语音翻译、视频特效、虚拟主播等应用，使得AIGC在音频和视频领域同样具有广泛的应用前景。

在商务应用上，越来越多的企业开始将AIGC技术应用于产品开发和客户服务中，以提高生产效率和客户满意度。例如，智能客服和虚拟助理等应用已经广泛应用于电商、金融、医疗等多个行业。

2. AIGC应用的未来发展趋势

未来，AIGC技术将朝着多模态内容生成的方向发展，即结合文本、图像、音频和视频等多种内容形式，生成更为丰富和多样化的内容。这将为用户提供更加全面和沉浸式的体验，满足用户日益增长的个性化需求。

应用层创新将成为AIGC产业发展的确定方向。未来，围绕AIGC的应用层创新将成就一大批创新型企业。IDC预测，数字经济的发展将在全球范围内孕育出超过5亿个新应用，相当于过去40年间出现的应用数量的总和。

AI Agent通常被视为一种融合感知、分析、决策和执行能力的智能体，具备显著的主动性，将成为AI应用的主流形态。IDC的调研表明，所有企业都认为AI Agent是AIGC发展的确定性方向，且已有不少企业在进行试点或制定应用计划。

此外，企业对于大模型的要求不仅是实现"通识"，更需要其成为特定领域的"最强大脑"。预计未来将有更多企业选择自建专属模型，以满足特定领域的需求。

随着AI技术的不断发展，AI原生应用将成为未来的发展趋势。这些应用将直接基于AI能力进行设计和开发，以实现更高效、更智能的功能。AIGC技术的普惠化也将使更多的中小企业和普通民众受益。随着技术的不断成熟和成本的降低，AIGC技术将逐渐普及到更广泛的领域和人群中。

但是，随着AIGC技术的广泛应用，相关的道德和监管问题也将日益重要。未来需要制定更完善的法律法规并通过技术手段来确保AIGC技术的健康发展。

综上所述，AIGC应用的发展正处于快速上升期，其技术基础不断夯实，应用领域不断拓宽，商业应用逐渐成熟。未来，AIGC技术将朝着多模态内容生成、应用层创新、AI Agent普及等方向发展，为各行各业带来更加智能化、高效化的解决方案。同时，我们也需要关注相关的道德和监管问题，确保AIGC技术的健康发展。

（二）上海市推动人工智能大模型创新发展的若干措施

上海市为推动人工智能大模型创新发展，制定并实施了多项措施。以下是根据《上海市推动人工智能大模型创新发展若干措施（2023—2025年）》整理出的主要措施：

上海市支持引进高水平创新企业，鼓励本市创新主体打造具有国际竞争力的大模型。对取得重大成果的予以专项奖励，支持开展通用人工智能基础理论、科学智能、具身智能、城市大模型等前沿研究。在战略性新兴产业、产业高质量发展、科技重大专项等市级专项中重点支持大模型创新。

上海市支持建立大模型测试评估中心，聚焦性能、安全、伦理、适配等领域，建设国家级大模型测试验证与协同创新中心，并鼓励大模型创新企业依托中心开展相关测试评估，支持本市相关主体主导或参与国家大模型相关标准制订。

上海计划打造市级智能算力统筹调度平台，构建规模化先进算力调度和供给能力。对符合条件的智算中心在能耗指标等方面予以绿色通道优先支持，加快临港、金山、松江等重点智算产业集聚区建设。对租用纳入本市统筹调度的算力进行大模型研发的本市主体，经评估按算力集群规模和成果水平给予最高10%的租用补贴。

上海支持构建智能芯片软硬协同生态，支持打造智能芯片软硬适配体系，降低企业适配成本。在沪建设智能芯片和软硬件适配测评中心，将符合条件的软硬适配相关产品纳入首批次、首版次的支持范围。

上海支持语料数据资源共建共享，组建大模型语料数据联盟，鼓励多元主体共同推动高水平语料数据要素建设。建立语料数据知识产权保护框架,依托上海数据交易所建立语料数据交易板块。

上海已经开始实施大模型示范应用推进计划,重点支持在智能制造、生物医药、集成电路、智能化教育教学、科技金融、设计创意、自动驾驶、机器人、数字政府等领域构建示范应用场景。推动大模型赋能产业互联网平台应用,将符合条件的大模型应用纳入人工智能示范应用清单和创新产品推荐目录。支持相关主体建设科学智能创新中心、算法创新基地等平台,推动科学智能大模型在生命科学、工程计算、气象等领域应用。

上海也在积极打造企业、人才集聚的大模型创新高地,鼓励浦东新区、徐汇区等建立大模型生态集聚区,聚焦大模型研发和加大产业化支持力度。优先推荐大模型创新重点人才纳入国家和本市相关高层次人才计划,重点支持大模型相关紧缺技能人才落户。打造开源大模型行业应用创新生态空间,支持大模型开源社区和协作平台建设。引进培育大模型相关初创团队,加强行业大模型在垂直领域的深度应用,构建开放协同产业生态。对由大模型驱动的具有舆论属性或社会动员能力的互联网信息服务,开展常态化联系服务,加强合规指导。

上海全方位推动大模型及相关领域发展,进一步做强人工智能产业基金,更好地引导社会资本参与,加大对本市人工智能产业的资源投入力度。

这些措施旨在构建开放安全创新生态,加快打造人工智能世界级产业集群,推动上海大模型创新发展。

上海市大模型生态图谱如图 2-7-2 所示。

(三) AI 技术同其他技术的结合与应用

1. AI 技术与科学研究

AI 技术在科学研究中的应用已经越来越广泛,极大地推动了科研的进展和效率。以下是 AI 技术在科学研究中的几个主要应用领域。

1)自然语言处理

文献检索和管理:AI 技术可以帮助科研人员快速检索和总结大量文献,提高文献阅读、管理的效率。例如,ChatGPT、Kimi、Scite.AI 等工具可以辅助科研人员处理和分析大规模数据集,识别模式和趋势,辅助科研人员在复杂数据中发现有价值的信息,并生成相关报告和图表,增强论文的可读性和说服力。

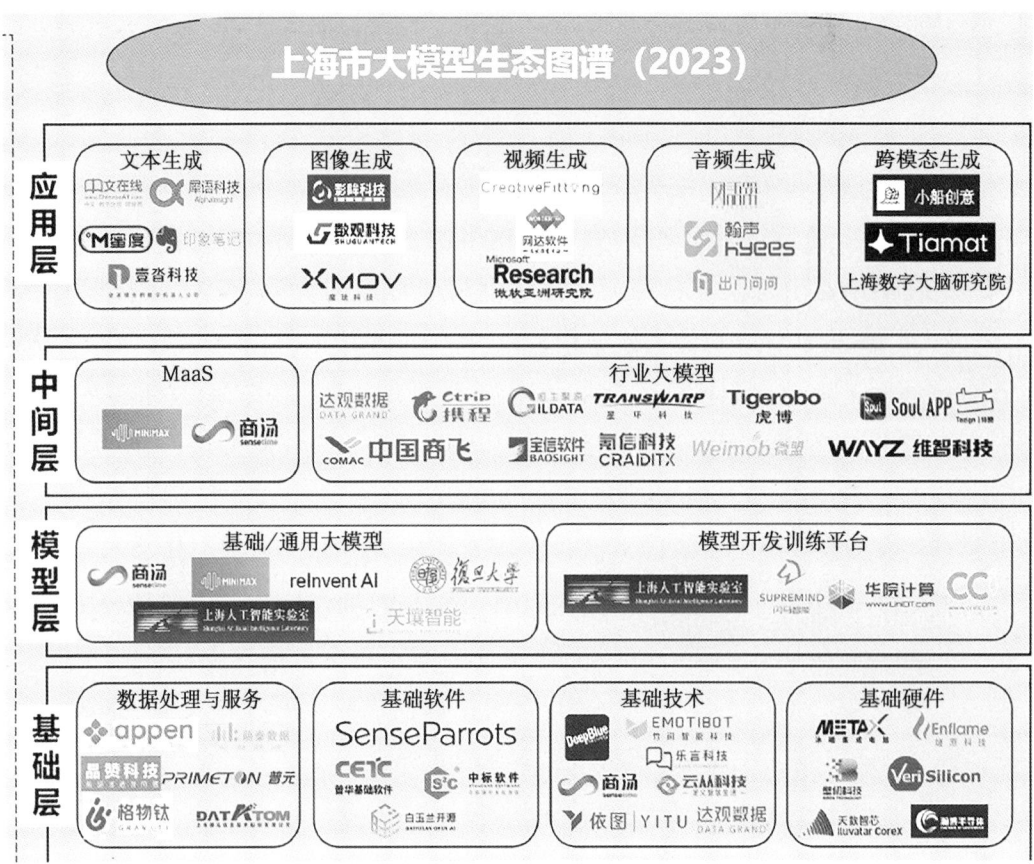

图 2-7-2 上海市大模型生态图谱

写作辅助：AI写作助手如ChatGPT可以协助科研人员优化论文结构、润色语言表达、检测语法错误等，提供写作建议和内容生成，大大节省了科研人员的时间和精力。

2）模型预测与数据分析

大数据分析：AI可以帮助科学家们在海量的数据中进行筛选和分析，快速获得重要的信息和结论，从而推动科学研究的进展。在气象预测、股票预测、人口流动预测等领域，AI技术的应用已经取得了显著成果。

实验设计优化：AI可以辅助设计实验，通过模拟和预测实验结果来优化实验方案，提高实验的成功率和效率。例如，AI模型可以预测蛋白质与其他分子相互作用时的结构，辅助科学家进行药物设计和疾病检测。

3）生命科学

药物设计：AI通过模拟和预测药物与生物体的相互作用，加速了新药的研发进程,缩短了研发周期,降低了研发成本。例如,谷歌的 Gemini 模型在医学影像分析和药物发现中取得了显著进展。

疾病检测:AI 技术可以通过分析患者的数据进行疾病诊断和治疗方案的推荐,提高医疗服务的精准度和效率。

4)跨学科应用

气候预测:AI 在气候预测中的应用已经取得了显著成果,能够更准确地预测极端天气事件,为防灾减灾提供有力支持。

材料科学:AI 通过深度学习和生成模型,可以辅助科学家快速发现新材料,推动材料科学的进步。例如,AlphaFold 在预测蛋白质结构方面的成功应用,为材料科学的研究提供了新的思路和方法。

5)科研工具的创新

机器人科学家:自主机器人和自动化实验室的发展,使得 AI 可以自主地完成任务,如处理大量材料样本、进行 24 小时不间断实验等,大大提高了科研效率。

科研模式变革:AI 的引入使得数据驱动的科研模式逐渐成为主流。AI 可以从海量数据中挖掘出隐藏的规律,揭示科学现象背后的机制,从而提出新的研究方向和假设。

尽管 AI 技术在科学研究中的应用前景广阔,但仍面临一些挑战:

(1)数据隐私和安全问题:科研数据往往涉及个人隐私和商业机密,如何在保障数据安全的前提下充分利用这些数据是一个重要问题。

(2)黑箱问题:AI 的决策过程往往缺乏透明性,科学家很难理解其背后的逻辑和原理,这对科研的严谨性提出了新的挑战。

(3)伦理和法律问题:AI 在科研中的应用可能引发一系列伦理和法律问题,如数据滥用、算法偏见等,需要制定相应的法律法规进行规范和约束。

综上所述,AI 技术在科学研究中的应用已经取得了显著成果,并将在未来继续发挥重要作用。科研人员、政策制定者和社会各界需要共同努力,确保 AI 技术的负责任应用,推动科学技术的不断进步和社会的可持续发展。

2. AI 与新型工业化

AI 大模型也可以赋能新型工业化,是科创强国的必然之路。

AI大模型在赋能新型工业化方面发挥着至关重要的作用，主要体现在以下几个方面。

AI大模型作为人工智能的先进形态，具有强大的数据处理能力、深度学习算法以及广泛的行业适应性。这些特性使得AI大模型能够深入工业生产的核心环节，提供智能化解决方案，从而推动新型工业化的进程。

AI大模型可以通过分析海量数据，生成创新性的产品设计方案，辅助技术人员快速将设计构思转化为具体实施方案。例如，在工业设计过程中，大模型可以快速生成工程制图、设计方案，并辅助进行布局优化、参数校核，大幅提升产品研发效率。在药物研发领域，AI大模型通过分析药物分子数据和疾病知识图谱，可以自动生成新的药物分子设计方案，缩短研发周期，提高成功率。

AI大模型能够优化生产流程，提高生产效率。通过集成工业物联网系统，AI大模型可以实时监控生产过程，预测设备故障，实现智能调度和自动化控制。在汽车制造等行业中，AI大模型可以生成仿真测试环境，进行碰撞模拟和安全性评估，提高产品的可靠性和安全性。

在运维阶段，AI大模型能够通过对设备数据的实时监测和分析，预测设备故障，提前进行维护，降低运维成本。在质量控制方面，AI大模型可以实现对产品质量的精准检测和控制，提高产品合格率和客户满意度。

此外，AI大模型通过智能化管理和决策支持系统，优化企业的组织结构和管理流程，提高内部协同效率。在供应链管理方面，AI大模型可以实现供应链的智能化管理，优化库存和物流调度，降低运营成本。

从国家层面高度，我国越来越重视人工智能技术的发展，出台了一系列政策文件支持AI大模型在新型工业化中的应用。例如，国务院常务会议强调以人工智能和制造业深度融合为主线，加快重点行业智能升级。工业和信息化部等部门也积极推动AI大模型在制造业中的应用，支持建设国家制造业创新中心、试验验证平台等基础设施。

随着技术的不断成熟和应用场景的不断拓展，AI大模型在新型工业化中的市场潜力巨大。根据中国信通院的预测数据，从2022—2032年工业AI市场规模将以46%的年均复合增长率高速成长。各地政府和企业也在积极投入资源，推动AI大模型在本地工业制造中的应用和发展。例如,上海市和广东省等地在智能工厂建设方面取得了显著成效。上海市已累计建成多家国家级标杆和示范工厂,智能制造系统集成工业产值规模超过600亿元;广东省则在全国率先出台了《广东省制造业高质量发展促进条例》,推动制造业高质量发展。

可见,AI大模型在赋能新型工业化方面具有显著的技术优势和市场潜力。随着政策的持续支持和市场的不断拓展,AI大模型将在新型工业化中发挥越来越重要的作用。

3. AI与人形机器人

AI大模型同人形机器人的结合已成为目前的大趋势。AI大模型与人形机器人的结合是当前科技领域的前沿热点,这种结合有望显著提升人形机器人的智能化水平和自主性能力。

在智能工厂中,AI大模型赋能的人形机器人可以更加精准地完成各种复杂任务,提高生产效率和产品质量。如Figure 01、优必选Walker S、智元机器人远征A1等已在汽车工厂完成标准化任务培训和执行。

在餐厅、酒店等服务业中,人形机器人可以根据顾客需求提供个性化服务,提升顾客体验。如中国移动打造的"HomiBot"家庭机器人服务系统,为家庭用户提供陪伴、娱乐、家务整理等全方位服务。

在医疗领域,人形机器人可以协助医生进行手术操作、康复训练以及提供精准诊断建议和治疗方案。

目前要想提高机器人的感知能力、运动灵活性以及安全性和可靠性等,还需要解决算法、硬件、系统集成等方面的技术难题。机器人的广泛应用也可能对人类的就业和社会结构产生影响,需要平衡机器人和人类之间的关系。

综上所述,AI大模型与人形机器人的结合在技术层面具有广阔的应用前景和发展潜力,但同时也面临着诸多挑战。随着技术的不断进步和应用领域的不断拓展,我们有理由相信未来会有更多令人惊叹的创新和突破出现。

4. AI大模型在智能终端的创新应用

AI大模型在智能终端的创新应用正日益广泛,这些应用不仅提升了智能终端的智能化水平,还为用户带来了更加便捷、高效和个性化的体验。AI大模型对智能终端革新的推动主要表现在以下三个领域。

1）智能终端的智能化升级

（1）语音交互领域。AI大模型通过自然语言处理技术，使得智能终端能够更准确地理解用户的语音指令，实现高效的语音交互。例如，智能手机、智能家居设备等可以通过内置的AI大模型，实现语音助手功能，用户可以通过语音控制设备完成各种操作。

（2）视觉识别领域。利用深度学习等技术，AI大模型能够实现对图像、视频等视觉信息的精准识别和分析。在智能终端中，这一技术被广泛应用于拍照、视频通话、安全监控等领域，提升了设备的智能化水平。

（3）个性化推荐领域。AI大模型能够基于用户的历史行为和偏好，进行个性化推荐。在智能终端中，这一功能被广泛应用于电商、新闻、视频等领域，为用户提供更加符合个人喜好的内容和服务。

2）具体应用场景

智能手机是AI大模型应用的重要终端之一。通过内置AI大模型，智能手机可以实现更加精准的语音识别、图像识别、情感分析等功能，提升用户的交互体验。同时，AI大模型还可以为智能手机提供更加智能的拍照、视频编辑、健康管理等功能。

智能家居设备通过连接AI大模型，可以实现更加智能化的控制和管理。例如，智能音箱、智能门锁、智能照明等设备可以通过语音指令或手机App进行远程控制，实现家居环境的智能化调节。AI大模型还可以根据用户的生活习惯和偏好，自动调整家居设备的运行状态，提升家居生活的舒适度和便捷性。

智能穿戴设备如智能手表、智能手环等，通过内置AI大模型，可以实现更加精准的健康监测和运动管理。例如，智能手表可以实时监测用户的心率、血压等生理指标，并根据用户的运动数据提供个性化的运动建议和健康指导。

在汽车领域，AI大模型被广泛应用于车载导航、语音助手、智能驾驶辅助等系统。通过内置AI大模型，车载设备可以实现更加精准的路线规划、语音交互和驾驶辅助功能，提升驾驶的便捷性和安全性。

3）技术挑战与未来趋势

AI大模型在智能终端的应用面临着数据隐私、安全性、算力成本等挑战。如何保障用户数据的安全和隐私，降低算力成本，提高模型的实时性和准确性，是当前需要解决的重要问题。

随着技术的不断进步和应用场景的不断拓展，AI大模型在智能终端的创新应用将更加广泛和深入。未来，我们有望看到更多基于AI大模型的智能终端产品涌现出来，为用户带来更加便捷、高效和个性化的体验。

综上所述，AI大模型在智能终端的创新应用正逐步改变着我们的生活方式和工作方式。随着技术的不断发展和完善，我们有理由相信未来智能终端将更加智能化、便捷化和个性化。

5. 人工智能代理与检索增强生成

人工智能代理（AI Agent）与检索增强生成（RAG）的结合是人工智能领域的一个重要发展趋势，这种结合显著提升了AI系统的智能水平和应用能力。

1）AI Agent和RAG的概念

AI Agent是一种能够自主行动、感知环境并做出决策的智能化软件实体。它通常具备高度的自主性、学习能力和推理能力，能够执行复杂任务并与人类或其他智能体进行交互。AI Agent通过自然语言处理技术、机器学习和深度学习算法等核心技术，实现与用户的自然语言交互，提供个性化的服务和建议。

RAG是一种结合信息检索和生成模型的技术。当生成模型需要产生输出时，RAG技术不仅依赖于模型自身的知识和推理能力，而且要通过信息检索系统从外部知识库中获取相关信息，以增强生成模型的输出结果。这种方法的优势在于能够利用大量的非结构化文本数据，为生成模型提供更丰富、更准确的背景信息和参考知识。

2）AI Agent与RAG结合的优势

AI Agent与RAG的结合可以大大提升知识获取能力，AI Agent通过融合RAG技术，能够更高效地从外部知识库中检索和整合相关信息，从而增强自身的知识获取能力。这种能力使得AI Agent在处理复杂任务时能够拥有更广泛、更深入的知识储备。

AI Agent 与 RAG 的结合可以大大增强决策和执行能力，在 RAG 技术的支持下，AI Agent 能够更准确地理解用户需求和任务目标，从而做出更加合理、高效的决策。同时，通过调用外部工具和资源，AI Agent 能够自主完成复杂任务，提高执行效率和准确性。

AI Agent 与 RAG 的结合可以优化自然语言交互，结合 RAG 技术的 AI Agent 能够更自然、流畅地与用户进行交互。它不仅能够理解和解析用户的自然语言输入，还能够根据检索到的信息生成更加准确、富有信息量的回答和建议。

AI Agent 与 RAG 的结合可以实现个性化服务，通过分析用户的历史数据和偏好信息，结合 RAG 技术的 AI Agent 能够为用户提供更加个性化的服务和建议。这种个性化服务能够显著提升用户体验和满意度。

在实际应用中，AI Agent 与 RAG 的结合已经取得了显著成效。例如，在智能客服领域，AI Agent 通过融合 RAG 技术，能够更准确地理解用户问题，并从知识库中检索相关信息进行回答。同时，AI Agent 还能够根据用户反馈和上下文信息不断优化回答质量和效率。此外，在智能问答系统、文本生成、机器翻译等领域，AI Agent 与 RAG 的结合也展现出了强大的应用潜力和价值。

AI Agent 与 RAG 的结合是人工智能领域的一个重要发展趋势。这种结合不仅提升了 AI 系统的智能水平和应用能力，还为用户提供了更加高效、准确、个性化的服务体验。随着技术的不断发展和完善，AI Agent 与 RAG 的结合将在更多领域发挥重要作用，推动人工智能技术的持续进步和发展。

四、人工智能风险的扩张和转变

人工智能（AI）的风险已经逐渐从技术层面扩展到行业和社会层面，这是一个不容忽视的趋势。这种转变反映了 AI 技术日益广泛的应用和渗透，以及其对社会经济结构、就业市场、隐私保护、伦理道德等多方面产生的深远影响。

（1）在技术层面，人工智能的风险主要包括算法偏见、数据安全与隐私保护、技术失控等问题。例如，算法偏见可能导致 AI 系统做出不公平的决策，影响社会公正；数据安全与隐私保护问题则直接关系到用户的个人信息权益；而技术失控的风险则可能带来无法预测的后果，如自主武器的使用等。

（2）在行业层面，随着 AI 技术在各行各业的广泛应用，行业层面的风险也日益凸显。主要风险包括以下三个方面。

就业结构变化：AI 技术的自动化和智能化可能替代部分传统职业，导致就业结构发生重大变化，对劳动力市场造成冲击。

经济不平等加剧：AI 技术的普及和应用可能会加剧经济不平等，因为技术掌握者和受益者往往是少数群体，而大多数人可能因技术变革而失去工作或收入下降。

行业垄断与竞争：拥有先进 AI 技术的企业可能在市场上形成垄断地位，限制竞争和创新，对行业发展产生不利影响。

（3）在社会层面，AI 技术的广泛应用还在伦理道德、社会信任、文化和社会价值等方面造成了冲击。

伦理道德挑战：AI 技术的决策过程往往缺乏透明度和可解释性，可能导致伦理道德上的争议和困惑。例如，自动驾驶汽车在遇到紧急情况时应该如何决策？是优先保护乘客还是行人？

社会信任危机：如果 AI 系统频繁出现错误或偏见，可能会引发公众对 AI 技术的信任危机，影响技术的推广和应用。

文化和社会价值冲击：AI 技术的普及和应用可能会改变人们的生活方式和价值观念，对传统文化和社会价值产生冲击和挑战。

应对这些风险需要政府、企业、学术界和社会各界共同努力，制定相关政策和法规，加强技术研发和监管，提高公众对 AI 技术的认知和理解，推动 AI 技术的健康发展。同时，还需要加强国际合作与交流，共同应对全球性的 AI 风险和挑战。

AI 风险的发展具体如图 2-7-3 所示。

AI 产业规模可以细分为多个应用场景，这些场景在不同领域内展现出巨大的市场潜力和风险，具体如图 2-7-4 所示。

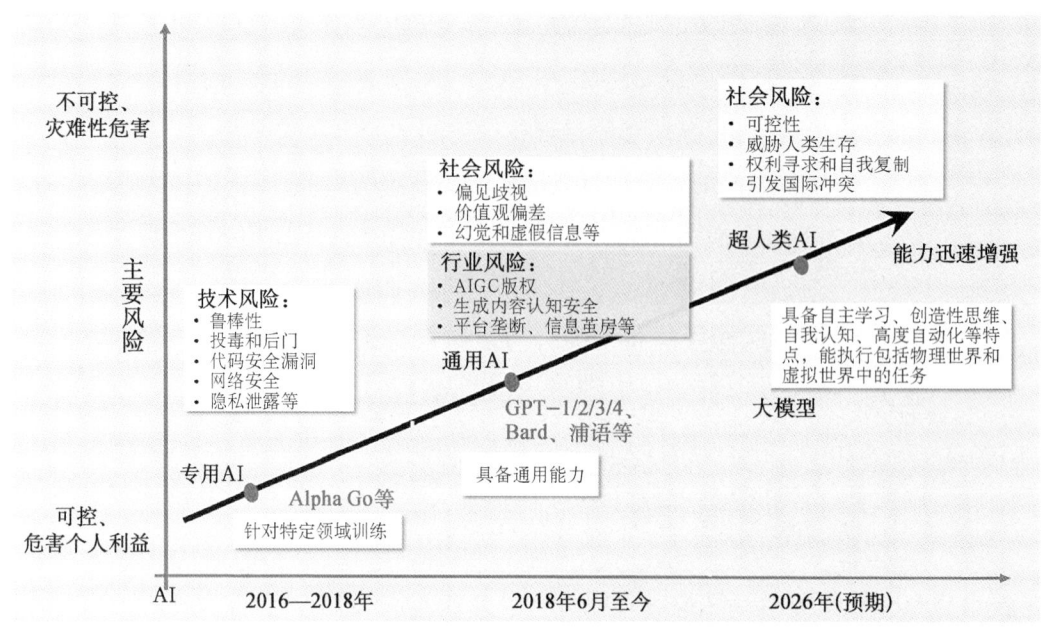

图 2-7-3　AI 风险的发展

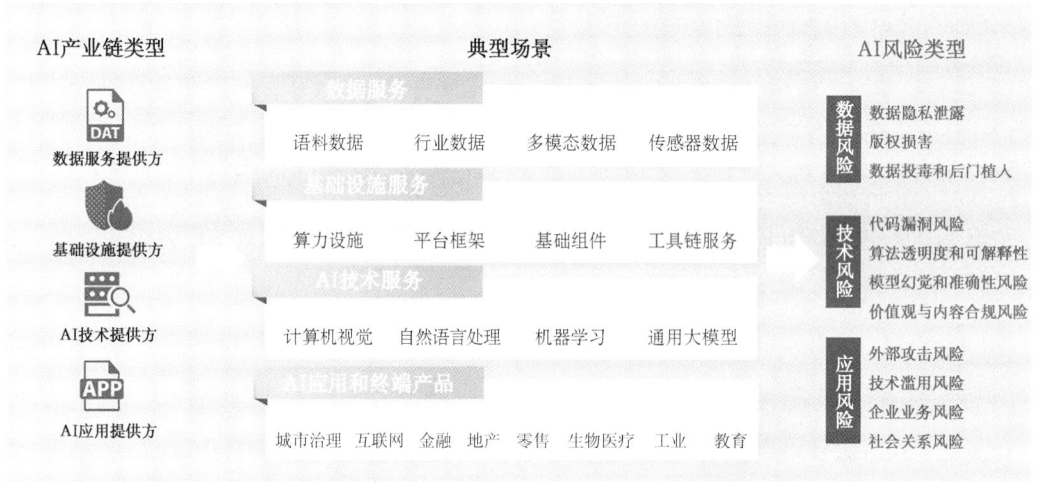

图 2-7-4　AI 产业规模细分场景和风险类型

五、大模型治理

全球 AI 治理的发展呈现出多层次、多维度、多领域的特点,各国政府、国际组织以及科技企业都在积极推动相关治理工作。

（一）国际合作与多边机制

联合国主导的全球治理：联合国在推动全球 AI 治理方面发挥了重要作用。例如，第 78 届联合国大会一致通过中国主提的加强人工智能（AI）能力建设国际合作决议，强调在联合国框架内团结全球更多国家，调动多元力量，共同推进 AI 的全球治理。

国际组织和机构：全球范围内，多个国际组织和机构也在积极参与 AI 治理。例如，联合国成立全球人工智能监管咨询委员会，旨在处理全球 AI 监管事宜；欧洲委员会制定《人工智能、人权、民主和法治框架公约》最终草案，推动国际 AI 治理的法律框架建设。

跨国合作倡议：一些国家之间也达成了跨国合作倡议，如中国、巴西、俄罗斯、印度和南非于 2023 年 8 月同意成立"人工智能研究小组"，以及美国、英国、加拿大、日本、韩国等 10 个国家及欧盟共同签署《首尔声明》，加强国际 AI 治理合作。

（二）国家层面的治理措施

立法监管：各国政府纷纷出台 AI 治理相关的法律法规。例如，欧盟发布了全球首部综合性 AI 治理立法《人工智能法案》，对 AI 系统进行了分类，并根据风险等级制定了相应的监管要求。中国则采取了更加包容审慎的治理方式，深入特定应用领域提出监管要求，如《生成式人工智能服务管理暂行办法》的施行。

监管沙盒与验证机制：为了更好地平衡技术创新与风险防控，一些国家引入了监管沙盒和验证机制。例如，欧盟和中国都设立了 AI 监管沙盒，通过设定限定性条件进行深度测试，降低监管不确定性。新加坡则成立了人工智能验证基金会，发挥联系政府、企业和学术专家的平台作用。

伦理与责任：AI 伦理和责任问题也是各国政府关注的焦点。许多国家成立了 AI 伦理委员会或制定了 AI 伦理准则，以确保 AI 技术的研发和应用符合道德和法律标准。

（三）科技企业的参与

技术创新与自律：科技企业是全球 AI 治理的重要参与者。它们不仅致力于技术创新,还积极推动行业自律和伦理建设。全球领先的科技企业如谷歌、微软、亚马逊等都在人工智能安全方面做出了"前沿人工智能安全承诺",努力确保其最先进的人工智能模型安全性,并实施负责任的治理。

开放合作与标准制定:科技企业之间也在加强开放合作,共同制定 AI 技术的标准和规范。这有助于促进技术的互操作性和通用性,降低技术应用的门槛和成本。

(四) 社会参与与公众素养提升

全球 AI 治理的发展呈现出国际合作加强、国家立法监管深化、科技企业积极参与以及社会参与度提升的趋势。

公众教育与培训:提高公众对 AI 技术的认知和理解是全球 AI 治理的重要组成部分。各国政府和社会组织纷纷开展 AI 教育和培训活动,帮助公众了解 AI 技术的原理、应用和风险。

社会参与与监督:加强社会参与和监督也是推动全球 AI 治理的重要途径。公众、媒体和非政府组织等可以通过监督 AI 技术的研发和应用过程,确保技术的透明度和公正性。

未来,随着 AI 技术的不断发展和普及,全球 AI 治理将面临更多的挑战和机遇,需要各方共同努力来推动其健康发展。具体的 AI 治理图谱如图 2-7-5 所示。

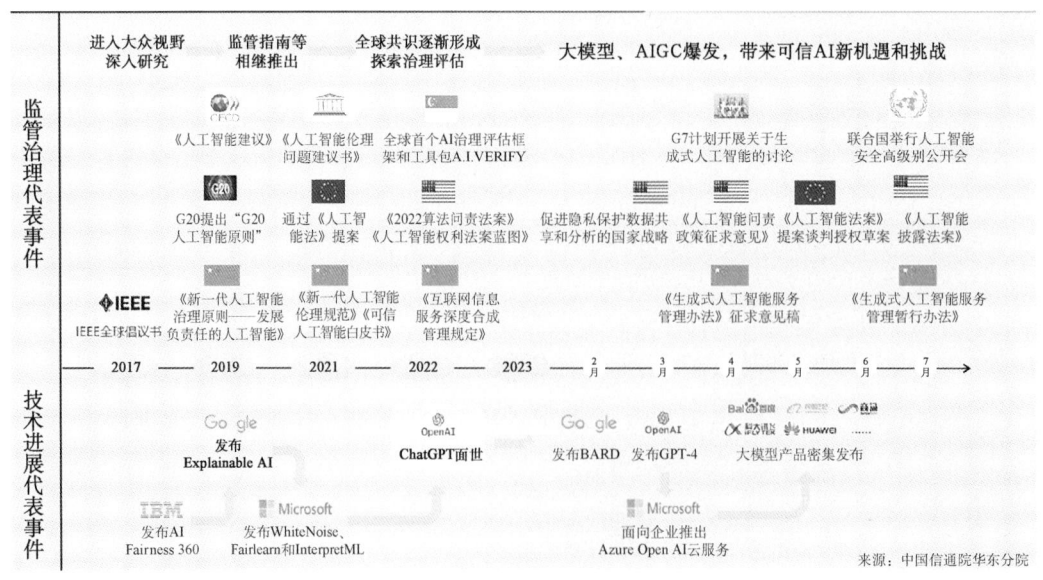

图 2-7-5 全球 AI 治理步伐进一步加快

我国针对 AIGC（人工智能生成内容）大模型及数字内容生成的监管法规，主要有两个重要的监管要求。

1.《生成式人工智能服务管理暂行办法》

《生成式人工智能服务管理暂行办法》由国家网信办联合国家发展改革委、教育部、科技部、工业和信息化部、公安部、广电总局于2023年7月13日发布，自2023年8月15日起施行。主要内容如下。

原则：坚持发展和安全并重、促进创新和依法治理相结合的原则。

监管措施：对生成式人工智能服务实行包容审慎和分类分级监管，明确了提供和使用生成式人工智能服务的总体要求。

技术创新：鼓励生成式人工智能技术在各行业、各领域的创新应用，生成积极健康、向上向善的优质内容，探索优化应用场景，构建应用生态体系。

数据处理：规定了训练数据处理活动和数据标注等要求，强调训练模型应使用具有合法来源的数据和基础模型，涉及知识产权的不得侵害他人依法享有的知识产权，涉及个人信息的应当取得个人同意或符合法律、行政法规规定的其他情形。

安全评估与算法备案：要求具有舆论属性或社会动员能力的生成式人工智能服务提供者，需按照国家有关规定开展安全评估并进行算法备案。

2.《互联网信息服务深度合成管理规定》

《互联网信息服务深度合成管理规定》（以下简称《规定》）是为了加强互联网信息服务深度合成管理，弘扬社会主义核心价值观，维护国家安全和社会公共利益，保护公民、法人和其他组织的合法权益而制定的。以下是《规定》的主要内容。

1）制定依据与目的

制定依据：根据《中华人民共和国网络安全法》《中华人民共和国数据安全法》《中华人民共和国个人信息保护法》《互联网信息服务管理办法》等法律、行政法规制定。

目的：制定《规定》的目的在于加强互联网信息服务深度合成管理，维护国家安全和社会公共利益，保护公民、法人和其他组织的合法权益。

2）适用范围

在中华人民共和国境内应用深度合成技术提供互联网信息服务（以下简称"深度合成服务"），适用《规定》。

3）管理部门与职责

国家网信部门：负责统筹协调全国深度合成服务的治理和相关监督管理工作。

国务院电信主管部门、公安部门：依据各自职责负责深度合成服务的监督管理工作。

地方网信部门、电信主管部门、公安部门：负责各自行政区域内的深度合成服务的治理和相关监督管理工作。

4）服务提供者的责任与义务

遵守法律法规：提供深度合成服务应当遵守法律法规，尊重社会公德和伦理道德，坚持正确政治方向、舆论导向、价值取向。

信息安全：制定和公开管理规则、平台公约，完善服务协议，依法依约履行管理责任。对深度合成服务使用者进行真实身份信息认证。加强深度合成内容管理，采取技术或人工方式审核输入数据和合成结果。建立健全用于识别违法和不良信息的特征库，记录并留存相关网络日志。

辟谣机制：建立健全辟谣机制，发现虚假信息及时辟谣，并向网信部门和有关主管部门报告。

用户申诉与投诉举报：设置便捷的用户申诉和公众投诉、举报入口，及时受理、处理和反馈处理结果。

训练数据管理：加强训练数据管理，保障训练数据安全，遵守个人信息保护规定。

技术管理：加强技术管理，定期审核、评估、验证生成合成类算法机制机理。

5）深度合成服务的标识与要求

《规定》要求提供可能导致公众混淆或误认的深度合成服务时，应在信息内容的合理位置、区域进行显著标识，提示深度合成情况。不得采用技术手段删除、篡改、隐匿规定的深度合成标识。

6) 法律责任

深度合成服务提供者和技术支持者违反《规定》的,将依照有关法律、行政法规的规定处罚;造成严重后果的,依法从重处罚。

构成违反治安管理行为的,由公安机关依法给予治安管理处罚;构成犯罪的,依法追究刑事责任。

7) 实施时间

《规定》自2023年1月10日起施行。

六、中国信息通信研究院在AI大模型领域的主要工作成果

中国信息通信研究院(以下简称"中国信通院")在AI大模型领域取得了多项重要成就,这些成就不仅推动了我国AI大模型技术的发展,还促进了相关产业的繁荣和创新。以下是中国信通院在AI大模型领域的主要成就。

(一)大模型评测体系的建设与优化

启动大模型评测技术研究:中国信通院自2022年3月起启动大模型评测技术研究,根据产业发展不断优化迭代,形成了覆盖范围全、评测指标精、需求映射准的大模型评测体系。

发布"方升"大模型基准测试体系:2023年12月25日,中国信通院联合多家机构发布了"方升"大模型基准测试体系,在此前版本基础上再次升级,在产业需求、能力补齐、方法落地三个方面进行了升级。目前,"方升"体系涵盖测试指标、测试方法、测试数据集、测试工具等内容,并形成了首个《大规模预训练模型基准测试——总体技术要求》标准。

大模型评估测试体系升级:2024年4月25日,中国信通院发布了全新升级的"中国信通院可信AI评测服务——大模型评估测试体系(2024)",该体系覆盖七大模块,包括大模型基础软硬件及集群系统、大模型能力基准测试、大模型平台、基础大模型、行业大模型、智能应用和大模型能力安全测试,为大模型产业提供了全面的评测服务。图2-7-6为构建可信AI大模型标准体系2.0。

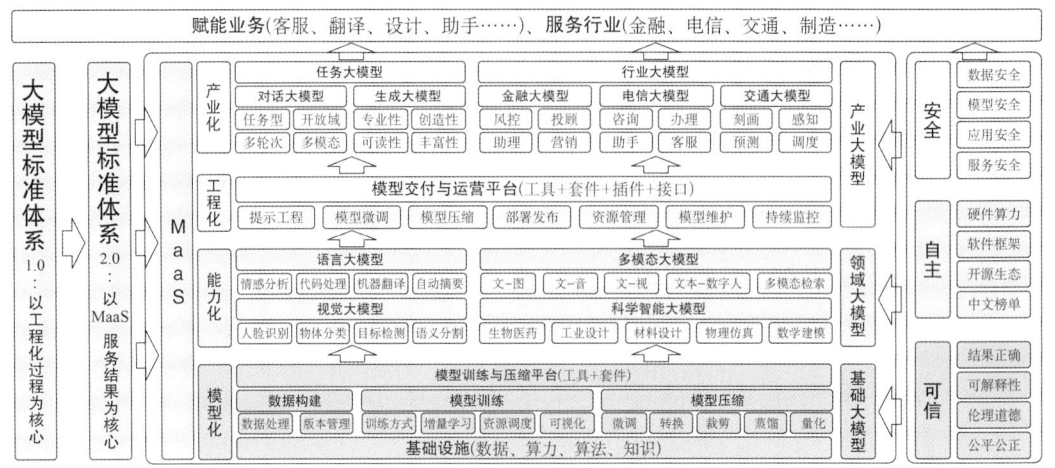

图 2-7-6 构建可信 AI 大模型标准体系 2.0

（二）推动 AI 大模型技术创新与应用落地

支持国家人工智能顶层设计：中国信通院全方位支持了国家人工智能顶层设计，牵头支撑了相关部委多个人工智能产业的政策文件，承接了新一代人工智能产业创新重点任务揭榜挂帅中的一些重大任务。

布局人工智能相关研究：中国信通院发布了《可信人工智能白皮书》《人工智能白皮书》等成果，牵头编制了 19 项国际标准和 70 多项行业标准，为 AI 大模型技术的发展提供了理论支撑和标准指导。

建设国家级人工智能创新平台载体：中国信通院建设了包括人工智能领域的关键技术应用评测、工信部重点实验室在内的国家级人工智能创新平台载体，与人工智能国家实验室联合建立了大模型测试验证与协同创新中心，为 AI 大模型技术的创新和应用提供了有力支持。

推动 AI 大模型赋能新型工业化：中国信通院持续深耕工业、通信、医疗、金融、政务、智能网联汽车等重点领域，推动 AI 大模型技术在这些领域的创新应用，促进了产业升级和转型。

（三）构建 AI 大模型治理体系

发布人工智能风险管理体系：中国信通院发布了"人工智能风险管理体系"，结合前期研究积淀与产业实践积累，提出了"风险管理"与"流程管理"深度融合的风险治理方案，实现了治理路径的更新升级。该体系旨在打造具有国际共识性和产业影响力的中国版人工智能风险管理方案。

推动大模型数据资源治理：中国信通院还发布了"2023大模型数据资源地图和治理路径"，该成果由中国信通院牵头，联合多家单位共同编制，为高质量训练数据集的获取和治理提供了参考。

（四）推动产业生态构建

联合发布产业图谱：中国信通院发布了《2023大模型和AIGC产业图谱》，深入梳理了大模型和AIGC产业链上下游发展状况，详细展示了大模型和AIGC产品分类及分布态势，以期把握产业发展趋势，推动产业生态的繁荣。

促进产业合作与交流：中国信通院通过举办论坛、研讨会等活动，促进了大模型产业内的交流与合作，推动了技术、应用和产业的协同发展。

综上所述，中国信通院在AI大模型领域取得了显著的成就，这些成就不仅推动了我国AI大模型技术的发展和应用落地，还促进了相关产业的繁荣和创新。未来，随着技术的不断进步和产业的不断发展，中国信通院将继续发挥重要作用，推动我国AI大模型产业迈向新的高度。

七、AI大模型在会计领域的应用与展望

AI大模型在会计领域的应用日益广泛，其强大的数据处理、分析和预测能力为会计行业带来了革命性的变革。以下是AI大模型在会计领域的应用与展望。

（一）应用现状

AI大模型可以自动化地处理大量的会计数据，包括数据提取、分类、清洗和归档等。这大大减少了人工操作的时间，降低了错误率，提高了会计工作的效率。通过RPA（机器人流程自动化）技术，AI大模型能够实现财务票据识别、分类和记录的自动化，进一步提升了财务工作的自动化水平。

AI大模型可以根据财务数据和预设的规则，自动生成各种财务报表，如资产负债表、利润表、现金流量表等。这不仅提高了报表生成的效率，

还保证了报表的准确性和一致性。同时，AI大模型还能对财务报表进行深入分析，挖掘数据背后的规律和趋势，为企业的决策提供支持。

AI大模型具备强大的预测能力，可以通过分析历史数据和当前市场情况，预测企业的未来财务状况和经营业绩。这有助于企业及时发现潜在的风险和机会，制定相应的应对策略。在风险评估方面，AI大模型可以通过对财务数据的深度分析，识别出潜在的财务风险点，并给出相应的风险提示和建议。

AI大模型能够结合企业的战略目标和市场环境，为企业提供智能化的决策支持。通过数据分析和预测，AI大模型可以帮助企业制定出更加科学、合理的经营计划和战略方案。

AI大模型可以通过分析财务数据模式，识别和异常检测等技术，帮助企业检测和预防财务欺诈行为。这有助于保护企业的利益，提高财务安全性。

（二）未来展望

随着技术的不断进步，AI大模型将与更多的先进技术相融合，如区块链、云计算、大数据等。这将进一步提升会计工作的效率和准确性，推动会计行业的数字化转型。

未来，AI大模型在会计领域的应用场景将进一步拓展。除了传统的财务报表生成、预测与风险评估外，AI大模型还将更多地参与企业的战略规划、内部控制、税务筹划等方面。

随着AI大模型在会计领域的广泛应用，会计人员需要不断学习和掌握新技术、新知识。未来，会计人员将向更加专业化、复合型的方向发展，既要具备扎实的会计专业知识，又要掌握数据分析、数据挖掘等技能。

随着AI大模型在会计领域的深入应用，相关的法规和标准也需要不断制定和完善。这将有助于规范AI大模型在会计领域的应用行为，保障会计工作的合规性和安全性。

综上所述，AI大模型在会计领域的应用前景广阔。通过不断的技术创新和应用拓展，AI大模型将为会计行业带来更多的便利和机遇。同时，我们也需要关注其带来的挑战和问题，并采取相应的措施加以应对和解决。

基于财务共享模式的数字化员工应用与探索

徐晓剑,浙江省能源集团财务有限责任公司
王得利,北京久其软件股份有限公司

  数字经济环境下,数字化员工成为驱动企业财务数字化转型的关键力量。新技术、新工具不断涌现,加速了企业数智化转型进程。企业如何跟上时代步伐,优化现有管理模式,加强各类数字技术在核心财务业务流程中的应用和创新,推进数字化、智能化、自动化的转型,成为亟待解决的重要问题。本章以浙江省能源集团财务有限责任公司(以下简称"浙能集团")财务共享服务中心为例,聚集其数字化员工在财务业务场景中的应用创新。浙能集团针对财务的业务内容和流程特点,综合应用RPA、OCR、IPA等智能技术,实现了数字化员工的深入布置和广泛应用。同时,本章将针对数字化员工应用的现状,提出科学有效管理数字化员工的方式方法。

一、数字化员工的概念、特征及现状

(一) 数字化员工概念及特征

  数字化员工是一种新兴的自动化工具,是打破人与机器边界,充分激活劳动力潜能的企业用工模式。数字化员工主要依托新型技术来完成企业的服务优化以及中后台运营协同作业等任务。区别于传统RPA及其他自动化技术在后台实现自动化、流程化的无形象运行,数字化员工集合了RPA、OCR、AI大模型等众多智能技术,成为具有人格化、智能化、场景化特征的企业虚拟劳动力。

目前,数字化员工涉及的主要技术类型有:

(1) RPA主要适用于规则明确的重复性任务,集成单一或系列标准化任务。该技术可以通过预先设定的程序来对人类行为进行模拟,提供安全可靠、规范统一的自动化操作,部署周期短、成本低,实现业务流程最大程度自动化,从而将财务人员从重复的工作中解放出来,使其得以专注于更有价值的工作。

(2) 光学字符识别(Optical Character Recognition,OCR)主要是识别文件、影像信息并提取转换为结构化数据。财务共享中心可通过智能识别技术对发票、合同等各类纸质原始凭据的图像进行识别,对其中文字数据进行提取,并储存在公司相关财务信息系统中。

(3) IPA可以使业务流程更加自动化与智能化,涵盖规则性及复杂流程,融合了AI、KG等技术,可实现跨系统协同工作。

(4) 定时任务技术主要用于在预定的时间点自动执行特定的操作或任务,通过设置特定的时间间隔或具体的时间点来安排任务的执行,有时任务之间还存在依赖关系,必须在某些任务完成后才能执行其他任务。同时,辅以日志记录定时任务的执行历史,便于追踪和排查问题。

人格化是数字化员工最典型的特征,人格化意味着它们不只是按照既定程序和规则运行的机器人,而是具备人的部分特征,具备一定的感知交互能力、智能认知能力、自动化处理能力和自主学习能力。与普通人类员工相比,数字化员工具备效率高、成本低、安全性高、潜力大、周期短等五方面的显著优势,这些优势助推了数字化员工的兴起。

(二) 数字化员工发展现状

近年来,财务数字化员工成为驱动企业财务数字化转型的关键力量。不少大型企业以实施财务共享服务为抓手,开展财务管理数字化转型,持续提升公司的管控能力,为业务的稳定运行提供了可靠保障。企业通过引入数字化员工,大力推进价值创造型财务管理体系的构建,推动数字技术与财务管理的深度融合。当前,数字化员工在财会行业的应用呈现多场景特征,如智能核算、银企互联、智能客服、智能票税、税务申报、风险稽核等,不同应用场景下对数字化员工职业技能的需求不同,这为企业探索组织发展、创新增效提供了全新的视角。

二、数字化员工建设背景、思路

(一) 数字化员工建设背景

数字化员工建设既是信息技术发展和在会计领域内应用加深的结果，也是企业发展与管理的诉求。

1. 技术发展驱动

21世纪的世界已然进入一个大数据、人工智能的信息化时代，会计行业和会计从业人员同样面临着巨大的变革。回顾40多年来的中国会计改革发展历程，可以将信息技术在会计领域的应用划分为三个发展阶段，即电算化阶段、信息化阶段和智能化阶段，其中电算化阶段是初级阶段，信息化阶段是中级阶段，智能化阶段是高级阶段。在智能化阶段，企业内部信息的互联互通更加紧密，对工作效率和经济效益提出了更高的要求，以智能预算、智能核算、智能共享和智能分析为核心的智能财务体系正在形成。以"ABCD"（人工智能、区块链、云计算、大数据）为代表的新技术，持续驱动财务业务实现线上化、数据化、智能化转型，按下了数字化转型全面升级的"快进键"。

2. 企业管理期望

在这场数字化转型变革中，各大企业全面开启数字化转型之路，而财务共享服务正是企业数字化转型的重要内容。近年来，国内大型企业的财务共享服务中心发展进入了快速增长的阶段，随着业务市场的快速扩张，财务共享服务中心用户不断增多，业务量激增，企业往往需要投入更多的人力、物力为用户提供服务，导致其原有的财务共享服务中心灵活性降低，无法与企业的业务状况相适应，而且传统的财务共享服务中心存在大量重复工作，如全部交给财务人员，容易因财务人员的疲乏，导致效率不高且易出错。企业财务共享的智能化需求由此日益显现，财务数字化员工的出现正好弥补了传统财务工作的不足。财务数字化员工是一种综合利用自动化、智能化、人格化技术以及多维、多模态数据，并通过配套管理机制建设，以数字虚拟人形式应用于特定财务场景的软件服务，与财务工作的特征和诉求有着高度的匹配性。

(二) 数字化员工建设思路

以浙江省能源集团有限公司财务共享服务中心（以下简称"浙能财务共享服务中心"）为例，随着财务共享项目的稳步开展，推广上线单位不断增多，业务量激增，共享中心需要投入更多的人力、物力为成员单位服务。浙能财务共享服务中心为贯彻落实浙能集团数字化改革决策部署，进一步布局数字化改革，引入数字化员工概念，赋予财务机器人与人类员工相同的地位，挖掘其服务价值和 IP 价值，将数字化员工赋予与自然人相同的地位，创造出"OCR + RPA + IPA"等多重技术相融合的高拟人化新型工作人员。将数字化员工作为财务共享服务数字化改革的重要抓手后，针对流程烦琐、耗费人力的业务，快速建设落地数字化员工试点场景，并衡量效率提升度，为大规模部署做好充分准备。同时，建立了一套多维度数字化员工运营体系，包含数字化员工的绩效、培训、全生命周期管理，形成数字化员工赋能文化，旨在将数字化改革精神传递至各个业务部门。因此，深入研究数字化、智能化手段，加快数字化转型，落实数字赋能，将成为共享服务中心成本节约、财务运营效率提高、财务管控能力后续提升发展的关键。

三、数字化员工在会计行业应用的建设

数字化员工平台的开发需具有前瞻性、灵活性，并结合财务共享运营平台进行思路设计。为构建基于数字化员工的智能财务系统，需立足集团全局、合理筹划，确定数字化员工办公的建设策略、目标和定位。

(一) 业务场景建设

数字化员工平台的业务场景建设大致分为以下四个步骤。

（1）分析与评估。本步骤进行前期的摸底调查和需求分析，充分梳理现有业务场景的整体情况，对于各业务场景发生的频率进行初步评估，对于业务场景的复杂性、可变性进行客观评价，对应用数字化员工进行业务处理是否存在风险进行评估，筛选出适合的业务流程及场景进行应用。

（2）设计与开发。本步骤根据前期筛选的业务流程场景进行总体规划设计。明确其包含流程的优先级和任务需求，以及各流程间的逻辑关系，合理规划实施路径、塑造流程场景、做好前期准备，并形成基本的设计思路，优化业务流程，最终完成自动化方案，确保流程步骤灵活可扩展。当外部市场环境变化驱使平台进行更新与扩建时，数字化员工需支持移植到新的移动设备中，能够快速配置，扩充平台功能范围，支持业务开展。按照流程标准统一化，系统数据集成化，流程步骤集约化选择试点单位开发。在测试环境开展功能测试，数字化员工作业成果与人工成果一致，操作效率符合标准设定。

（3）实施与部署。在这一步骤中制定数字化员工管理规范，明确自然人和数字化员工的职责分工，编写业务操作手册，制定风险防控措施，做好应急预案，多渠道开展用户培训，确保数字化员工准时、准确完成工作任务，并对数字化员工的布局、软硬件设备以及安全防护设施等配备进行规划。

（4）运行与维护。建立数字化员工运营团队，按期分析运行的流程并进行流程优化，制定数字化工作规范、问题处理机制、操作审核机制，使数字化员工安全可控。数字化员工作为公司业财数据的"集散地"，在设计中要引入先进数据管理技术、标准、过程和政策，结合公司自身特点建设，充分保证数据、应用的安全。

（二）数字化员工应用整体框架建设

1. 技术层面支持

财务数字化员工的发展迭代先后经历了机器人流程自动化、智能化机器人及人格化数字化员工三个阶段。目前财务数字化员工体系中技术能力层应综合涵盖自动化、智能化与人格化三种技术。其中，自动化技术是财务数字化员工的技术基础，智能化技术为财务数字化员工提供感知和认知能力，人格化技术赋予财务数字化员工人类特征和情感。

（1）机器人流程自动化（RPA）。RPA是一种模拟人类操作鼠标和键盘来驱动和执行应用系统，以完成简单的数据传输和处理工作的自动化软件技术。在会计实务工作中其为数字化员工提供了基础技术支撑，可被用于纳税申报、采购付款、销售收款、总账报表、资金结算等业务流程中的跨系统搬运数据、数据清洗、批量处理文件等工作环节。RPA不受地点时间限制，可以精准执行工作指令，学习门槛低，开发周期短，并无需对系统进行改造，可以实现多系统间的交互。

（2）智能化机器人。在机器学习、光学字符识别（OCR）、流程挖掘、预训练大语言模型（以下简称"大语言模型"）等技术的加持下，财务数字化员工具备更为丰富的感知智能和认知智能，拥有更高级别的决策能力、人机交互能力以及自主学习能力。尤其是大语言模型兼具精准的语义理解能力、强大的语言表达能力和严谨的逻辑思维能力，可使财务数字化员工更充分地挖掘和梳理数据、信息及知识，更自然地进行人机交互，从而弥补RPA欠缺的灵活性和智能性。

（3）人格化数字化员工。该技术是一种利用人物建模和动态捕捉、使用人工智能生成内容技术生成虚拟形象等手段，模拟人类行为模式、面部表情、语言表达等从而为数字化员工赋予人类特征和情感智能的技术。例如，在财税咨询场景中，财务数字化员工具备更自然友好的语音和表情，有利于增强用户的信任感并提高沟通效率。同时，人格化技术也可用于特定员工的数字孪生，以进一步提升人机交互的体验感和直观性，消除数字化员工与人类员工之间的距离感。

2. 应用场景设计

数字化员工区别于传统的用工模式，可以应用于以下场景。

（1）重复性工作。财务工作中涉及大量的重复性操作，例如数据填报、数据比对、数据维护及银行对账、监管报送、合并报表、工单处理、财税票据识别等，这些操作发生频率高、耗时长。将这些重复性操作交由数字化员工来执行，不仅可以在短时间内完成大量任务，并且在RPA设定的业务规则下可以实现每天24小时不间断工作，流程上也避免了错误修正、沟通等待的时间耗费。

（2）数据管理工作。数据管理主要指数据价值链的全流程管理，包括跨系统数据搬运、数据清洗、数据爬虫、财务报表分析、业财数据挖掘等。数字化员工可以筛选、分类、排序在不同平台或者数据库下载的数据，并进行相应的数据处理。另外，通过数据搬运，可以实现在不同的系统平台之间转移和同步数据，连接数据孤岛。数字化员工门户还可以对数据资产进行加密传输,对多个层级权限进行集中控制,日志视频完整记录溯源,确保数据安全可靠。

(3)信息交互。大语言模型的自然语言处理与生成能力为财务数字化员工提供了理解和回应复杂财务问题的能力,使其可作为财务人员的咨询助手,同时可与财务员工实时协作,共同帮助客户解决问题。例如,在税务场景引入智能税务咨询助手主要负责以下两项任务:一是税务政策解读,用户勾选知识库中相关税务政策文件并进行提问时,智能税务咨询助手可依据政策条款和自有知识,为用户提供简明扼要的政策解释和实施建议;二是日常客户税务问题解答,针对用户常提出的电子发票下载方式、红冲发票流程等税务问题,提供即时、准确的答案,并通过学习用户反馈不断优化咨询服务。

3. 制度层面设计

图 2-8-1 展示了参照人类员工的管理模式建立的财务数字化员工的管理体系建设框架,主要包括以下几方面:

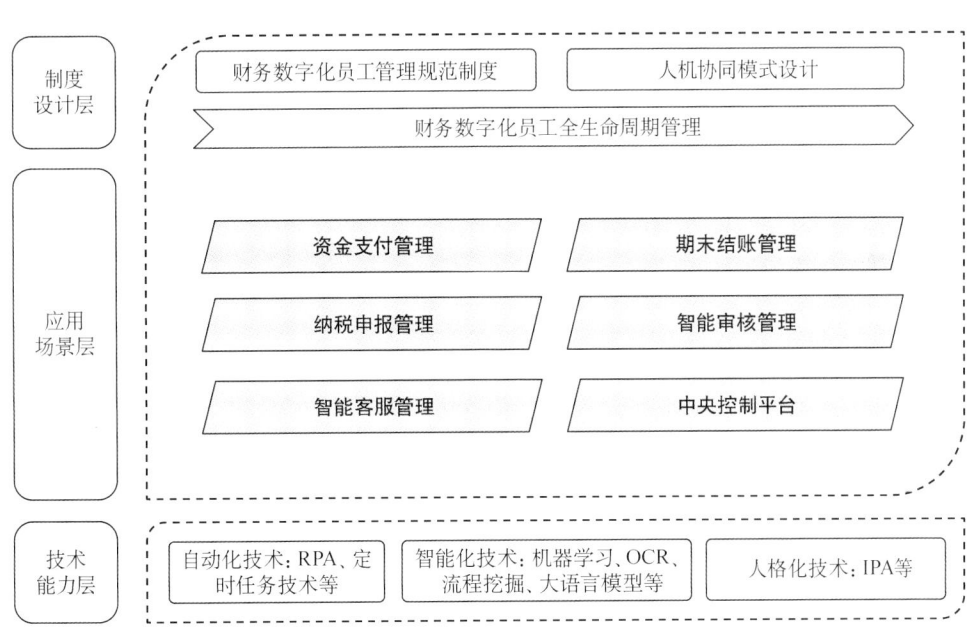

图 2-8-1 浙能财务数字化员工管理体系建设框架

(1)建立财务数字化员工全生命周期管理体系。企业需要对财务数字化员工从入职到上岗运行、升级迭代、绩效评价、离职全过程进行精细化管理,确保其能够安全、稳定地为企业创造价值。

（2）设计有效的人机协同模式。一是将数字化员工与人类员工两者的优势互补。机械烦琐或中低难度的文字创作和问答任务，可以由数字化员工完成，以提高处理速度和准确性；复杂决策任务，可由人类员工负责，以保证决策的质量和弹性。二是建立清晰的决策流程，明确数字化员工和人类员工在各任务阶段的具体职责，并依据场景复杂性、风险程度和职业判断等因素的差异，动态调整两类员工的决策权比例。

（3）建立财务数字化员工管理规范。正如人力资源管理一样，企业需要建立一套完整、科学的管理规范来明确财务数字化员工的工作范围和要求。企业需要一套健全的管理平台，该平台应涵盖优化迭代、调度管理、绩效考核、安全管理和监控监督等功能模块。

（三）数字化员工管理平台建设

如前所述，数字化员工的管理也需要一套健全的管理平台，该平台应涵盖优化迭代、调度管理、绩效考核、安全管理和监控监督等功能模块。其中，配置与调度管理最为重要，因为数字化员工能够实现"一岗多能""多岗多能"，如何通过合理地配置数字化员工的数量控制成本、更高效地调度数字化员工并利用好 7×24 小时全天候工作能力将成为企业实施数字化员工战略目标。数字化员工管理平台的搭建能够实现对共享服务中心的数字化员工的集中管理、安全部署并对配置进行持续优化。

1. 数字化员工的基础管理

首先，引入的数字化员工应该被当成企业的劳动力资源，需要将数字化员工人格化。可以在财务共享运营平台为每个数字化员工赋予特定的名称。其次，数字化员工需要被职能化，依据职能给数字化员工划分任务。各部门可根据需要申请数字化员工，部署全生命周期管理体系，形成数字化员工全天候的周期管理。基础管理所涉及的操作权限根据其业务内容分配给所涉及部门，权限的申请、变更等则由共享平台运维统一进行管理，若需要变更需发起相关流程进行申请。

2. 搭建数字化员工管理平台

1）总体设计思路

（1）统一规划、分批建设。在数字化员工平台建设过程中，应从业务应用、功能、性能及容量的需求出发,从总体上进行统一规划,做到合理化、规范化,并按照业务需求、资源配套情况分期建设,以满足业务需求,再分期适度投入资源建设数字化员工平台,在满足实际应用要求的同时最大化提升资源使用效率。

(2)高度可用、安全合规。从系统整体架构顶层设计着手,在管理、存储、网络等关键组件设计上全面考虑,采用冗余设计,防止出现关键功能单一故障点,实现备用组件切换无功能缺陷,以确保系统的高可靠性和业务的高可用性。全方位考虑系统的安全性及合规性,确保系统及业务运行安全,能最大程度上防范风险。

(3)标准设计、个性定制。在机器人应用层,为满足众多业务场景的应用需求,提供远程调用、后台集中调用等多种数字化员工运行模式。后台集中数字化员工遵循标准化设计原则,抽取用户需求共性,最大化提升数字化员工利用率。在此基础上,对于个性化需求也具备快速部署并提供应用的能力。

2) 建设目标

数字化员工管理平台构建基于财务共享模式的业务场景,支撑企业数智化场景全流程建设,提高工作效率、降低劳动成本、控制经营风险、简化系统操作。数字化员工管理平台建设主要有以下目标。

(1)自动化和智能化。通过引入人工智能和机器学习技术,实现业务流程的自动化和智能化。数字化员工将能够自动处理和执行重复性的任务,减少人工干预,提高工作效率。

(2)灵活性和可扩展性。数字化员工应具备良好的灵活性和可扩展性,能够适应不同业务需求。系统应支持模块化设计和快速开发,以便在需要时进行功能扩展和定制。

(3)数据驱动决策。数字化员工将收集、分析和利用大量的数据,为企业提供准确的数据支持和决策依据。通过对数据的深入分析,系统能够发现问题、优化流程,并进行实时的业务分析。

(4)用户友好的界面。数字化员工应该具备直观、易用的用户界面,使员工能够轻松上手并快速掌握系统的使用方法。界面设计应注重用户体验,提供个性化的设置和自定义选项,以满足不同用户的需求。

（5）安全性和可靠性。数字化员工的安全性和可靠性是至关重要的。应采取各种安全措施，确保系统的数据和操作安全可靠。同时，系统应具备高可用性和容错性，以确保业务的连续性和稳定性。

（6）可持续性及创新。数字化员工项目建设是一个持续改进和创新的过程，应与员工和其他相关部门保持紧密合作，不断收集反馈意见，并进行系统的优化和升级。同时应关注技术的发展和市场的变化，及时引入新的技术和理念，推动项目的创新和发展。

3）功能实现

数字化员工管理平台要实现三大主要能力。

（1）能够对各种类型的数字化员工进行集中管控、统一调度、应用弹性供给，并实现对数量众多的数字化员工进行统一运营管理；

（2）开展数字化员工能力组件建设，将数字化员工能力进行云端部署，实现共享、共用，解决机器人易用性及复杂业务场景应用问题；

（3）建设数字化员工知识中心，集中管理、分析、分享数字化员工相关知识和信息，促进企业内部学习、共享、再利用和创新，提高企业员工利用数字化员工技术、应用数字化员工的能力。

4）预期效果

数字化员工管理平台建设预期实现以下六大效果。

（1）降本增效，弹性启停。中央控制平台能够根据实时任务量自动启停对应数量的数字化员工，当某一任务的实时单量达到启停标准时，任务驱动 RPA 自动启停，如有多项任务同时达到启动标准，则根据设置的任务优先级判定任务处理的先后顺序。通过前台配置，可以决定该台数字化员工是否需要继续使用。根据实时单量启停，其启停的阈值可根据实际情况调整，有利于提高处理效率，减少产能浪费，降低人工干预导致的偏差。共享平台的单据符合运筹学的多服务台等待模型（以下简称"M/M/C 模型"），单据到达共享平台后在队列中等待，被各个服务台根据先到先处理原则进行处理，处理完成后离开，如图 2-8-2 所示。

根据 M/M/C 模型，单据在系统内的平均逗留时间、RPA 服务器空闲的概率等计算公式如表 2-8-1 所示。

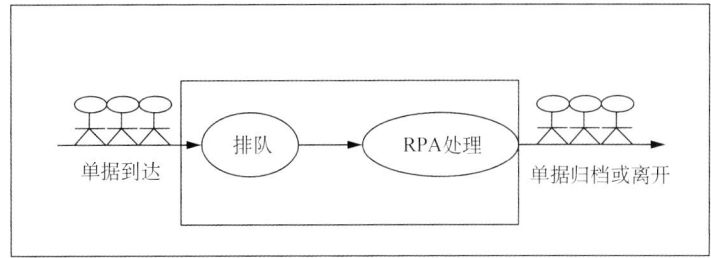

图 2-8-2 单据排队系统

表 2-8-1 M/M/C/∞/m 模型

项目	M/M/1/∞/∞ 标准模型	M/M/1/N/∞ 系统容量有限模型 N = 队伍容量 − 1	M/M/1/∞/m 顾客源有限模型 m = 系统只有 m−1 种状态	M/M/C/∞/m 多服务台模型 单队，并列 C 个服务台
系统空闲的概率 (ρ)	$P_0 = 1-\rho$	$P_0 = \dfrac{1-\rho}{1-\rho^{N+1}}$	$P_0 = \dfrac{1}{\sum_{i=0}^{m}\dfrac{m!}{(m-i)!}\rho^i}$	$P_0 = \dfrac{1}{\sum_{k=0}^{C-1}\dfrac{1}{k!}\left(\dfrac{\lambda}{\mu}\right)^k + \dfrac{1}{C!}\cdot\dfrac{1}{1-\rho}\cdot\left(\dfrac{\lambda}{\mu}\right)^C}$
系统有 n 个顾客的概率（顾客损失率）	$P_n = \rho^n P_0 = (1-\rho)\rho^n$	$P_N = \rho^N P_0$	$P_n = \dfrac{m!}{(m-n)!}\rho^n P_0$	
系统至少有 1 个顾客的概率	$1 \cdot P_0 = \rho = \dfrac{\lambda}{\mu}$			
顾客的有效到达率 (λ_e)		$\lambda_e = \lambda(1-P_N)$	$\lambda_e = \lambda(m-L_S)$	
系统（每小时）顾客平均数 (L_S)	$L_S = \dfrac{\rho}{1-\rho} = \dfrac{\lambda}{\mu-\lambda}$	$L_S = \dfrac{\rho}{1-\rho} - \dfrac{(N+1)\rho^{N+1}}{1-\rho^{N+1}}$	$L_S = m - \dfrac{\mu}{\lambda}(1-P_0)$	$L_S = L_q + \dfrac{\lambda}{\mu}$
（每小时）等待服务的平均顾客数 (L_q)	$L_q = L_s - \rho = \dfrac{\rho^2}{1-\rho}$	$L_q = L_s - (1-P_0)$	$L_q = L_s - (1-P_0)$	$L_q = \dfrac{(C\rho)^C \rho}{C!\,(1-\rho)^2}P_0$
（每位）顾客在店内的平均逗留时间 (W_s)	$W_s = \dfrac{L_s}{\lambda}$	$W_s = \dfrac{L_s}{\lambda_e}$	$W_s = \dfrac{L_s}{\lambda_e}$	$W_s = \dfrac{L_s}{\lambda}$
（每位）顾客平均修理时间 (W_q)	$W_q = W_s - \dfrac{1}{\mu}$	$W_q = \dfrac{L_q}{\lambda_e}$	$W_q = \dfrac{L_q}{\lambda_e}$	$W_q = \dfrac{L_q}{\lambda}$
λ：每小时到达店内人数				λ：每小时到达店内人数
μ：每小时可以服务的人数，1/每名客户服务时间的分钟数				μ：每小时可以服务的人数，1/每名客户服务时间的分钟数

以资金一级支付功能为例,假设要求单据在系统内的平均逗留时间小于 30 分钟(0.5 小时),即:

$$Ws < 0.5$$

$$Ls < 0.5\lambda$$

$$Lq + \lambda/\mu < 0.5\lambda$$

采用表 2-8-1 中框内公式计算,该公式中,

$c=$ RPA 开机台数(利用枚举法带入计算)

$\lambda=$ 单据到达共享速度(实时数据)

$\mu=$ RPA 单据处理速率

$\lambda/\mu=$ 单据到达共享速度/RPA 单据处理速率

根据数据统计,已知资金 RPA 的单据处理速率 $\mu=0.63$ 单/分钟,通过带入不同自然数的开机台数,可以得出每小时单据到达量最优临界值 Xn(当每小时进入共享的单据达到 Xn 时,则需要开启第 $n+1$ 台备用机)。例如,目前资金一级开机台数为 7 台,当单据到达共享速度达到 262 单/小时,则需要开启第 8 台备用机。

根据该最优临界值 Xn 进行实时启停将有利于通过科学计算的方式提高处理效率,减少产能浪费与人工干预,并可以通过前台配置,决定该数字化员工是否需要继续使用实时单量启停功能,启停的阈值可根据实际情况调整。

(2)智能分配,无需巡逻。通过建立智能派单规则库,预先设定待处理单据数量、单据紧急程度、单据处理时差等因子,可视化前台灵活配置因子优先级,系统根据算法自动对待派单单据池里的单据进行智能分配,数字化员工无需再通过定时任务进行轮巡接单,缩减单据等待处理时差,进一步提升整体工作效率。

(3)宏观调控,多岗多能。在保证足够安全、风险可控的前提下,数字化员工能够按需调配,既能处理特定业务部门的任务,也能够协助处理其他业务部门的任务。任务范围可根据后续的发展需求添加或者减少。数字化员工管理控制平台能够实现数字化员工的集中控制调配,支持调整其功能配置、日程编排以及任务优先级。相关部门负责人可以通过控制平台集中对指定的数字化员工进行调配,无需逐一操作。

（4）绩效考核，数据可视。中央控制平台将在大视图及驾驶舱界面对所有数字化员工名称、实时工作状态进行展示，采用多主题、多层次、多维度的数据可视化图表展示特定经营成果指标，如单据处理量、未处理单据量、运行状态、闲置率等，数字化员工的绩效及运行情况能够更直观地展现。

（5）实时启停，一键控制。中央控制平台能够适配 PC 端和移动端双端应用，实现对数字化员工便利快捷的远程控制，确保不依赖于办公环境、"内网"等条件的限制即可完成任务。同时，建立远程监控系统以及异常情况邮件报送机制，实时跟踪，确保数字化员工工作的及时性和准确性。

（6）分析问题，不断优化。通过税务申报 RPA 分析表、资金支付 RPA 分析表、数字化员工综合分析表等多张分析表，实现对数字化员工日常运行数据进行展示分析，有利于及时发现问题及优化点，从而实现更新迭代。

四、数字化员工基于财务共享中心的应用实践

数字化员工在会计行业应用较为广泛，它可以嵌入到流程审核、发票审核、报表生成、财务审计、预算编制、系统对账、财务稽核等一系列财务流程中。数字化员工的应用可以大大提高财务工作的效率，减轻财务人员的工作压力，让他们有更多的时间和精力从事更高价值的工作。本部分以浙能财务数字化员工体系建设为例，介绍数字化员工基于财务共享中心的应用实践。

（一）智能化应用场景及成果

在浙能财务数字化员工体系整体建设框架下，浙能财务共享服务中心目前有 50 余位数字化员工，在资金支付、期末结账、纳税申报、智能审核、智能客服、中央控制平台六大场景中应用。

1. 资金支付

这是应用最广泛、最典型的案例，数字化员工可处理合同付款、员工报

销、工资支付、利息支付等各种资金支付流程,覆盖多种业务场景,代替人工进行资金支付复核工作,实现资金复核完全自动化。通过模拟人在不同电脑系统之间的操作行为,执行有规律、重复性高的资金支付流程,资金支付数字化员工代替浙能财务共享服务中心资金复核岗的人工支付复核工作,使资金支付复核实现完全自动化。

资金支付财务机器人的上线是浙能财务共享服务中心迈出提高自动化程度的重要一步。资金支付财务机器人上线前,浙能财务共享服务中心资金支付业务高峰时每日人均需处理四百多条支付流程单据。RPA在资金支付环节应用后,在接口数据传输正常的情况下,资金支付无需人工参与,实现完全自动化,截至2024年6月底,资金支付中财务机器人审核参与率高达99%,平均每月审核通过单量4万条,节省资金复核人员5人,释放了宝贵的人力成本,运用资金支付财务机器人实行7×24小时自动审核,提升了工作效率。各业务单据收付款信息均从数据库中自动提取,业务流转过程均无法进行人为修改,无需人工录入收付款信息,降低资金支付风险,如图2-8-3所示。

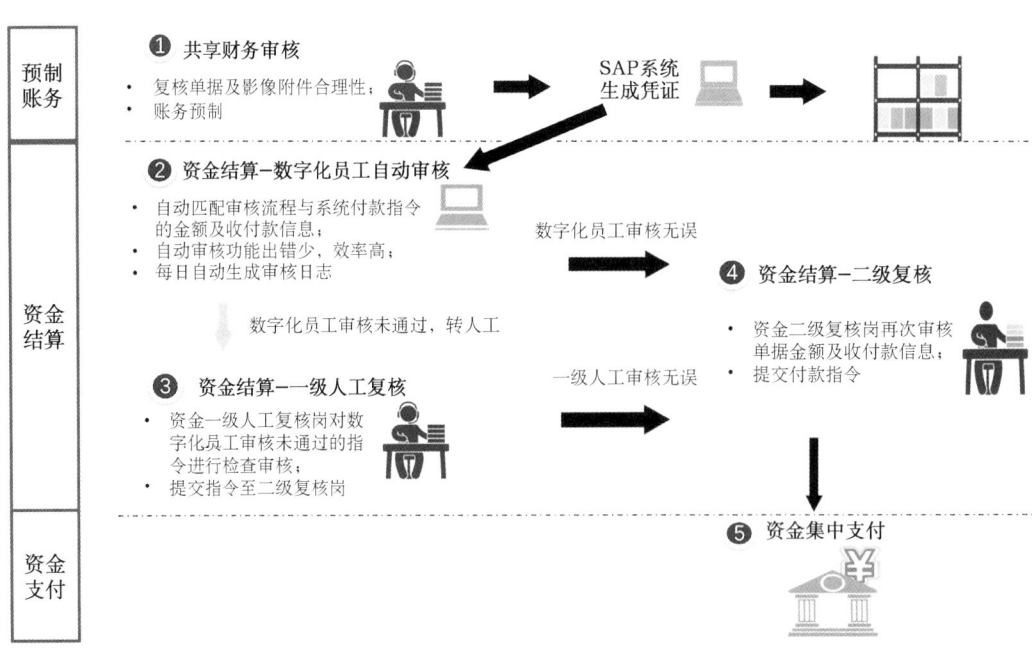

图 2-8-3 资金支付数字化员工工作流程图

另外,为提升远程办公业务处理能力,资金支付数字化员工不仅需要完成资金指令的核对工作，对资金支付相关的内容也要一并考虑。浙能财务共享服务中心积极探索解决路径，资金支付数字化员工主要应用于以下场景。

（1）网银指令的查询。数字化员工可以自动抓取和解析系统的指令数据，实时查询网银指令状态。

（2）网银指令的提交。数字化员工可以自动将支付指令提交至银行系统，无需通过人工录入收付款信息，降低资金支付风险。

（3）网银指令的驳回。数字化员工可以实现识别并处理流程驳回的情况，自动作废驳回指令，恢复共享中心业务单据流转。

（4）银行余额核对。数字化员工可以通过各个银行系统的连接批量获取并传输银行余额，自动完成银行余额核对工作，帮助企业动态监控资金收支，实时掌握企业资金状况。

（5）银行交易流水查询。帮助浙能财务共享服务中心自然员工查询用户单位全账户银行流水明细，为查明银行流水漏缺问题提供支撑数据。

2. 期末结账

数字化员工可以更好地协助财务开展期末结账工作，根据浙能集团财务标准化的账务处理规则，设置标准化的账务检查逻辑，利用数字化员工进行会计科目、项目余额检查，提前发现账务问题，并自动生成检查报告予以反馈。损益结转前后对RPA设置不同选项，可以在损益结账前进行账务检查，提前发现账务问题，完成调账工作，保证账务处理的正确性，并生成检查报告予以反馈。RPA在三张主表检查中的应用主要是根据ERP资产负债表、现金流量表、利润表取数规则生成报表，与ERP中三张主表进行统一核对，检查报表取数是否正确，并生成报告予以反馈。

在期末结账数字化员工上线前，浙能财务共享服务中心业务人员完全依靠人工对各上线单位科目余额表进行检查，受限于业务场景的复杂性及人员个体能力差异，平均每家单位核对需要15分钟。随着上线单位增加，业务人员工作压力急剧增加。数字化员工上线后，承担了人工核对科目余额表及主表的工作，平均每家单位核对时间降低为3分钟，以自动化替代人工检查，释放了大量的劳动力，有效降低了人工操作风险，提高业务处理效率和质量，进一步规避财务风险。

3. 纳税申报

自 2019 年浙能财务共享服务中心正式启动税务管理模块项目建设工作以来,财务共享中心将税务信息向前延伸到业务端,业务人员立足业务视角对税务要素进行前期提报,实现业务、财务信息到税务信息的自动转换,实现业财税一体化管理。浙能财务共享服务中心上线了全税种全周期的税务管理模块。根据规范的税务申报规则,全方位设计完整的申报数据取数和计算逻辑。目前税务管理模块可支持与电子税务局对接,实现从电子税务局获取期初数据,从业务系统中获取申报数据,自动完成财务报表申报、纳税申报表填报并检查填写结果,申报完成后从电子税务局回填相关数据,实现各税种的计提、申报、缴纳业务的全流程线上管理。

以印花税申报为例,数字化员工自动从合同管理系统、资金管理模块等业务系统采集合同数据,自动计算印花税额,并发起申报流程,数字化员工自动在电子税务局各项申报表中完成纳税数据的录入及申报,最大程度减少了以往手工申报造成的计算错误、漏报、错报等异常情况。

RPA 技术在税务模块的应用,使税务人员摆脱大量重复工作,在规避人工填报错误的同时,充分享受到信息化带来的人力资源释放,使税务管理工作更加高效便捷,将税务信息向前延伸到业务端,促进业财税一体化发展。

4. 智能审核

对于众多的业务单据以及审核要点,纯人工审核模式下,业务处理人员往往需耗费大量的时间和精力来进行人工审核。数字化员工的智能审核方案借助人工智能技术,将可标准化、可数据化、重复性高的审核工作嵌入数字化员工,使其选择适用的流程类别,系统自动根据账务规则,几秒内完成账务的生成,从而一定程度上减少人工账务处理的工作量。

浙能财务共享服务中心从 2022 年开始试用数字化员工进行智能审核,全流程自动过账比例由最初的 3% 达到 2024 年 6 月底的 15%,2024 年底达到 18%,智能审核全过账比例不断提升。目前数字化员工智能审核涉及差旅报销、收款入账、委托付款、定期计提/摊销、借款业务、项目结转等多个业务场景。数字化员工自动对单据信息是否符合审核条件做判断识别,符合审核要求的业务单据仅需数秒就能完成账务处理并生成会计凭证,减少了因人为疏忽造成审核要点遗漏的情况,提升了业务处理时效及财务共享服务质量。

5. 智能客服

数字化员工在客服管理方面应用较为广泛,在财务共享服务模式下,使用数字化员工可以为用户提供 7×24 小时的咨询服务。上线单位业务人员或客户有任何疑问都可以在 PC 端或者移动端通过对话框联系客服,智能客服数字化员工通过深度学习技术,利用大语言模型的自然语言处理与生成能力为其提供了理解和应对复杂财务问题的能力,可以对用户提出的问题扩充理解并予以答复。

实践证明,要更加充分地发挥智能客服数字化员工的作用,搭建体系化的知识管理平台非常关键。智能客服知识库针对高频率问题进行自动定期梳理,汇总分析涉及政策制度、日常操作等业务事项,可以解答政策制度、税务规定、会计政策、会计准则以及日常操作等重复性较高的问题。智能客服无法解决的问题还可以转人工客服进行处理。智能客服能够帮助企业收集与统计大量信息,同时改善服务质量。

6. 中央控制平台

浙能集团在开发应用数字化员工的过程中也遇到了不少的问题,就像对员工的管理一样,数字化员工的管理也需要搭建一套成熟的管理体系。

搭建中央控制平台对数字化员工进行管理应该包括优化迭代、调度管理、绩效考核、安全管理和监控监督等功能模块,应具备管理驾驶舱、管理大视图以及各类分析报表等管理工作。其中,驾驶舱能够对数字化员工的启停进行集中控制,调控数字化员工的运行状态和闲置率,如图 2-8-4 所示;数字化员工管控平台将在业务大视图中对所有数字化员工名称、实时工作状态进行展示,并可以监控数字化员工单据处理量和未处理量;报表分析功能可以对税务申报、资金支付等具体场景进行分析,也可以进行综合分析、原因分析。

(二) 智能化应用场景拓展方案

随着数智技术的快速发展,数字化员工应用场景将不断拓宽,数字化员工将更加深入地参与到其他财务工作场景中。

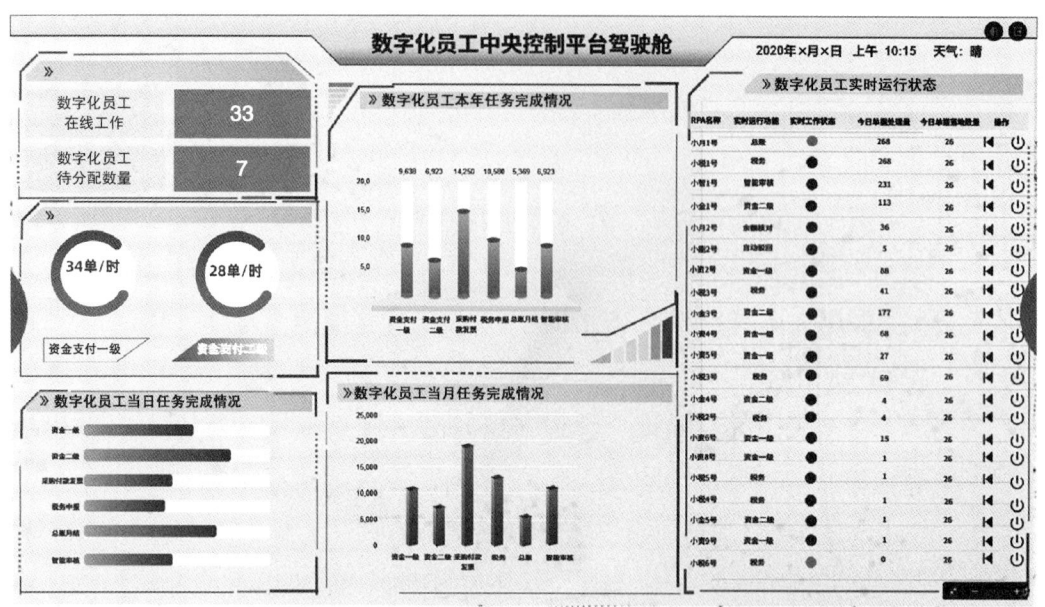

图 2-8-4　数字化员工中央控制平台驾驶舱示例

（1）银企对账自动化。目前，银企对账需要每月结账前从银行网银系统和资金系统读取、下载银行上月流水信息，根据金额核对账户余额，生成余额调节表。由于一个单位往往有多个银行账户，每个账户的对账都要重复各操作步骤，需要耗费大量的时间，并且由于结账周期短、时间紧，存在一定的疏漏风险。数字化员工可以通过自动登录银行/资金系统，自动获取银行流水，对流水进行筛选分类并分别存入指定文件夹。另外，数字化员工可以在获得流水信息的同时进入财务核算系统获取账务数据，自动执行对账操作，再将结果保存，编制成银行余额调节表，重复所有的操作至所有账户循环完毕。最后，将银企对账的结果通过邮件等形式反馈至用户。这极大地提高了月结效率及质量，杜绝人为操作导致的账户遗漏风险。

（2）各业务模块基础信息的录入。财务共享运营平台拥有多种功能模块，例如，金融工具、金税开票、借款业务、税务申报模块等，但相关台账初始数据的录入，还是需要耗费大量人工，且容易出错，应用数字员工替代人工完成台账维护工作，有利于减轻业务人员的负担，并降低人工操作失误的风险。

（3）智能审核的深入应用。智能审核常受限于规则不明确、财务风险管控不足、投入产出比低、技术不成熟等问题，全自动智能审核、自动过账的比例并不高，应用场景还有很大的拓展空间。可以进一步挖掘业务痛点，梳理审核要点，并根据个性化审核要求做出相应的需求设计，编写审核条件、设置比对逻辑、建立映射关系，进一步扩大数字化员工智能审核的业务范围，力争从流程自动化阶段过渡到认知决策自动化阶段。

（4）财务报表自动化编制。目前，财务共享中心功能往往集中于处理业务流程单据，并根据生成的凭证形成月度、年度报表。但由于流程不完善等原因，存在不少业务流程需要手工进行调整的情况，仍然会出现人为错误率高、跨账期调账的情况。数字化员工可以内设规则引擎，根据预设的规则和逻辑建立统一的会计引擎，实现业务语言向财务语言的转换，经过相对标准化的人工复核流程，生成最终财务凭证。高效、准确和自动化的账务处理，从根本上改变了财务数据的收集、处理和报表生成的方式。通过自动化流程的应用，企业能够实时获取、整合和分析大量的财务数据，减少了人工处理的时间和错误率，提高了数据的质量和可靠性。此外，这使财务报表编制更加透明和可追溯。通过数字化工具和系统，财务数据的来源、处理过程和变动情况得以被明确记录和追踪。

五、数字化员工的价值

数字化员工不仅是技术创新，更重构了财务职能与分工，传统意义上财务工作的重心正在持续发生改变。通过数字化员工与财务共享中心建设结合，数字化员工在会计行业的应用价值可以有以下几点。

（一）促进成本节约，提升工作效率

数字化员工可针对财务业务内容和流程特点，以自动化代替人工手动操作，辅助财务人员完成大量重复、枯燥、跨系统和跨平台的业务，极大程度地节约了人工成本。财务人员工作时间和精力有限，而数字化员工能够7×24小时执行预设指令，处理大批量、重复性、规范性的工作任务，且无人值守便可运行，由此释放了大量的劳动力，极大地提高了工作效率。

（二）提高工作质量，强化风险管控

通过数字化员工降低人为因素影响，减少人工干预，提高工作透明度，实现了对关键风险控制点的控制，转变管控模式，降低了人为操作进行财务造假的舞弊风险。数字化员工在自动完成特定的标准化、规则化、流程化、重复性的任务时，执行的每一步操作都具有可追溯性，即使系统出现错误也能精准发现、及时纠正，提高了数据处理的可靠性、安全性、合规性，从而优化财务流程，提高业务处理效率和质量。

例如，可将发票合规管理、超标报销、往来双边挂账等财经纪律及常见风控措施内嵌于系统中，前置风险管控措施，有效防止风险事件的发生；强化内部监督，运用 PDCA 质量循环建立长效的风险控制机制；配备完备的应急预案，提高风险应对能力，从"事前、事中、事后"全流程确保财纪合规达到 100%。

（三）挖掘信息价值，打造数据中心

数字化员工可加速财务数字化全方位升级，从而改变共享中心的运营模式，使财务可以搭建大数据分析模型，对大量的财务数据进行存储、分析、管理及应用，人类员工可以更多向决策支持、风险预测分析等专业活动倾斜，推动财务职能发挥更加灵活、深度的管理与增值作用，同时反哺人力资源、经营管理、成本管控等数据中心，以财务推动业务的创新发展，帮助企业成功实现利润增长，提高企业核心竞争力。

（四）促进企业创新

数字化员工可以为企业提供大量的数据支持，帮助企业发现新的商业模式和创新点。在数字化的背景下，数字化员工将成为企业创新的重要驱动力，推动企业在市场竞争中保持领先地位。

（五）助力财务人员的转型升级

数字化员工的运用可以将财务人员从烦琐的核算工作中释放，重新整合专业资源，提升资源配置，提高业务全流程效率和业务服务质量，让财务人员可以有更多的精力学习提升，更好地向财务分析、经营分析和决策支持、风险预测分析等专业活动倾斜，推动财务职能发挥更加灵活、深度的管理与增值作用，从而完成财务转型，致力于价值创造。

六、数字化员工应用存在的风险及应对

(一) 主观判断风险

数字化员工在各种不同场景中的应用需要人工对这些场景进行分析并编写对应的规则,进而将这些规则转化为计算机代码,从而进行业务的处理,前期编写的规则是否符合内控要求和财务核算要求等条件决定了数字化员工的业务处理是否准确、合规;系统编程代码如存在 BUG,则可能出现业务处理漏洞。

对于此类风险的应对措施,一是对于数字化员工的应用场景要谨慎评估,业务处理规则必须准确、无遗漏,确保业务方案的可行性;二是在数字化员工功能上线前,集中开展多对象、多轮次的验证测试,最大程度地验证系统功能的完善性;三是在数字化员工试运行阶段要持续做好观察记录,查漏补缺,同时辅以定期检查措施,建立健全应急预案。

(二) 系统稳定性风险

财务系统架构复杂,新的业务模式与旧的标准化产品之间存在较大差异,巨大的开发工作,可能会产生系统 BUG 及不稳定因素,导致业务中断。

对于此类风险的应对措施,一是加强项目管理,结合企业现代化共享财务场景,做好项目建设规划工作。二是定期对数字化员工的运行状态、健康情况进行检查,并为数字化员工设置自检自查机制,当错误处理发生时能及时察觉风险,具体应对措施包括对多数据源进行交叉比对,发现数据源有异常,及时预警并停止当前工作;基于对关键节点数据源的纵向比对分析,找出此数据的运行区域空间,据此设立预警系统与边界,假如数字化员工越过限定的数据标准,则会停止工作并报警通知自然人业务管理者。第三是切实做好系统维护以及迭代升级。

(三) 敏感数据泄露风险

数字化员工掌握着很多业务系统的关键的敏感数据,如系统的账号、

密码、业财数据信息等。数字化员工很可能成为网络犯罪分子一个新的攻击点,如通过数字化员工来破解业务系统模块,窃取业财数据信息等。

为了防止数字化员工操作系统的账号和密码被盗用,必须严格设置使用权限,可以考虑内外网隔离等防范措施。账户密码等敏感信息必须设置严格的安全策略,做到看不到、拿不走。

(四) 结果偏差风险

财务数字化员工所接收、处理的数据来自不同部门,由不同业务流程产生,如果存在着格式、标准、口径等方面的差异,可能会使数字化员工的数据处理结果出现很大偏差。

对此我们应当构建并不断完善数字化员工监管体系,主要是以中央控制平台为基础,构建实时、动态、准确、高效的数字化员工监管体系,必要时可成立专项小组进行管理。

(五) 政策风险

会计数据标准化试点建设在技术角度及业务模式方面都存在较大不确定因素,可能会带来既有功能变更或二次开发的风险。

对此,我们可以加强政策解读研究,对于数字化员工的建设方案可以采取分步实施、稳步推进的管理策略,适时调整数字化员工建设方案。

七、数字化员工的应用总结与未来发展

(一) 应用总结

自动化、智能化技术的快速发展,不仅是技术的创新,而且重构了财务职能与分工,改变了传统财务工作的重心。数字化员工在财务共享中心的应用与实践为财务人员的综合能力提升和整体财务人才队伍培养提供了良好条件与契机。基层财务人员得以从基础、重复、烦琐的低附加值工作中解放出来,有更多时间精力来开展财务管理类工作。财务人员也可以有更多机会接触和了解前端业务,真正实现从业务"后端"走向"前端",站在更高的层次助力企业战略规划、经营管理。未来财务人员要向精通

数据分析和预测、具备跨职能部门知识、善于与业务部门构建合作关系的复合型财会人才进行转型，一方面要增强财务判定、业务理解、决策支持等高附加值能力；另一方面要掌握必要的数据应用工具，提升数据应用效能。同时，数字化员工赋能财务共享中心加速了财务共享中心的全面升级，促进了财务共享中心整体运营模式的转变。

（二）未来展望

目前，数字化员工在资金支付、期末结账、税务填报、账务审核、智能客服等场景中的应用已较为成熟，助力财务共享中心实现基础业务的自动化和智能化审核，替代了部分需要人工介入的节点。未来，随着数智技术的快速发展，数字化员工将更加深入地参与到其他财务工作中，应用场景将不断扩充，如财务报表分析、预算管理、投资分析、数据分析预测、员工培训、协同司库完成资金预测及往来分析预警等业务场景。

随着智能技术的不断发展，数字化员工可使大部分的工作场景无需人工干预，财务共享中心的组织形态也将发生巨大变化，财务人员的物理化集中及职能化分工不再成为实施财务共享服务的必要条件，财务共享中心或将从实体化、中心化逐步向虚拟化、"无人"化演进。同时，数字化员工的大量应用也将促进社会层面更加关注数据安全、技术伦理等问题。

信息技术与新质生产力：机遇与挑战[①]

吴忠生、吕晓雷，上海国家会计学院

2024年的一个热词是新质生产力，习近平总书记在很多场合里强调要通过整合科技创新资源、引领发展战略性新兴产业和未来产业，加快形成新质生产力。各行各业的从业者都需要结合自身的领域，思考什么是新质生产力。不同的单位不同的机构，都在不断探索。新质生产力是以科技创新为主的生产力，是摆脱了传统增长路径，符合高质量发展要求的生产力，是数字时代更具融合性、更体现新内涵的生产力。

经济越发展，会计越重要。新质生产力可能会进一步推动经济的发展，会有很多新兴业态、新商业模式产生，在这个过程中，需要有更强大的、能及时提供财务支撑的财务职能。新质生产力推动了数智化快速发展，它尝试对财务工作的组织模式和职能边界进行重新定义，财务工作过去是以流程驱动，现在是以数据驱动，并以数智化为导向，将数据科学和信息技术融入财务领域正在成为新的趋势，并成为企业持续竞争的核心能力。

一、最契合新质生产力背景的技术

重庆理工大学会计学院教授、博导程平认为，2024年发布的十大信息技术里，很多技术与新质生产力的发展应用有密切的关系。新质生产力

[①] 本文以重庆理工大学程平、上海机场（集团）有限公司刘薇、上海久事（集团）有限公司费晔、江苏大生集团有限公司漆颖斌、上海市儿童医院施伟忠论坛发言稿为基础整理，相关内容经过本人确认。

的发展,是当前经济的重要发展方向,它强调通过科技创新、技术创新推动生产要素的创新配置、优化组合,促进产业深度转型升级。在这些技术中,他推荐RPA技术,这种技术对于促进劳动者、劳动资料、劳动对象优化组合及其跃升,对会计核算、财务管理的决策、质量、智能自动化水平有显著影响。

在十大信息技术评选中,RPA技术在过去五年的排名都较为靠前,2024年排在第三位。对于RPA,程平认为在教育应用方面,RPA引入中国已有七八年的时间。目前程平团队已发表的论文有四五十篇,著作有七本,包括RPA机器人开发、RPA财务数据分析、数据分析可视化,并基于核心技术从会计核算、财务管理、审计等角度做了非常多的延伸。目前在教育领域,RPA已经在很多学校被列入专业核心课程,这些课程已经成为会计审计专业数字化改革的首选课程。

程平团队除了做人才培养还做社会服务,他们参与了企业智能自动化的项目实施,包括应用层面的模拟增强和拓展,以及技术方面的运维管理和治理。在功能应用层面上,大多数企业的数字化员工的应用重点在财务共享中心,推动共享中心的核算智能自动化,降本增效作用比较明显。在模拟层面,数字化员工主要应用在对原有人工流程的模拟,基于流程的增强和拓展,还比较初步。这带来一个问题,随着应用增多,基层成本增加,风险也会增加。对现有的流程做进一步的优化和重塑,对未来数字化员工的升级起着非常重要的作用。目前面临的主要挑战是大多数IT厂商设计数字化员工的时候主要通过对现有人工流程的描述确定企业需求,再由工程师据此进行试验,基于高需求分析、低代码开发,目前具备咨询能力的人才比较缺乏。企业在应用层面对生产效率和生产关系的跃迁还是不够的,这使得全要素生产力的提升也不够,从新质生产力层面来看,有很大的改进空间。

从应用管理的角度,目前RPA作为数字化员工的应用分为三个层面。第一是在运行维护管理层面,第二是在管理调度层面,第三是在高层治理层面。目前RPA以对少量数字化员工的单点运维为主,数字化员工达到一定数量后,对调度管理要求提高,相关性能的优化、成本控制,会成为主要的关注点。未来随着机器人运用不断增多,涉及的业务链条增多,机器人的高层治理面临重要风险，需要考虑如何基于价值链、业务链对机器人实现有效治理。程平判断未来三到五年，数字化员工会面临大量裁员。未来数字化员工的应用和管理会成为非常重要的问题。

上海机场（集团）有限公司财务部总经理、财务共享中心主任刘薇推荐的技术也是RPA/IPA。这个正处在扩展期的技术被高频提到，这几年它的排名处于平稳上升的阶段。从推荐的理由看，RPA/IPA不是一个新话题，但是有了AI的加持，它仍是一个在不断发展的技术。刘薇认为，因为它把完全基于符号规则的自动化技术和将来更多通过感知、学习的AI技术进行衔接，在未来两种技术的融合过程中，应该会有更大的发展空间。同时她认为在财务数字化转型的代际跃迁中，这个技术将会不断发展下去。如何在企业场景下，特别是在财务场景下应用，还需要进行更多的探索。

在具体实施应用上，刘薇认为以下三个方面需要关注。一是要处理好重和轻的关系。重是指核心系统开发，轻就是轻量化用RPA，用哪种方式来解决我们面临的问题，有的时候好回答，有的时候要费点脑筋，在实施过程中要做好评估。二是要处理好场景和技术的关系，也就是ACC和TECH的关系。财务人员要不要懂一点技术？刘薇的答案是要的，这个"懂"是指要对技术的应用逻辑有大体了解，这是对财务人员的基本要求，对于从事财务数字化转型的规划、落地的核心人员要求当然会更高。刘薇介绍，在机场集团的财务人员队伍中，有不少年轻的员工加入到对Acctech的学习中来，包括自主开发RPA，而不仅仅满足于应用。事实上对技术应用逻辑的大体掌握，有利于财务人员拓展技术的场景应用，更好地挖掘和描述需求，也有利于后期和技术团队共同实施运营维护。三是随着RPA的应用推广，在企业层面要做好全流程规范化管理，包括需求评估、开发实施、上线验收、运营维护，以及贯穿其中的风险评估和管理，这几个环节都非常重要，要通过探索积累实践中的经验，形成一定的管理规则。

上海久事（集团）有限公司大数据中心主任、产业科技部副总经理费晔同样投票给RPA，因为RPA尤其适合处理重复、烦琐的任务，可以节省人力成本，提高工作效率。它可以记录人在计算机上的操作，例如点击鼠标、敲击键盘、数据处理等操作,然后按照事先约定好的规则,通过流程自动化技术重复运行。费晔以自身的工作经历为例进行介绍,之前他在久事集团下属的交通卡公司工作,交通卡公司是上海 ETC 的发行方,公司的票务中心负责 ETC 的稽核处理。ETC 业务是全国联网的,安装 ETC 的车辆在全国的路网上行驶,在过收费站的时候会采集到扣费数据。其中有些数据会因为车牌信息不正确、车型不正确等因素形成问题数据。这些问题数据发回到交通卡公司,形成需要稽核处理的工单,那就要有专门的人来处理。这项工作每天大概要处理接近一百件工单,于是公司安排一个专人负责,但是遇到双休日、节假日,工单处理是不能停的,这种情况下,又要占用部门里其他人员,需要在节假日排班处理工单,非常费人费力。这个时候,费晔了解到 RPA 机器人流程自动化技术,并开始尝试应用,使用后发现在 ETC 稽核处理、自动采集财务商户信息等流程自动化方面,效率提升明显,为公司降本增效带来显著成果。据测算,以稽核业务为例,目前通过 RPA 机器人处理稽核工单,单笔工单的处理时间比原来减少 50%,使用至今减少了约 90% 的人工处理量。同时,RPA 机器人处理工单可根据需要安排 24 小时处理,全年无休,大幅提升响应速度。

江苏大生集团有限公司党委书记、董事长漆颖斌推荐的是会计大数据分析与处理。为什么推荐这个技术?漆颖斌认为,新时期会计工作的重心逐渐从财务会计转向管理会计,管理会计的重要内容就是业财融合,会计或财务管理的边界已经逐渐走到市场一线、走到生产一线。生产和市场一线会产生大量的数据,这些数据的收集分析运用,给财务人员带来了新的挑战。如何利用新技术在繁多、复杂且大量非结构的数据里找到财务需要的数据就显得尤为重要。2024 年评选的十个技术里有三个与数据有关,未来我们财务人员对数据应该给予更多的重视。

上海市儿童医院总会计师施伟忠强烈向同行们推荐数电票。施伟忠指出,作为提升工作效率、强化安全管理及促进财务数据规范化的关键信息技术之一,数电票与会计电子档案、移动支付并列为提升医疗行业财务效能的三大法宝,数电票正以其独特的优势引领着医院财务管理的新技术潮流。施伟忠给出三个理由。

首先,数电票在提升工作效率方面展现出了巨大潜力。面对医院每年高达三百万的就诊人次、近五万住院患者的庞大服务量,传统纸质发票的管理成了沉重的负担,仅发票数量就可达千万级别。而数电票的引入,极大地简化了发票审验、验真及保管流程,显著节省了人力和物力成本,让财务人员得以从烦琐的纸质作业中解脱出来,专注于更高价值的财务管理工作。

其次,数电票以其高度的安全性筑起了财务数据的铜墙铁壁。通过先进的加密技术,数电票确保了发票信息的真实性和不可篡改性,为财务人员提供了坚实的信任基础。在发票验真环节,这一特性尤为关键,它让财务人员能够放心地进行每一步操作,有效降低了因伪造或篡改发票而带来的风险。

最后,数电票对于推动财务数据的规范化和标准化也起到了积极作用。其标准化的项目设置使得数据抓取变得更为便捷,通过与OA申请流程、金额等信息的自动比对,不仅提高了工作效率,还增强了数据的准确性和一致性。此外,借助大数据分析工具,我们可以对数电票等财务数据进行深度挖掘,挖掘出隐藏的价值信息,为医院的战略决策提供有力支持,进一步提升了财务管理的价值。

施伟忠坚信数电票、移动支付以及会计电子档案是推动医院财务管理迈向智能化、高效化的重要技术力量。它们不仅解决了当前财务管理中的痛点问题,更为未来的财务创新与发展奠定了坚实的基础。因此,他再次强烈建议同行们积极拥抱这些先进的信息技术。

上海国家会计学院副教授吴忠生提到,目前在任何场景里单靠一个技术并不能够形成解决方案,但是会有一个技术作为核心,围绕某项技术或者某项技术组合,助力会计高质量发展。

二、新质生产力与会计高质量发展的联系

从高校的视角看,程平教授提到,2024年6月以来习近平总书记在《求是》杂志上发表了关于新质生产力的两篇重要文章:一是6月1日发表

的《发展新质生产力是推动高质量发展的内在要求和重要着力点》，二是 6 月 16 日发表的《开创我国高质量发展新局面》。学者们做研究非常关注这些顶层设计、政策导向。谈到新质生产力与会计高质量发展的关系，总书记在第一篇文章中已经做出回答。针对会计高质量发展的定义内涵，他认为会计高质量发展是企业高质量发展在会计里的应用，在当前数字经济以及新质生产力的发展背景下，会计行业通过会计创新，优化会计信息质量，提升会计智能自动化水平，增强会计在企业决策、宏观经济发展的支撑服务能力。

程平教授认为会计高质量发展主要体现在三个方面：一是提升会计信息质量，新质生产力涉及革命性、突破性、颠覆性技术的应用，例如，2024 年评选出来的潜在影响技术 AIGC，对于提升会计信息质量，在未来可以有更大助力，因为它也是未来高质量发展的核心任务。二是推动会计数字化转型，这是会计高质量发展的重要途径，需要基于财务、审计打造相关的信息基础设施，这个基础设施的建立可服务会计信息质量的生成，信息技术的应用会形成很好的导向。三是强化会计人才培养，这是实现会计高质量发展的关键因素。所有的系统建设、数据应用都要落实到人才培养。会计高质量发展离不开以上三方面的内容。

作为高校，在科学研究人才培养方面，学科交叉的研究变得越来越重要。程平教授是 IT 背景出身，14 年在高校一直做业务、财务、技术一体化研究，从来没有做过单方面研究。会计界很多交叉研究更多地把数字化转型作为变量进行实证研究，本身并不能落地应用，更多地提供政策建议指导。交叉研究需要多考虑新质生产力环境下会计发展的规律和挑战，尤其是结合实务应用去展开。推动实践和理论结合，尤其是基于新的革命性、颠覆性的技术和原创性的技术，会给会计业务模式、工作模式带来很大变革。人才培养层面，在课程体系重构方面需要进行变革，程平团队在这方面做了很多探索，例如，在传统课程嵌入式数字化改造层面，财务会计、财务管理、管理会计、成本会计、财务报表分析这些课程怎么做嵌入式数字化改造。要打造覆盖完整业务链应用场景、完整技术应用路径的深度融合性课程，才能真正服务于应用型人才培养。目前在人才培养过程中也有很多误区，比如一说数字化人才培养就上很多软件课程，硬技能的培养在这个过程中是最后落地应用的。我们现在真正需要的是应用场景需求驱动,需要具备高需求分析咨询能力的人才,RPA 分析—设计—开发—应用是培养过程中的完整路径,而不是仅在开发应用层面培养,因为我们会计专业要培养复合型人才。硬技能和软实力的培养依靠新型的模拟训练创新,要培养咨询能力,包括方案设计规划能力。加强师资队伍建设层面,要培养复合型师资,以前是传导式知识转移性,未来要基于创新思维、创新能力培养具备咨询能力的人才。

刘薇提到航空枢纽港的建设是上海航运中心建设的一个非常重要的部分,上海是全球第四个迈入亿级旅客人次的城市,货运量全球排名第三。航空枢纽港的建设依托新质生产力,不断提高枢纽运营效率、运营品质。上海机场正在开展的工作是建设空地一体、实时感知的新一代数字孪生机场,打造全球示范的智慧机场标杆。整个集团在业务层面的数字化以及对人工智能技术的应用方面,已经走在非常快的节奏中。现在机场大脑、时空大数据平台项目正在加快推进,一些深度学习、态势感知的技术已经在核心运行管理、资源调度上不断进行应用。

财务管理到底是什么样的挑战?刘薇认为从长远看,一个企业的财务数字化转型是不可能单兵突进的,当企业在核心业务进行全面数字化转型的时候,一旦进入数字孪生的场景中,大量的实时业务海量数据不断产生。对于财务部门来讲,最大的挑战是业财工作的边界被深度改变,有两个方面的挑战特别显著:一是实时会计,所有运营数据通过实时感知,不断向后端进行传递,要求会计部门也要实时反馈报告,甚至加快分析速度;二是随着数据的广度、维度、颗粒度的变化,业务的决策场景更加多元化,在这种场景中,对业财决策工作的关键环节,要识别它、跟踪它,通过数据的处理对它进行分析和判断。在这个过程中,财务人员整体存在对下一代财务数字化的普遍焦虑,即面对海量的数据,我们应该怎么办。

我们所看到的变化是财务部门正在积极参与到集团级数据治理的应用中。基于数据治理的转型将是财务数字化转型的 2.0 版本,是一个突破原有"重交易、重管控"并转向"重决策支持"的全新阶段。财务部门传统上在企业数据流向中处于下游,但是我们一直面临的质疑是"精确的模糊",没有办法向上游回溯,讲清楚经济运行的实质。财务人员要思考怎么摆脱这样的质疑。以前我们说"财务部门对数据一直有需求,很难被满足",现在数据大量产生以后,要从更深的层次去认识业财融合是流程、数据、系统的融合。随着业务数字化的改变,要进一步拉通业务量与价值量的关系,要不断向数据的上游进行回溯。财务部门在数据治理工作中的贡献有利于更好地统筹数据治理的业务视角、技术视角、管理视角,为今后财务管理应用打好基础,最终实现"问渠那得清如许,为有源头活水来",成为更加敏捷和智慧的财务,支持企业的价值创造。

说起推动会计信息技术发展的秘诀,费晔认为从企业的角度来看,要能为财务团队创造价值。久事集团的产业板块比较分散,分别是交通板块、体育板块、文旅板块、地产置业板块、资本经营板块,板块之间差异度非常大,从集团的财务管控角度来看,久事集团已经构建了从集团到二级子公司的整体财务管理体系。其中,集团从2020年开始推进财务共享平台建设,并且在集团下属久事体育进行试点,已取得了不错的效果。费晔详细介绍了久事体育的财务共享平台已经实现的三大目标。第一个目标是全面覆盖,即在久事体育内部实现33家企业的全覆盖,还包括19家工会组织、9个工程建设项目。第二个目标是科目统一,在久事集团的指导下,统一了久事体育的会计核算科目,科目数量累计达到1 516个。第三个目标是规范报账事项,久事体育建立了120余条流程、45张报账单据、1 780个报账事项,系统上线后年均单据量在3万单以上。所有信息化项目要出成绩,最终都离不开企业一把手的坚持,久事体育就是如此。在主要领导和财务团队的不断推动下,截至目前财务共享平台的单据平均流转周期缩短到4.3天,大大提升了久事体育各公司报账效率,全体员工中78%以上使用该系统,其中填单人员(各公司业务人员)占全体员工的66%,活跃用户中有近40%为企业管理层,进一步实现业务人员了解财务情况,领导实时掌握财务情况,让业财一体化的推进基础更为坚实。

财务共享平台给费晔最大的体会,就是降低运作成本,提高工作效率,为财务团队带来价值,保守估计久事体育利用财务共享服务大致降低了30%的财务运作成本。

漆颖斌所在单位江苏大生集团有限公司是清末状元、近代实业家张謇于1895年创办的,创建至今已有130年。130年来名字没有改变,来源于

"天地之大德曰生";主业没有改变,依然以纺织为主业;公司的地址没有改变,大生纱厂至今还在正常生产。目前,大生拥有100万个纱锭、800台布机,集团公司共有约7 000名员工,在三省七地建有生产基地。大生集团努力围绕着高质量发展主线,谱写好传承与发展两篇文章。

漆颖斌介绍大生集团近年来大力推进传统产业焕新升级,推动智能化改造和数字化转型,用创新驱动高质量发展。具体工作和财务管理结合起来,大生集团做了四个方面的努力。

第一,打通生产物流全流程,以智能化大幅提升生产效率。大生集团把传统的分为多个工序的装备通过自动化、连续化、数字化的技术,集成在智能化的整体里,把需要大量人工管理的生产流程,统一到系统智能管控之下,原来大量需要人来搬运的原料和半成品都实现了自动运输,把大量一线员工需要掌握高超技术的操作简化为机器装备自动标准化,使生产过程把所有设备都智慧运转起来。财务在这个过程中真正实现作业成本法,根据自动化生产线的特征,形成了生产运行中产品成本的作业池,生产过程中将成本逐渐装到作业池里,产品一经生产出来,成本就准确地计算出来了。这是企业将资源最优配置的重要手段。通过这个方式,集团的生产效率比原来提高了15%,每吨纱的成本降低超过1 000元,人工成本仅为传统车间的1/2。

第二,搭建自主可控云平台,以数字化全面赋能精益制造。通过自主开发,大生集团开发了大生云平台,把生产所需的数据、车间环境数据、设备的运行数据以及生产经营的数据,这些独立的数据全部集成到云平台里,消除了信息孤岛,构建了生产的信息流,实现了精益管理的基础。在此过程中主要运用大数据的分析和处理,为财务支持企业决策提供了准确、及时地数据信息。

第三,打造创新体系数据库,以高端化着力培育竞争优势。大生集团现有企业院士工作站、功能性纺织新材料多元复合工程技术研究中心等研发平台,通过采用国际先进标准,持续改造升级智能化数字化生产设备,实时收集整理各项数据,形成数据中心,为研究开发具有核心竞争力、高附加值和自主知识产权的高新技术和产品,提供充足的数据支撑。

第四,大抓人才引进和培养,以人才培育来厚植公司可持续发展。无论是技术还是硬件，产业焕新需要人来操作，大生集团更重视培养综合型复合型人才，逐渐培养出大量的财务 BP 和业务 BP，使企业可持续发展更加有人才的优势。

上海市儿童医院是中国第一家儿童类专科医院。医院自诞生以来，便矢志不渝地追求着建设精品医院、人文医院与智慧医院的宏伟目标。施伟忠介绍，在智慧医院的建设征途上，儿童医院更是勇于探索，率先垂范。儿童医院明确了智慧医疗、智慧服务、智慧管理三大核心目标，并以此为引领，推动医院管理的全面升级。在科技日新月异的今天，智慧化不仅是提升医疗服务质量的关键，更是推动医院高质量发展的必由之路。

智慧服务方面，上海市在 2021 年启动便民就医服务数字化转型 1.0 试点，现在已经是 3.0 版本。儿童医院财务条线展现出了非凡的创新能力，深入实施了智慧预算管理、智慧费控、智慧出入院结算、智慧绩效及智慧运营等一系列举措，不仅优化了患者的就医体验，还极大地提升了财务管理的精细化与智能化水平。

而在智慧管理方面，儿童医院则通过建设 HRP 项目，实现了数据基础、会计科目及业务流程的全面统一。这一顶层设计不仅构建了覆盖医疗质量综合绩效、重大医疗设备综合绩效、后勤管理综合绩效及财务运营综合绩效四大子模块的综合运营绩效系统，更确保了医院内部数据的无缝对接与高效利用。数据的统一与共享，为财务人员提供了前所未有的管理洞察力，为医院的科学决策与精细化管理奠定了坚实的基础。

三、新质生产力对会计职能拓展产生的影响

施伟忠认为在新质生产力背景下，对财务人员提出了更高的要求。第一，运用新技术的能力，无论是大数据还是人工智能，新的前沿技术对提高效率非常有帮助。第二，跨部门沟通的能力，财务不光是单部门也是业务的 BP，更多要从精益运营的角度来参与医院的管理。第三，自我学习能力，通过自我学习，不断提升自身能力。

漆颖斌认为财务从会计电算化到信息化、数字化，发展的趋势是不可

逆的。在新时代，作为财务人应该从两个方面来发挥作用：一方面是围绕价值创造，价值创造是从会计职能的角度，从大数据里面提取作出科学判断的决策支持；另一方面是风险管理，现在企业各方面压力比较大，挑战比较大，而财务对风险信息最为敏感，对市场变化也最敏感，因此，我们要做好企业风险管理的守门员。在风险管理方面，财务人员大有可为。

费晔从个人视角解读了新质生产力，提出"新"是创新，"质"是高质量，它是一种更为先进的生产力。费晔作为技术部门负责人，也希望通过推动新质生产力来赋能财务工作，同时对财务工作者提出两点建议：一是希望财务工作者积极拥抱新质生产力带来的新型信息技术，例如2024年非常火热的区块链、人工智能、大模型、大数据等，这些技术一定会对智能财务带来新的动力，让财务工作对企业经营管理起到更大的价值。二是希望财务工作者能与技术工作者协同推进，双向赋能。例如现在国家正在鼓励推动的数据资产评估、数据资产入表等，这是让数据资源化到数据资产化，再到数据资本化的一项长期复杂的工作，这些工作的背后除了技术层面的支撑，更离不开财务工作者的倾情投入，才能让企业管理者体会到数据带来的价值实现。

刘薇提到，19世纪英国的哲学家、数学家、经济学家杰文斯提出过一个经济学中的悖论——烧煤效率越高，耗煤量将会越大。技术进步可以提高自然资源的利用效率，但结果是增加而不是减少人们对这种资源的需求，因为效率的提高会导致生产规模的扩大，这会进一步刺激需求。刘薇认为这个现象可以用于理解这个阶段智能财务和财务管理工作的状态，信息技术赋能了传统的财务工作，提高了我们在基础业务上的效率。这使得我们面临两个变化，一是财务管理工作产生了更多的管理需求，在管控、决策支持上的广度和深度需要进一步加强；二是我们面临更广的管理幅度，会计和更多管理领域、知识领域、技术领域进行交叉，使得在流程管理、数据管理等方面有大量的工作需要财务部门共同参与甚至某些时候起主导作用。因此，会计核心职能无论是交易、管控、决策支持，还是世界一流财务管理体系里"1455"框架里的五大职能，如战略支撑、业务协同、风险管控等，没有被削弱，反而被加强了。会计的职能发展需要我们对未来有预测的能力，也会需要我们有更深的业务洞察力，并对业务进行改进。

程平强调,新质生产力的发展是推动高质量发展的内在要求和重要着力点,高质量发展的核心是实现效率变革、动力变革、质量变革。新质生产力对会计职能核心要求会发生改变,会计核心职能从财务会计的核算和监督,到管理会计的预测、决策、规划、控制、评价,基本职能不会发生变化,但是要求会发生变化。新质生产力通过科技创新来驱动生产效率和生产关系的跃迁,最终实现全要素生产力大幅度提升。

在这个背景下不仅是质量问题,还有效率变革的问题。程平认为可从四个方面做一些改变:第一,参与度。通过自动化技术的应用,从烦琐核算工作转向基于企业业务场景的投融资管理、风险管理等战略层面的参与。第二,业财深度融合。以前业财融合是业务融合财务,财务理解业务、反哺业务的管理和决策远远不够。第三,数据分析与处理能力。这项技术在2024年排在第一。程平在2019年编写了《会计大数据技术》一书并于2021年出版,现在重庆理工大学已经将其作为专业核心技术课程,数据库、关系数据库、非关系数据库是所有管理会计都要学习的。在新质生产力背景下,这是很重要的驱动力。第四,技术应用能力。一定要脱离简单的只是掌握技术操作,而是要进一步考虑业财深度融合,在业财一体化之后,赋予财务管理和决策层面上的支持。未来会计领域的发展是基于新质生产力的背景,在高质量发展的大背景下做动力变革、效率变革、质量变革。服务效率变革基于智能自动化的应用,服务质量变革基于数据驱动的决策,这在会计发展中会变成重要的能力。

主 要 参 考 文 献

［1］艾瑞咨询.中国数据中台行业白皮书［R］.2021.

［2］上海国家会计学院.中台技术财务应用蓝皮书［R］.2021.

［3］陈虎,陈健.会计大数据分析与处理技术［J］.财务与会计,2022(10):33-34.

［4］许金叶,李歌今.ERP构建会计大数据分析平台:企业会计云计算建设的核心［J］.财务与会计(理财版),2013:4.

［5］上海国家会计学院.2024年影响中国会计行业的十大信息技术评选报告［R］.2024.

［6］李泓.2024年影响中国会计行业十大信息技术:"数智化助推会计行业高质量发展"论坛综述［J］.新会计,2024(08):36-41.

［7］刘海玲,刘安天.数智化助推会计行业高质量发展［N］.中国会计报,2024-06-28(013).

［8］张春芝,李玉松,郑冰婵.智能财务的基础问题研究与实践探索［J］.河北经贸大学学报(综合版),2024,24(02):74-77+81.

［9］胡仁昱,兰天.新一代ERP技术的特征与应用［J］.财务与会计,2022(10):49-51.

［10］习近平主持召开新时代推动东北全面振兴座谈会强调:牢牢把握东北的重要使命 奋力谱写东北全面振兴新篇章［N］.人民日报,2023-09-10(1).

［11］施秋霞.RPA机器人驱动管理会计数字化转型研究［J］.财会研究,2023(04):53-57.

［12］周文君.RPA技术在企业财务数字化转型的应用研究［J］.财会学习,2023(33):10-12.

［13］金源,李成智,庄璐怡.财务数字员工体系建设与应用实践［J］.财务与会

计,2024(02):55-59.

［14］赵小勤.基于"数字员工办公室"的 A 企业集团财务智能化建设实践[J].财务与会计,2022(16):62-65.

［15］乔晓洁,赵丹辉,谭婷,等.数字员工赋能财务共享中心提质增效研究[J].国际商务财会,2024(12):45-52.

［16］贾凯.数字化转型中的财务共享中心重构[J].财会通讯,2024(14):119-123.

［17］黄志维.数字化转型对财务报表编制的影响与应用前景[J].中国市场,2024(19):122-125.

［18］刘勤,杨玉洁.财务数字员工全生命周期管理研究:基于人力资源管理理论的视角[J].财务研究 2024(01):28-36.

2024 年报告二维码

本项目由以下机构共同支持
（排名不分先后）

浪潮海岳